W0172715

WESTEND

Heiner Flassbeck

# GESCHEITERT

## Warum die Politik vor der Wirtschaft kapituliert

WESTEND

*Mehr über unsere Autoren und Bücher:*
*www.westendverlag.de*

Die Deutsche Bibliothek verzeichnet diese Publikation in der Deutschen Nationalbibliografie. Detaillierte bibliografische Daten sind im Internet über http://dnb.ddb.de abrufbar.

Das Werk einschließlich aller seiner Teile ist urheberrechtlich geschützt. Jede Verwertung ist ohne Zustimmung des Verlags unzulässig. Das gilt insbesondere für Vervielfältigungen, Übersetzungen, Mikroverfilmungen und die Einspeicherung und Verarbeitung in elektronischen Systemen.

FSC Mix
Produktgruppe aus vorbildlich bewirtschafteten Wäldern und anderen kontrollierten Herkünften
www.fsc.org Zert.-Nr. GFA-COC-001223
© 1996 Forest Stewardship Council

ISBN 978-3-938060-22-3
© Westend Verlag Frankfurt/
Main im Piper Verlag GmbH,
München 2009
Satz: Fotosatz Amann, Aichstetten
Druck und Bindung: CPI – Clausen & Bosse, Leck
Printed in Germany

# Inhalt

# Vorwort

Die große Krise bringt an den Tag, was der globale Boom für ein paar Jahre verdeckt hatte: Die deutsche Wirtschaftspolitik hat kein Konzept, weder für den Boom noch für die Krise. Das ist leider nicht neu. Seit dem Ende der amerikanischen Vorherrschaft in der Wirtschaftspolitik, die die ersten beiden Jahrzehnte nach dem Krieg geprägt hatte, und einer kurzen Episode sozialliberaler Versuche in Keynesianismus wurstelt man in deutschen Ministerien ohne jede klare Idee vor sich hin. Seit drei Jahrzehnten, nämlich genau seit Helmut Schmidt sich im Jahre 1978 einmal internationalen Verpflichtungen beugte, spielt die drittgrößte Wirtschaftsmacht der Erde ohne jeden Sinn und Verstand international die Rolle des Bremsers, wenn es darum geht, die Weltwirtschaft in einer koordinierten Aktion aus einer Talsohle zu holen.

Seit drei Jahrzehnten verfolge ich das mit einer Mischung von Sarkasmus und Ironie. Jetzt aber, im Winter 2009 wird es wirklich gefährlich. Nachdem das neoliberale Modell, das hierzulande mit dem Lambsdorff-Papier im Jahre 1981 hoffähig wurde, endgültig gegen die Wand gefahren ist, steht die deutsche Wirtschaftspolitik vor einer fundmentalen Wende. Reagiert sie nicht aus eigenen Stücken, werden die Verhältnisse sie zwingen. Deutschland muss endlich wirtschaftspolitisch erwachsen werden.

Vielleicht muss man mit eigenen Augen gesehen haben, was

alles schiefgelaufen ist, um zu verstehen, wie tief greifend die Wende jetzt sein muss. Vielleicht hilft es, sich sozusagen im Schnelldurchlauf die *chronique scandaleuse* vor Augen zu führen, um zu verstehen, warum Durchwursteln ins Verderben führen muss. Da ich einer der wenigen Menschen bin (momentan vermutlich sogar der Einzige), der praktisch alle wichtigen Institutionen der Wirtschaftspolitik und der wirtschaftspolitischen Beratung in Deutschland aus eigener Mitarbeit kennt, kommt mein Urteil weder aus dem Elfenbeinturm der Wissenschaft noch aus den Niederungen der Politik allein. Meine Arbeit war von Anfang an geprägt von dem Versuch, aus der Wissenschaft praktische Lehren für eine gesamtwirtschaftlich vernünftige Politik zu ziehen.

Als ich im Mai 1980 vom Stab des Sachverständigenrates, den »fünf Weisen« in Wiesbaden, in das Bundeswirtschaftsministerium (BMWI) nach Bonn wechselte, begann das Drama. Kurz zuvor hatte ich ein Angebot, zur Deutschen Bundesbank in die Zentrale nach Frankfurt zu gehen, unter anderem deswegen ausgeschlagen, weil im Bundesbankgesetz explizit geregelt ist, dass für die Beamten dort die Möglichkeit, ihre Meinung in der Öffentlichkeit oder auch in der Wissenschaft zu verbreiten, eingeschränkt war. Ich war aber gerade im Unfrieden von einem Sachverständigenrat geschieden, der sich als die neoliberale Speerspitze im Kampf gegen den Staat ansah, und fand die freie Meinungsäußerung zu diesen Dingen entscheidend für meinen weiteren Lebensweg.

Das war eine gute Entscheidung. In Bonn war nämlich in der alten Kaserne an der Villemomblerstraße fast die gesamte Gruppe von Menschen versammelt, die in den nächsten drei Jahrzehnten Deutschlands wirtschaftliches Schicksal in der Hand beziehungsweise im Kopf haben würden. Ich begann meine Arbeit im Grundsatzreferat und einer der erfahrenen Kollegen, die mich in den ersten Monaten berieten und dessen Büro unmittelbar neben meinem lag, hieß Horst Köhler. Am Ende des Flures residierte Hans Tietmeyer, die graue Eminenz des Ministeriums und der Vordenker der Wende von 1982, also des Endes der linksliberalen Koalition, die schließlich mit dem Lambsdorff-Papier ihren Anfang nahm.

Tietmeyer ging nach der Wende als Staatssekretär ins Finanzministerium (wo dann auch Köhler als Redenschreiber des damaligen Finanzministers Gerhard Stoltenberg einzog), wurde Ende der 90er Jahre Präsident der Deutschen Bundesbank und von Kanzler Kohl als wirtschaftlicher Sonderberater für die deutsche Einigung zeitweise ausgeliehen. Zuletzt machte er Schlagzeilen als von Angela Merkel vorgeschlagener Vorsitzender einer Expertenkommission zur Bewältigung der einsetzenden internationalen Finanzkrise im Spätsommer 2007, nachdem man zwischendurch nur von seiner Lobbytätigkeit für die »Initiative neue soziale Marktwirtschaft« gehört hatte.

Ein paar Zimmer weiter damals in Bonn saß Bernd Pfaffenbach, seit vielen Jahren der wichtigste wirtschaftspolitische Berater deutscher Kanzler und Gipfel-Sherpa, zusammen mit Johannes Ludewig, der als Berater von Kohl die deutsche Vereinigung maßgeblich mitprägte und schließlich Bahnchef wurde. Beide schrieben damals die langweiligen monatlichen Konjunkturberichte des BMWI. Ein Stockwerk darüber ackerte sich Jürgen Stark, der später in der Bundesbank und in der Europäischen Zentralbank (EZB) maßgeblich für viele falsche Entscheidungen war, an der europäischen Agrarpolitik ab. Insgesamt gesehen aber gab es eine erstaunliche Menge sehr guter Ökonomen im Wirtschaftsministerium, die jederzeit mit ihren Kollegen in der Zentralbank oder in den wissenschaftlichen Instituten mithalten konnten und auch wollten. Herausragend waren Willi Koll, Gerhard Maier-Rigaud, Matthias Schürgers und der Anfang dieses Jahrhunderts tragisch ums Leben gekommene Hans-Jürgen Süsser. Wir alle berichteten an Otto Schlecht, den Doyen aller Bonner Staatssekretäre und den langjährigen Hüter des ordnungspolitischen Denkens in Deutschland.

Ich verstand von Anfang an meine Rolle als »Hilfsreferent« (so hieß das damals wirklich, bis man zur Wahrung der Menschenwürde auf Referent umstellte) im Grundsatzreferat als die eines kritischen Beobachters und Kommentators. Also begann ich, was sehr unüblich war, aus eigenem Antrieb (ohne »Weisung«!) kritische Kommentare (»Vermerke«) zu aktuellen Fragen zu schreiben, und zwar auch dann, wenn die Kritik die deutsche Wirtschaftspolitik betraf. Als zum Beispiel der damalige Bundesminister Otto Graf Lambsdorff aus Japan zurückkehrte und den Untergang Deutschlands wegen der scheinbar heraufziehenden japanischen Gefahr beschwor, hielt ich locker mit dem Argument entgegen, man solle sich mal die Abwertung der japanischen Währung ansehen, dann habe man eine einfache Erklärung für japanische Exporterfolge, die sich nicht auf die Überlegenheit des Japaners als solchem oder des Asiaten im Allgemeinen stützen müssten.

Eines Tages erhielt ich ob eines solchen Vermerkes einen gestreng klingenden Anruf eines ausgewachsenen »Unterabteilungsleiters« (so heißen die trotz allgemeiner Achtung der Menschenwürde noch heute), und zwar den eines damals schon sehr bekannten Unterabteilungsleiters. Ebenfalls ein Stockwerk über der Grundsatzabteilung saß nämlich auch Claus Noé, seines Zeichens zuständig für Strukturpolitik, also für Stahl, Landwirtschaft, regionale Fragen und ähnliche, von der reinen Marktwirtschaft abtrünnig gewordene Bereiche des Lebens. Claus Noé war aber trotz seiner Jugend weit über diesen Bereich hinaus bekannt geworden als Vordenker und Nachdenker (eigentlich beschreibt Nachdenker besser, worum es geht) von Karl Schiller und Helmut Schmidt, war aber gegen Ende der 70er Jahre in »Ungnade« gefallen, weil er partout nicht vom Denken ablassen wollte, obwohl doch gerade das Nachplappern der angebotspolitischen Floskeln angesagt war.

Dieser Claus Noé also zitierte mich zu sich, wie man einen Hilfsreferenten eben so zitiert, und verkündete mir bei einer

Tasse Kaffee, wie froh er sei, endlich wieder einen kritischen Menschen in diesem Ministerium begrüßen zu dürfen. Er ermunterte mich zum Weitermachen, selbst auf die Gefahr hin, in Ungnade zu fallen, weil das Denken nun mal das Einzige sei, was den Menschen zum Menschen mache. Claus Noé ging wenig später als Staatsrat nach Hamburg und wir trafen uns erst wieder, als in den Wirren der deutschen Vereinigung das Denken vollends unter die Räder zu kommen drohte. Wir planten dann gemeinsam mit Oskar Lafontaine die neue Wende einer rot-grünen Regierung für 1998 und entwarfen ein Programm für die mittlere Frist. Als die schon im Frühjahr 1999 zu Ende war und das Denken wieder in Ungnade fiel, blieb uns unsere herzliche Freundschaft bis zu seinem viel zu frühen Tod im März 2008.

1986 war meines Bleibens im BMWI nicht mehr länger. Nach der Rückkehr von einem neunmonatigen »Praktikum« (das ministeriumsintern nur Kinderlandverschickung genannt wurde) in Genf war die angebotspolitische Agenda im Ministerium so gefestigt und der Keynesianismus so sehr verteufelt, dass man meine ketzerischen Vermerke nicht mehr lesen und meine kritischen wissenschaftlichen Artikel nicht mehr in der Presse zitiert sehen wollte. Die Grundsatzabteilung bestand darauf, dass ich – trotz sehr freundschaftlicher Unterstützung von Otto Schlecht – nun etwas so Konkretes wie Mittelstandspolitik machen müsse. Das war zwar nicht sehr anstrengend, da die vielen Reden aus den immer gleichen Versatzstücken bestanden und sich in null Komma nichts schreiben ließen, aber es war doch geisttötend, weil man irgendwann ja verstanden hatte, dass der Mittelstand nun einmal das »Rückgrat« der deutschen Wirtschaft ist. So traf es sich gut, dass mich eines Tages Hans-Jürgen Krupp, der damalige Präsident des Deutschen Instituts für Wirtschaftsforschung (DIW), fragte, ob ich nicht Interesse an einer Mitarbeit in Berlin hätte[1].

Oskar Lafontaine war 1993 auf meiner Bildfläche erschienen. Nachdem ich bei einigen Gelegenheiten in Ostdeutschland eine

Referentin der Friedrich-Ebert-Stiftung namens Christa Müller getroffen und gesprochen hatte, wurde ich eines Tages zu einer kleinen, aber feinen Konferenz eingeladen, bei der sich der damalige finanzpolitische Sprecher der SPD von einigen Ökonomen, darunter auch Claus Noé und Hans-Jürgen Krupp, die wirtschaftlichen Probleme Deutschlands vortragen ließ. Erst später erfuhr ich, dass der Hauptzweck der kleinen Konferenz gewesen war, geeignete Kandidaten für eine intensive Beratung des finanzpolitischen Sprechers zu identifizieren.

Als ich 1998 nach langen und wissenschaftlich geprägten Jahren in Berlin mit Oskar Lafontaine, Claus Noé und Wolfgang Filc von der Universität Trier (der seine deprimierenden Erlebnisse in dem Buch *Mitgegangen – mitgehangen. Mit Lafontaine im Finanzministerium* verarbeitet hat) wieder in ein Bundesministerium eintrat, war der Schock gewaltig. Zwar hatte die SPD gerade mit Pauken und Trompeten eine Wahl gewonnen, zwar war der Bundesfinanzminister auch der Vorsitzende der großen Koalitionspartei, zwar hatten wir in der Oppositionszeit interessante Ideen entwickelt, zwar war die internationale Szene günstig wie nie (weil fast ganz Europa sozialdemokratisch regiert wurde), zwar war unser Programm der Kontrolle der Finanzmärkte und der fundamentalen Änderung der wirtschaftspolitischen Rollenverteilung hochaktuell und – wie sich einige Jahre später zeigen sollte – geeignet, eine große globale und europäische (Finanz-)Krise zu verhindern, aber wir waren extrem einsam. Die Einsamkeit begann mit der Beamtenschaft, die auf alles getrimmt war, nur nicht auf kritisches und eigenes Denken, sie setzte sich fort im Parlament, wo keinerlei Reflexionsfläche für unsere Vorstellungen zu finden war, sie war latent bei allen Politiker- und Kabinettskollegen, die mit offenem oder verhülltem Entsetzen auf die Vorstellung reagierten, sich mit den »Finanzmärkten«, der heiligen Bundesbank oder der Unternehmerschaft anlegen zu wollen, und unsere Einsamkeit endete in den Medien, wo die letzten unabhängigen und kritischen Wirtschaftsjournalisten die Segel gestrichen hatten und die Verteufelung des Staates und des gesamtwirtschaftlichen Denkens zur Doktrin der gesamten staatstragenden Kaste erhoben worden war.

Im Frühjahr 2009 ist alles ganz anders. Der Staat hat die reale Wirtschaft vor dem Untergang gerettet, nachdem sie von den Finanzmärkten in den Sumpf getrieben worden war. Gut und Böse haben die Rollen getauscht. Die Staatenlenker sind die Helden, die Banker sind die Bösewichte. Der Name Keynes taucht wieder in den deutschen Gazetten auf und gar die verfemten »Konjunkturprogramme« werden ernsthaft diskutiert. Doch Vorsicht! Viele von denen, die jetzt die neue Ära der Staatswirtschaft ausrufen, haben auch vorher nicht verstanden, wovon sie sprechen, und die anderen wird ihr Opportunismus bei nächster Gelegenheit sofort wieder vom Gegenteil überzeugen. Niemand lernt über Nacht und bloß aufgrund eines großen globalen Schocks gesamtwirtschaftliches Denken. Weil aber die Bereitschaft der Menschen zu lernen, offenbar nur durch solche Schocks angeregt werden kann, gibt es jetzt eine Chance für einen Neuanfang – nicht mehr und nicht weniger. Ob sie wahrgenommen wird, wissen wir nicht. Sicher aber ist, dass die Architekten der alten Ordnung keinen tragfähigen Plan für die neue erarbeiten werden.

# Einleitung

Als ich zum ersten Mal Gerhard Schröder auf einer Podiumsdiskussion gegenübersaß und mit ihm über Wirtschaftspolitik in Zeiten der Globalisierung diskutierte, es war wohl 1997, war ich schockiert. Da saß der Mann, der gute Chancen hatte, der erste sozialdemokratische Bundeskanzler in den Zeiten der Globalisierung zu werden, und redete und redete – er redete aber über Wirtschaft wie der Blinde von der Farbe. Um Wettbewerbsfähigkeit ging es ihm natürlich und darum, wie man Deutschland für den globalen Wettkampf der Nationen fit machen müsse. Was er in Niedersachsen gemacht hatte, um das Land voranzubringen, führte er dem staunenden Publikum und mir mehrfach vor. Alle meine schüchternen Versuche deutlich zu machen, dass in der Gesamtwirtschaft andere Gesetze gelten und dass gerade in der globalisierten Wirtschaft kein Land allein Wirtschaftspolitik machen kann, ohne früher oder später von denen abgestraft zu werden, die im Wettkampf der Nationen unterlegen sind, prallten an Schröder völlig ab.

Bei allem, was der damalige niedersächsische Ministerpräsident sagte, war klar, dass er lediglich die Perspektive eines Bundeslandes kannte, die Perspektive eines Provinzpolitikers, die Perspektive eines Unternehmers vielleicht oder sogar nur die eines privaten Haushalts. Was ihm nicht ein einziges Mal in den Sinn kam, war zu fragen, ob auf Bundesebene, in Europa oder gar für die ganze Welt die gleiche Wirtschaftspolitik angemessen ist wie für Niedersachsen, für Volkswagen oder für seinen Privathaushalt. Mein Freund Claus Noé, damals auch wirtschaftspolitischer Kolumnist der *Zeit*, der nach dem Ende der Diskussion das blanke Entsetzen in meinem Gesichtsausdruck sah, bemerkte nur lapidar: »Jetzt hast du mal gesehen, was auf dich zukommt, wenn du versuchst, ökonomisch sinnvolle internationale Politik mit diesem Haufen zu machen.«

Worum es in diesem Buch geht, ist angesichts dessen leicht zu verstehen. Es geht darum, zu erklären, warum die deutsche Politik seit 30 Jahren systematisch scheitert. Dass eine Politik des sozialen Ausgleichs auch im Zeitalter des Kasinokapitalismus und der globalisierten Wirtschaftsabläufe mit dem Abbau von Arbeitslosigkeit und kräftigem Wirtschaftswachstum vereinbar ist, habe ich zusammen mit Friederike Spiecker in dem Buch *Das Ende der Massenarbeitslosigkeit* gezeigt. Warum aber scheitert die Politik so kläglich und warum scheitert die Partei, die sich den sozialen Ausgleich wie nichts anderes auf die Fahnen geschrieben hat, immer wieder systematisch, wenn sie nicht auch über ein tragfähiges Wirtschaftskonzept verfügt?

Tragfähig ist ein Wirtschaftskonzept für eine große Volkswirtschaft aber nur, wenn es auf gesamtwirtschaftlichen Einsichten beruht. Die Logik eines Unternehmens oder die eines privaten Haushalts helfen nicht weiter. Freilich gilt das für alle Parteien. Für konservative Parteien, bei denen der soziale Ausgleich ohnehin nicht auf der Agenda steht, ist das wirtschaftliche Scheitern aufgrund eines ungeeigneten wirtschaftspolitischen Konzepts nicht tragisch. Verlieren sie einmal, warten sie einfach bis die Sozialdemokraten wieder in jeder Hinsicht gescheitert sind, um dann so weiter zu machen wie vorher. Helmut Kohl war wirtschaftlich sicher nicht erfolgreich, aber es wäre niemandem in der CDU in den Sinn gekommen, die Ursache in einem falschen Wirtschaftskonzept zu suchen und die zunehmende Ungleichverteilung der Einkommen und der Vermögen zu bedauern.

In der SPD und bei der politischen Linken generell ist das anders. Es zerreißt sie, wenn ihr rechter Flügel konservative Wirtschaftspolitik macht, weil es dazu angeblich keine Alternative gibt, und dabei der soziale Ausgleich vor die Hunde geht. Nun, würde an dieser Stelle ein objektiver Beobachter vom Mars sagen, das ist tragisch, aber dann kann es in einer Demokratie eben keine sozialdemokratischen oder linken Parteien an der Macht geben, weil das ein Widerspruch in sich ist. Nur konservative Parteien, würde er sagen, haben offenbar die nötige Härte, die man braucht, um beim Volk das Gürtel-enger-Schnallen zu erzwingen, das unumgänglich für den Erfolg ist.

Genau das ist falsch. Eine ökonomische Lehre, die auf gesamtwirtschaftlichen Einsichten fußt, erkennt, dass genau diese Härte bei fast allen wirtschaftlichen Entscheidungen direkt in die Irre führt. Für die Linke ergibt sich daraus eine gewaltige Chance: Sie kann wirtschaftlich erfolgreich sein und zugleich für den sozialen Ausgleich sorgen, für den sie einst gegründet wurde.

Als ich mich in den 90er Jahren entschloss, die deutsche Sozialdemokratie für ein solches Experiment zu gewinnen, war mir aber bewusst, dass ich nicht erwarten konnte, dass auch nur eine Handvoll Sozialdemokraten diesen Zusammenhang verstehen würden. Also machte ich eine andere einfache Rechnung auf: Selbst diejenigen unter ihnen, die dem einzelwirtschaftlichen Denken verhaftet sind, müssten doch aus reinem Parteiegoismus erkennen, dass sie nicht der herrschenden Lehre in der Volkswirtschaftslehre[2] folgen können, ohne ihre Partei zu zerreißen. Böte man ihnen also die Verheißung einer alternativen Wirtschaftspolitik ohne die normale Härte, müssten sie diese, auch ohne daran zu glauben, sinnvollerweise wenigstens ausprobieren wollen. Sie müssten ja wissen, so meine Überlegung, dass sie mit der herrschenden Wirtschaftspolitik auf jeden Fall und sehr schnell scheitern werden, weil der soziale Ausgleich fehlt und nichts dafür spricht, dass eine Politik, die Kohl 16 Jahre lang ausprobiert hat, auf einmal erfolgreich ist, wenn sie von Sozialdemokraten ausgeführt wird.

Weit gefehlt. Die Masse der Sozialdemokraten einschließlich der heute wieder führenden Figuren hatte panische Angst davor, sich darauf auch nur gedanklich einzulassen und flüchtete lieber direkt in die Arme der herrschenden Lehre. Warum? Das ist nicht leicht zu erklären. Es ist ja schon nicht leicht zu erklären, warum ein Mensch überhaupt Sozialdemokrat ist oder wird, wenn er fest daran glaubt, dass Arbeitslosigkeit regelmäßig von zu hohen Löhnen oder übermäßigen Lohnnebenkosten verursacht wird, dass der Arbeitsmarkt prinzipiell wie ein Kartoffelmarkt funktioniert und Sparen, staatliches und privates, das wichtigste Mittel ist, um das Investieren zu befördern. Aber zugegeben, es gab schon Sozialdemokratie, als noch keine alternative Volkswirtschaftslehre am Horizont sichtbar war, und die war darauf aus, die Lebensumstände der Menschen zu verbessern, selbst wenn es gegen die herrschende Lehre in der Wirtschaft und gegen die Auffassung der Unternehmer ging.

In der modernen Welt aber, wo selbst superkonservative amerikanische Regierungen und die amerikanische Notenbank Keynesianismus praktizieren (ein riesiges »Konjunkturprogramm« hat der neue Präsident Obama Anfang 2009 aufgelegt und damit bewiesen, dass er schlimmer als die schlimmsten Linken ist), wo eine konservative französische Regierung nach Keynesianismus giert und ihn nur wegen des hartnäckigen deutschen Widerstandes nicht bekommt, wo in den sich entwickelnden großen Volkswirtschaften der Welt wie China und Indien Keynesianismus selbstverständlich ist, wo offenkundig ist, dass die Ökonomen in Deutschland als einzige eine große geistige Insel bilden, die dem Keynesianismus widersteht, da ist es dennoch schwer zu verstehen, warum Sozialdemokraten nicht zur Speerspitze einer Idee werden, die auf fast wunderbare Weise das ökonomisch Vernünftige mit dem sozial Wünschbaren verbindet.

Die beste Erklärung für dieses eigenartige Verhalten der Spezies Sozialdemokrat, die mir einfällt, ist allerdings an Trivialität kaum zu überbieten. Wer einmal einem ganzen Saal von deutschen Unternehmern gegenübergesessen hat – ich erinnere mich an ein faszinierendes Ereignis dieser Art mit der bremischen Kaufmannschaft in meiner Zeit als Staatssekretär im Bundesfinanzministerium –, die natürlich alle ganz fest an die unternehmerische Weisheit (wonach die unsichtbare Hand des Marktes in wunderbarer Weise alle wichtigen Probleme löst) glauben und sie mit Verve vertreten, weiß, wie schwer man sich das Leben macht, wenn man versucht, die unternehmerische Logik mit einer volkswirtschaftlichen zu kontern. Man zeige mir den Sozialdemokraten, der auf einer der unumgänglichen Cocktailpartys in der Hauptstadt einem deutschen Topmanager oder Banker tief ins Auge blickt und zu ihm sagt: »Sie mögen ja von unternehmerischer Wirtschaft etwas verstehen, von volkswirtschaftlichen Management verstehen Sie nichts, das überlassen Sie mal besser uns.«

Der letzte Sozialdemokrat, der das konnte, war vielleicht der Helmut Schmidt der späten 70er Jahre (nicht zu verwechseln mit dem Mann, der in den letzten drei Jahrzehnten in einer deutschen Wochenzeitung überwiegend Unternehmerlogik verbreitet). Vor Schmidt galt das sicher auch für den Karl Schiller der 60er Jahre. Der allerletzte ist heute offiziell kein Sozialdemokrat mehr, war für kurze Zeit Bundesfinanzminister und heißt Oskar Lafontaine.

Wie gesagt, diesen typischen Sozialdemokraten und Parteimenschen, der genau das nicht sagt, sondern dem Unternehmer in seiner Klage über zu hohe Steuern, untragbare Lohnnebenkosten und die übermächtigen Chinesen sofort zustimmt, obwohl er gerne ein guter Mensch wäre und in einem reichen Land Armut verhindern möchte, findet man in allen Parteien. Weil er oder sie nicht wissen, was man gegen die Unternehmerlogik vorbringen kann, beharrt er lediglich darauf, dass die unumgänglichen Härten für die Arbeitnehmer aber doch bitte zeitlich etwas gestreckt werden müssten und dass die breiten Schultern doch bitte auch ein wenig tragen sollten, weil die nächste Steuerentlastung für die Unternehmen ja schon geplant sei.

Diesen typischen Sozialdemokraten findet man zwar in allen Parteien, er ist aber nur für die Linke ein Problem. Weil er in der Regierung wirtschaftlich scheitert (was ganz sicher ist, wenn man von kurzen Perioden unverhofften Glücks wie 1999 bis 2001 oder 2005 bis 2007 absieht, wo sich die Situation am Arbeitsmarkt wegen guter Weltkonjunktur etwas besserte), meutert der nach links tendierende Teil der Bevölkerung und wählt ihn nicht mehr, weil sich die Lage der arbeitenden Bevölkerung ohne Lohnzuwachs und ohne ordentlich bezahlte Jobs per Saldo verschlechtert hat. Dann kommt wieder die CDU dran, und zwar genau so lange, bis die Bevölkerungsmehrheit vergessen hat, dass die Linke ja wirtschaftlich nichts anderes macht als die Konservativen und wieder auf die Parolen vom sozialen Ausgleich hereinfällt.

Lange Rede, kurzer Sinn: Mit der Übernahme der herrschenden ökonomischen Lehre, die nichts anderes als simple Unternehmerlogik bietet, bringt sich die Sozialdemokratie (und die politische Linke) um jede Chance und um jede Perspektive. Wenn sie regiert, verliert sie ihre Anhänger und Mitglieder, weil die Ergebnisse wirtschaftlich und sozial katastrophal sind. Wenn sie opponiert, hat sie wirtschaftspolitisch keine Alternativen zu bieten, muss also auf das Scheitern der Konservativen warten, um dann nach Regierungsübernahme wieder selbst zu scheitern. Das Ergebnis solchen wechselseitigen Scheiterns gefährdet die Demokratie. Findet in einem Land auf längere Sicht keine regierungsfähige Partei der Mitte eine Erfolg versprechende wirtschaftspolitische Konzeption, bleibt der Bevölkerung nur Apathie oder eine Hinwendung zu radikalen »Lösungen«.

Ersteres erleben wir gerade. Die dramatisch sinkende Wahlbeteiligung und die rückläufigen Mitgliederzahlen von SPD und

CDU zeigen, wie orientierungslos und frustriert die Wähler sind – und zwar nicht nur, wie üblicherweise behauptet, weil sie des »Politikbetriebs« überdrüssig sind. Viel wichtiger dürfte sein, dass sie keine alternativen Konzepte sehen und erleben müssen, wie die beiden großen Volksparteien sich in Klein-Klein-Auseinandersetzungen verhaspeln und keines der großen wirtschaftlichen und sozialen Probleme lösen.

Nur eine vollständige Emanzipation von der Unternehmerlogik und die Übernahme einer volkswirtschaftlichen Logik kann hier Abhilfe schaffen. Die CDU ist davon weiter entfernt denn je, weil sie bis heute nicht im Ansatz begriffen hat, was sie Anfang der 50er Jahre erfolgreich sein ließ und woran sie spätestens bei der wirtschaftlichen Umsetzung der deutschen Einheit scheiterte (was sicher in gleichem Maße für die FDP gilt). Die SPD macht nach der Ablösung von Kurt Beck Anfang September 2008 wieder einen Schritt in die falsche Richtung. Es ist in dieser Partei weit und breit niemand, der genug Wissen und Überzeugungskraft besäße, um eine Umkehr einzuleiten. Die Grünen haben es seit ihrer Gründung bis heute erfolgreich geschafft, eine Diskussion volkswirtschaftlicher Fragen zu vermeiden. Bleibt die neue Linke. Sie hat zwar noch kein Programm, aber auch dort gibt es starke Kräfte, für die Wirtschaftspolitik nichts anderes als Unternehmerpolitik ist.

Dieses Buch soll zeigen, wie kläglich die politischen Antworten auf die drängenden wirtschaftlichen Fragen der Zeit sind und wie dramatisch die Lage der Demokratie in Deutschland ist, wenn sich die großen Parteien in der für jede Regierung zentralen Frage der wirtschaftlichen Kompetenz keine Konkurrenz mehr machen. Ich maße mir nicht an zu wissen, wohin die Reise einer offenen Gesellschaft geht. Eine Gesellschaft aber, die es nicht schafft, die großen Themen der Globalisierung, der Alterung, des Finanzmarktkapitalismus oder der ökonomisch gerechtfertigten Teilhabe der Bevölkerungsmehrheit am Fortschritt auch nur ernsthaft zu diskutieren, ist in ihren Grundfesten gefährdet, weil sie das, was Demokratie und Marktwirtschaft im Kern ausmacht, den freien Austausch und den Wettbewerb von Ideen nämlich, mit Füßen tritt. Wenn Politik und Gesellschaft auf Dauer nur noch von den vermeintlichen Interessen[3] einer Gruppe dominiert werden, wie das mit der Übernahme der Unternehmerlogik zur wirtschaftlichen Staatsdoktrin geschieht, werden »die anderen« früher oder später den Vertrag aufkündigen, der einer arbeitsteiligen Wirtschaft implizit zugrunde liegt. Dann ist viel mehr gefährdet, als nur das Interesse einer Gruppe.

# Kapitel 1
# Soziale Demokratie ohne Ökonomie?

## Über Keynes hinaus, aber wohin?

Es ist offensichtlich: Die globale Wirtschaftskrise, die von der Finanzkrise ausgelöst wurde, hat den Keynesianismus wieder hoffähig gemacht. Doch welcher Politiker hat begriffen, selbst wenn er plötzlich »Konjunkturprogramm« oder »Nachfrage« sagen kann, worum es wirklich geht? Wer hat eine Ahnung davon, wie tief greifend eine gesamtwirtschaftliche Analyse sich von einer reinen Unternehmersicht unterscheidet? Wer sieht, welch entscheidende politische Dimension die Existenz einer zweiten und wesentlich realistischeren Wirtschaftstheorie eröffnet?

Niemand, ist die einfache Antwort. Selbst die anerkannten Vordenker der Sozialdemokraten etwa sind meilenweit von einer solchen Erkenntnis entfernt. Ein eindrucksvolles Beispiel dafür lieferte noch 2006 der langjährige Unterstützer Gerhard Schröders und einer der wichtigsten Antreiber der »modernen Sozialdemokratie«, Erhard Eppler. In einer vernichtenden Kritik des Buches *Machtwahn. Wie eine mittelmäßige Führungsschicht uns zugrunde richtet* von Albrecht Müller warf er den aus seiner Sicht rückwärtsgewandten Kräften in der SPD vor, schon seit Anfang der 80er Jahre nicht begriffen zu haben, dass neue Zeiten angebrochen sind, dass man in der globalisierten Wirtschaft weniger Spielräume für nationale Politik hat und dass man neue Phänomene wie Ölpreisexplosionen nicht mit alten Rezepten wie höherer staatlicher Verschuldung bekämpfen kann.

Genüsslich zitierte Eppler sich selbst, weil er in weiser Voraussicht schon Ende der 70er Jahre den Sozialdemokraten ins Stammbuch geschrieben habe: »Wenn wir nicht über Keynes hinauskommen, werden wir hinter Keynes zurückgeprügelt«, will heißen, Energiepolitik war damals die richtige Antwort auf Ölpreisschübe, falsch ist eine staatliche Ankurbelung der Konjunktur, Umweltschutz ist modern und der alte Keynes taugt prinzipiell nicht für die moderne Weltwirtschaft.

Da fragt man sich natürlich, was den modernen Sozialdemokraten, die Eppler so gerne geistig anführen möchte, denn in den letzten 30 Jahren eingefallen ist als Alternative zu Keynes. Wo ist der große Entwurf für ein neues Konzept der Wirtschaftspolitik? Wo ist das Lehrbuch zur neuen Wirtschaftspolitik in den Zeiten der Globalisierung und der Überalterung der Bevölkerung? Wie bekämpft man eine Finanzkrise und die Gefahr einer globalen Deflation in der größten Rezession der Nachkriegsgeschichte? Wie rückt man dem globalen Ungleichgewicht im internationalen Handel, also den riesigen Defiziten der USA einerseits und gewaltigen Überschüssen Japans, Deutschlands und Chinas andererseits, zu Leibe? Wie beseitigt man den Verlust von Wettbewerbsfähigkeit ganzer Regionen in Währungsverbünden wie in Ostdeutschland oder derzeit in Europa? Was tut der moderne Sozialdemokrat gegen platzende Spekulationsblasen an den Aktien- und Devisenmärkten? Wie überwindet man eine von Lohndumping getriebene anhaltende Konsumflaute? Wie transportiert man Sparvermögen in die Zukunft, um daraus 2050 eine auskömmliche Rente zu zahlen?

Machen wir zur Lösung all dieser gewaltigen Probleme eine intelligente Umwelt- und Energiepolitik? Stricken wir wie die Grünen ein paar warme Strümpfe mehr, auf dass die Abhängigkeit vom Öl noch schneller gesenkt werden kann? Tun wir ein bisschen mehr von unserem Wohlstand in die Klingelbeutel der Dritte-Welt-Bewegung, damit sich auch in den Entwicklungsländern die ökologisch soziale Marktwirtschaft durchsetzen kann?

Man sieht, es war schon vor 30 Jahren leicht, eine Alternative zu Keynes zu fordern, einen dritten Weg also. Bis heute ist aber leider niemandem eingefallen, wie diese Alternative aussehen könnte.

Was die vielen Rufer nach einem dritten Weg in der Sozialdemokratie nicht einmal im Ansatz verstanden haben: Der Name Keynes (aber auch die von Josef Schumpeter, Michał Kalecki oder Wilhelm Lautenbach) steht für eine Revolution im ökonomischen Denken, die tatsächlich eine Alternative geschaffen hat zu dem, was auch heute wieder herrschende Lehre ist. Die Unsicherheit ist das zentrale Moment dieser Lehre, nicht staatliche Verschuldung. Unsicherheit unterscheidet, in Keynes' eigenen Worten, die euklidische von der nicht-euklidischen Ökonomie. In der ökonomischen Welt nach Keynes können die Arbeiter weniger Geld erhalten, daraufhin weniger Güter nachfragen und schließlich noch weniger Arbeit bekommen, weil sie selbst weniger Güter nachgefragt haben. In der alten, in den letzten 30 Jahren herrschenden Lehre ist das unmöglich – aber nur, weil die von der traditionellen Ökonomie getroffenen Annahmen (das ist kein Schreibfehler, es handelt sich hier tatsächlich lediglich um Annahmen!!!) eine solche Konstellation von vornherein verbieten. Wenn dort die Arbeiter weniger vom gesamten Kuchen erhalten, müssen die Unternehmen unmittelbar mehr erhalten, weil aufgrund der Annahmen von vornherein feststeht, dass sich das gesamte Einkommen der Volkswirtschaft nicht ändern kann, was heißt, dass auch Rezessionen per Annahme ausgeschlossen sind.

Nichts zeigt deutlicher als dieses Lohnbeispiel, dass sich die keynesianische Lehre zur neoklassischen Lehre so verhält, wie die Quantenphysik zur klassischen Physik. Wer würde sich trauen zu sagen, die theoretische Revolution, die dadurch in der Physik ausgelöst wurde, war falsch, weil sie alles viel komplizierter machte, da man die kleinen Teilchen, aus denen sich das Universum zusammensetzt, nicht beobachten kann, ohne dass sie ihr Verhalten ändern? In der Physik würde man dafür zum Idioten erklärt, in der Volkswirtschaftslehre bekommt man einen großen Lehrstuhl an einer berühmten deutschen Universität.

Man mag zur keynesianischen Ökonomie stehen, wie man will, es ist aber dummes Zeug zu sagen, die deutschen Sozialdemokraten hätten sich mal etwas ausdenken sollen, was sie über diese Alternative hinausgeführt hätte. *Tertium non datur* – es gab und es gibt kein Drittes. Es gab nach Keynes in der Sozialdemokratie und anderswo nur einen alternativen Weg und das war der Weg zurück in die Lehre, die schon in der Weimarer Republik und davor die Ökonomie beherrscht hatte. Folglich sind die »modernen« Sozialdemokraten genau den Weg in diese alte vorkeynesianische Denkwelt gegangen, ohne dass sie jemand dafür hätte prügeln müssen. Da stehen sie nun und wissen nicht weiter. In die eine Richtung geht es nicht, weil da ja schon die konservativen und liberalen Parteien sind und die eigene Klientel ihnen nicht weiter folgen will. In die andere Richtung geht es auch nicht, weil da ja die unmodernen Keynesianer sind, die sich inzwischen in der alternativen Linken sammeln.

Noch stammeln die verbliebenen Führer der Sozialdemokraten etwas von »Globalisierung« und neuen Zeiten, an die man sich doch anpassen müsse. Warum sie aber glauben, die uralte Lehre biete die besseren Rezepte für die modernen Zeiten der Globalisierung, bleibt ihr Geheimnis. Warum sollte eine Theorie wie die neoklassische, die keine Monopolgewinne kennt, keine Investitionsdynamik, keine Sprünge in der Technologie der Entwicklungsländer, keine Veränderung der Wettbewerbsfähigkeit ganzer Volkswirtschaften, keine Ölpreisexplosionen, keine falsche Wirtschaftspolitik und keine soziale Absicherung, warum sollte diese Theorie besser als die mit dem Namen von Keynes verbundene Lehre geeignet sein, den Sozialdemokraten den Weg in die Zukunft zu weisen?

Würden sich die Sozialdemokraten umschauen, würden sie

erkennen, dass überall auf der Welt, wo, wie derzeit in Lateinamerika, wieder nach Alternativen zu dem herrschenden Denken gesucht wird, die Intellektuellen und die Politik selbstverständlich auf Keynes zurückgreifen. Es scheint allerdings, dass die führenden Köpfe der deutschen Sozialdemokratie so lange stehen bleiben, bis sich auch der letzte getreue Anhänger in die Büsche geschlagen hat. Erhard Eppler etwa fordert sie, 30 Jahre nach seinem ersten fruchtlosen Appell erneut auf, nach Alternativen zu suchen. Er schlägt ihnen einen Diskurs vor, »der die behäbige Hegemonie marktradikaler Ideologie ablöst [...] und nach einleuchtenden Alternativen fragt«. Na dann vorwärts Genossen, ihr müsst zurück!

## Sozial ist, was Arbeit schafft

Die SPD muss einem leidtun: Schon wieder ein zeitweise Hoffnung verkörpernder Vorsitzender futsch, der Altkanzler mit den meisten Getreuen auf dem Business-Trip, sein Ziehsohn ohne Mission auf dem Kanzler-Trip und der alte Fahrensmann Franz Müntefering als neuer Hoffnungsträger – und die Umfragen sehen die Partei bei 25 Prozent. Die von vielen ersehnte Erneuerung steht in den Sternen, weil es weder Personen gibt, die sie verkörpern, noch Ideen, die sie tragen könnten.

Der Niedergang der SPD zeigt zweierlei in großer Klarheit: Erstens gebiert der Prozess der Selektion heute nicht mehr automatisch das politische Personal, mit dem man im wahrsten Sinne des Wortes Staat machen könnte. Zweitens braucht eine sozialdemokratische Partei ein realisierbares Wirtschaftsprogramm jenseits der allgemeinen Ideologie des Gürtel-enger-Schnallens, weil der enger zu schnallende Gürtel allemal von der rechten Konkurrenz glaubwürdiger vertreten werden kann.

Der weit verbreitete Eindruck, das Personal der politischen Parteien sei ziemlich ausgelaugt und nicht mehr in der Lage, den

Dingen eine andere Wendung zu geben, beschränkt sich aber nicht auf die SPD. Generell fehlen den deutschen Parteien unabhängige und interessante Köpfe. Der Politik- und Parteienbetrieb, bei dem man sich jahrelang auf die berühmte Ochsentour durch die Parteiniederungen begeben muss, um überhaupt zur Kenntnis genommen zu werden, schreckt viele junge und kluge Menschen von vornherein ab. Quereinsteiger ohne Parteihintergrund gibt es praktisch nicht mehr, weil der Prozess der Auswahl der Kandidaten, etwa für den Deutschen Bundestag, inzwischen so durchorganisiert, demokratisiert und repräsentationsorientiert ist, dass für Originalität und Biss kein Platz mehr ist.

Insbesondere die Dominanz der Juristen und die Idee, dass möglichst alle Gruppen und alle Regionen in allen Gremien vertreten sein sollten, macht jedem Ansatz zu einer besseren Selektion den Garaus. Bis Frauen und Männer, die Beamten, die Arbeiter, die Gewerkschafter, die Ausländer oder Menschen mit Migrationshintergrund ausgewogen berücksichtigt sind, ist kein Platz mehr für eine Persönlichkeit mit fachlich überdurchschnittlichen Qualifikationen, mit guten Ideen oder gar mit einer politischen Vision. So sind in unseren Parlamenten alle gesellschaftlichen Gruppen ordentlich vertreten, nur Intelligenz, Kreativität und Gestaltungskraft sind leider auf der Strecke geblieben.

Der zweite Punkt ist von noch größerer Bedeutung. Die SPD blutet programmatisch aus. Der von der CDU im letzten Wahlkampf mit Vorliebe benutzte Slogan »Sozial ist, was Arbeit schafft« hat die SPD ins Herz getroffen, weil sich viele »moderne« Sozialdemokraten diesen Slogan, ohne auch nur eine Sekunde nachzudenken, zu eigen gemacht haben. Sie haben damit der eigenen Partei das Grab geschaufelt. Nur wenn die SPD diesem Slogan energisch und mit ökonomischen Argumenten entgegentritt, kann sie der Falle ausweichen, die ihr damit von den Konservativen gestellt wird.

Das Teuflische an dem Slogan ist, dass er vollkommen richtig ist. Daraus folgt aber keineswegs, dass der Abbau des Sozialen

Arbeit schafft, wie es die Konservativen suggerieren wollen. Für die Sozialdemokraten muss der Slogan lauten: Nur eine aktive Wirtschaftspolitik kann Arbeit schaffen und ist deshalb sozial. Darüber hinaus, müssten die Sozialdemokraten hinzufügen, kann man viele sozial vernünftige Dinge tun, ohne dass das Arbeitsplätze kostet.

Wer sich aber auf den Slogan im Sinne einer Wahl zwischen Sozialem und Arbeitsplätzen einlässt, ist von vornherein verloren. Was viele in der SPD wie bei den Grünen nicht verstanden haben und vielleicht niemals verstehen werden: Die gesamte Auseinandersetzung um Gerechtigkeit, das soziale Netz und Solidarität ist in Zeiten hoher und steigender Arbeitslosigkeit vollkommen sinnlos. Natürlich ist jede Maßnahme, die 100 000 Arbeitsplätze schafft, sozial. Jeder Verzicht auf Lohn, auf soziale Absicherung oder auf Versicherungsschutz, der andere tatsächlich in Lohn und Brot brächte, wäre in höchstem Maße solidarisch und sozial.

Das heißt, Massenarbeitslosigkeit schafft einen Tatbestand des Unsozialen, der das bei der SPD herrschende Argumentationsmuster in seinen Fundamenten erschüttert. Kein politischer Eingriff in bestehende Schutzrechte oder vorhandene soziale Absicherungen kann mit Argumenten aus der Mottenkiste der sozialen Absicherung, die aus den Zeiten der Vollbeschäftigung stammen, ernsthaft in Frage gestellt werden, wenn man nicht eigene und, was noch viel wichtiger ist, andere Überzeugungen hinsichtlich der Ökonomie des Abbaus der Arbeitslosigkeit, also hinsichtlich der richtigen wirtschaftspolitischen Strategie einbringt.

Wenn es diese anderen Auffassungen einfach nicht gäbe, was wollte man machen? Dann müsste man sich als Sozialdemokrat trotzdem auf das Soziale allein einlassen und es als Beiwerk des Ökonomischen verkaufen, selbst wenn man immer einräumen müsste, dass ein Konflikt besteht zwischen dem ökonomisch Richtigen und dem sozial Erwünschten. Mit der Existenz einer alternativen ökonomischen Lehre aber haben sich die Verhältnisse grundlegend geändert. Dass die SPD das auch 70 Jahre nach Beginn dieser ökonomischen Revolution nicht erkannt hat, ist ein geistiges Armutszeugnis ersten Ranges.

Da diese Lehre existiert, darf man »das Soziale« nicht einmal hilfsweise verwenden, ohne seine Glaubwürdigkeit vollkommen zu verlieren. Wer sagt, die Kürzung der Arbeitslosenhilfe sei ökonomisch unsinnig, weil sie nur reine Umverteilung bedeutet und keine Arbeitsplätze schafft, eröffnet eine ökonomische Debatte, die man gewinnen kann. Wer aber sagt, die Kürzung sei ökonomisch unsinnig und zudem unsozial, entwertet unmittelbar sein ökonomisches Argument, weil diese Kürzung ja nur dann unsozial ist, wenn sie ökonomisch nichts bringt. Die Verteidiger der Kürzung werden sagen, man brauche wohl den Vorwurf des Unsozialen, weil man selbst nicht an das ökonomische Argument glaube.

Warum aber findet die SPD keinen Zugang zu einer radikal anderen Ökonomie? Nun, ihre Rechte läuft dem Mainstream nach, weil man mit dem Glauben daran so wohlgelitten ist und auf die schönen Unternehmerempfänge eingeladen wird. Niemand steht besser dafür als der inzwischen im Zorn aus der SPD ausgetretene Wolfgang Clement und der ihm eng verbundene Seeheimer Kreis. Clement versteht überhaupt nichts von volkswirtschaftlichen Fragen, weil er weder eine entsprechende Ausbildung absolviert noch sich jemals mit ihnen auseinandergesetzt hat. Er hat aber in seinem Leben mit so vielen Unternehmern geredet, dass er sich sehr gut in einzelwirtschaftliches Denken hineinversetzen und daraus Politik machen kann. Für ihn wie praktisch alle Vertreter des Seeheimer Kreises ist jeder, der, wie Lafontaine, Unternehmern widerspricht, ein Gegner der Wirtschaft und muss gnadenlos bekämpft werden.

Clement hat wie kein Zweiter in der SPD den Slogan »Sozial ist, was Arbeit schafft« aufgegriffen und als Superminister für Wirtschaft und Arbeit in zahllose den Sozialstaat demontierende

Gesetze umgesetzt. Für ihn war der Slogan sozusagen der Beweis dafür, dass sein Ansatz richtig ist, ganz gleich ob damit von Sozialdemokraten oder Konservativen Politik gemacht wird. In der kleinen Welt von Clement und dem Seeheimer Kreis gab es natürlich auch kein Ausland, keinen Handelspartner, auf den man hätte Rücksicht nehmen müssen, sondern nur das Gesetz des Dschungels, das jedem Land vorschreibt, alles das zur Verbesserung der eigenen Wettbewerbsfähigkeit zu tun, was nicht durch internationale Verträge verboten ist. Da Lohn- und Sozialdumping nicht verboten sind, hielt er es für das Gebot der Stunde, auf diesem Wege (auch ohne jede Rücksicht auf Verluste im gerade gegründeten europäischen Währungssystem) den deutschen Unternehmen ein für alle Mal absolute Vorteile zu verschaffen. Dass sich diese Vorteile innerhalb weniger Monate (von Dezember 2007 bis November 2008 ist der Wert des Auftragseingangs bei der deutschen Industrie auf den Wert zurückgefallen, bei dem 2005 der Aufschwung einsetzte) in ihr Gegenteil verkehren könnten, weil die unterlegenen Handelspartner ihre Währungen abwerten mussten und die Welt, auch getrieben von den durch das deutsche Lohndumping erzeugten Ungleichgewichten im internationalen Handel, in eine tiefe Rezession geraten würde, lag sicher weit außerhalb der Vorstellungskraft dieser »Wirtschaftsexperten«.

Dagegen glaubt die Linke (innerhalb und außerhalb der SPD) gerne an die wunderbare Wirkung der Solidarität und der Umverteilung. Wäre es nicht schön, wenn man mit etwas Lohnverzicht anderen Menschen die Chance geben würde, wieder Arbeit zu finden? Wäre es nicht sinnvoll, die Lohnnebenkosten zu senken, um Arbeit wieder bezahlbar zu machen? Natürlich sollen die anderen auch verzichten, die mit den »breiten Schultern«, aber Verzicht ist eigentlich nicht grundsätzlich von Übel und zudem ökologisch besonders wertvoll.

Für gesamtwirtschaftliche Vernunft ist da kein Platz. Fast allen Linken in allen Parteien war der Keynesianismus als Alternative zur herrschenden Lehre der Wirtschaftswissenschaft immer suspekt. Zwar begrüßten sie die besondere Rolle, die dort dem Staat bei der Stabilisierung der Gesamtwirtschaft zugewiesen wird. Wachstum, Einkommenssteigerungen für alle und ein florierender privater Konsum jedoch, die zentrale Bestandteile dieser Theorie sind, passen nicht in das sozial und ökologisch geprägte Weltbild. Also suchen sie, wie auch der bürgerliche Teil der Grünen, verzweifelt nach Alternativen und merken nicht, wie sie den Apologeten des Verzichts auf der anderen Seite der Straße auf den Leim gehen.

# Kapitel 2
# Das Scheitern an der deutschen Vereinigung

## Die unvollendete Vereinigung

Im November 2009 wird das vereinigte Deutschland 20 Jahre alt. Das ist schön und tragisch zugleich. Schön, weil einiges ja wirklich besser geworden ist »im Osten«. Tragisch aber, weil Ostdeutschland insgesamt auch nach 20 Jahren den Anschluss nicht geschafft hat. Leider, sagen unsere Politiker und die Sozialdemokraten vornweg, aber so ist das in der globalisierten Marktwirtschaft, der eine gewinnt, der andere verliert. Der eine macht das ganz große Geld, der andere fällt hinten runter. Das Motto im Westen steht schon lange fest: Wir regen uns nicht mehr auf, wir haben genug getan. Die im Osten wählen zwar inzwischen mit Mehrheit die Linke, aber das stört uns erst, seit Lafontaine die Linke zu einem gesamtdeutschen Phänomen gemacht hat.

Warum ist die deutsche Politik so kläglich am Problem der deutschen Vereinigung gescheitert? Der 1995 verstorbene Wolfram Engels, der über viele Jahre als Herausgeber der *Wirtschaftswoche* (damals noch eine ernstzunehmende Stimme in der deutschen Medienlandschaft) unkonventionelle und kluge konservative Kommentare zur deutschen Wirtschaftspolitik schrieb, hatte dafür eine einfache und zugleich bestechende Erklärung: Kohls Politikstil (Angela Merkel hat da gelernt) war darauf angelegt, bei jedem neu auftauchenden Problem so lange abzuwarten, bis sich die Mehrheit seiner Klientel ein relativ klares Urteil gebildet hatte, dem er dann folgen konnte. Es kam ihm nie in den Sinn, den eigenen Verstand oder den seiner Berater zu bemühen, um zu einem unabhängigen Urteil zu kommen. Diese Methode, so Wolfram Engels, versagte bei der deutschen Vereinigung vollständig, weil hier mehr als jemals zuvor in Deutschland analytischer Verstand gefragt war und nicht ein Meinungspotpourri von Interessenvertretern.

Ostdeutschland ist nie richtig im Westen angekommen, weil von Anfang an der deutschen Bevölkerung nicht klargemacht wurde, dass eine schnelle Angleichung der materiellen Lebensbedingungen ohne massive Arbeitslosigkeit im Osten sehr viel mehr Solidarität von Seiten des Westens erfordert hätte. Andererseits wurde den Menschen in Ostdeutschland nicht klargemacht, dass ohne diese Solidarität die schnelle Angleichung sehr viel länger die ostdeutsche Region belasten und bedrücken würde, als sich irgendjemand damals hätte vorstellen können. Unter diesen Umständen wäre eine langsamere Angleichung der Löhne besser gewesen, weil weniger Industrie im Osten unwiederbringlich verloren gewesen wäre. Abwanderung hätte es in beiden Fällen gegeben.

Selbst die ostdeutschen Politiker haben nie mehr ernsthaft gefragt, wie sich die Angleichung nach zehn oder nach 20 Jahren noch darstellen ließe, ohne Gesamtdeutschland zu überfordern. Alle waren zufrieden, dass überhaupt etwas geschehen ist. Auch hat der ostdeutsche Politiker gelernt, dass nur Sparen den Staat nach vorn bringt, dass in Zeiten der Globalisierung von allen Opfer verlangt werden, dass er dankbar sein muss, noch immer so viel Finanzausgleich zu bekommen, obwohl Bayern und Baden-Württemberg mächtig stöhnen. Und schließlich weiß er, dass einer, der mit 20 Jahren noch nicht auf eigenen Füßen stehen kann, nicht denen, die ihn 20 Jahre gestützt haben, einen Vorwurf machen kann, sondern sich an die eigene Nase zu fassen hat. Also bestaunt er immer wieder die drei blühenden Beete vor seinem Haus und tröstet sich damit, dass die Ödnis im Übrigen doch ökologisch besonders wertvoll ist.

Deutschland im Jahre 20. Der Skandal einer wirtschaftlich und politisch unvollendeten Vereinigung hat viele Namen, doch wir nennen sie nicht mehr. Wer in der Euphorie der ersten Jahre das Wort vom deutschen Mezzogiorno in den Mund nahm, wurde als Vaterlandsverräter und Miesmacher beschimpft. Wer heute davon spricht, wird nicht einmal mehr zur Kenntnis genommen, weil man längst stillschweigend vom östlichen Mezzogiorno zur Tagesordnung übergegangen ist. Als im Jahre 1991 ein junger Mitarbeiter von mir am DIW die Wachstumsraten von Ost- und Westdeutschland extrapolierte und herausfand, dass eine Angleichung der Lebensbedingungen bei dem damaligen Tempo über 30 Jahre dauern würde (und er dies auch noch einem Journalisten erzählte), gab es ob dieser unverantwortlichen Rechnung einen Aufschrei in der Politik. Ich wurde hintereinander vom Bundeskanzleramt, vom Wirtschaftsministerium und vom Bundespräsidialamt angerufen und beschimpft.

Weil aber Ostdeutschland im gesamten Spektrum der Volkswirtschaft nur langsam Anschluss gewonnen hat, verlor man das Wichtigste, was man für einen Aufholprozess braucht, nämlich qualifizierte Arbeitskräfte. Jüngere und hoch qualifizierte Kräfte sind in großem Maße nach Westdeutschland oder ins westliche Ausland abgewandert. Wenn nicht einmal der Staat in seinem ureigensten Bereich ein klares Signal dafür gibt, dass er auf Aufholen und damit auf eine in allen Aspekten mit dem Westen gleichwertige Infrastruktur setzt, kann man von der Wirtschaft nichts fordern. Sparen in Ostdeutschland war und ist jedoch eine Bankrotterklärung der für diese Zwecke immer bemühten Ideologie von der »Entlastung zukünftiger Generationen«. Wer heute beim Aufbau der staatlichen Infrastruktur in Ostdeutschland spart, belastet vielmehr die zukünftigen Generationen in einer unerhörten Weise, weil er dieser Region und den Menschen dort für alle Zeit die Chance nimmt, auf eigenen Füßen zu stehen.

Es muss ja nicht immer die Bauwirtschaft oder die Industrie sein. Warum sind die neuen Bundesländer nicht Deutschlands

Dienstleistungszentrum geworden oder gar ein Zentrum in der neuen »Wissensgesellschaft«? Davon haben in der Tat schon am Anfang viele geträumt. Doch es ist beim Träumen geblieben. Einige Rückstände wurden zwar aufgeholt, aber eine eigenständige Dynamik ging von den Dienstleistungen nicht aus. Das ist auch kein Wunder. Mehr Dienstleistungen werden dann gebraucht, wenn im Gefolge einer kräftig expandierenden Wirtschaft die Einkommen in einer Region schneller steigen als der Bedarf an Gütern, die Industrie und Landwirtschaft produzieren. Da die Einkommen in Ostdeutschland aber wegen der industriellen Schwäche und der hohen Arbeitslosigkeit seit Mitte der 90er Jahre nicht mehr im erforderlichen Maße zugelegt haben, musste die Hoffnung auf den Durchbruch mithilfe von Dienstleistungen trügen. Nur dort, wo es »Rohstoffe« für das Angebot von Dienstleistungen gibt, etwa für den Tourismus, kann man unabhängig vom Einkommen der eigenen Bevölkerung eine hohe Wertschöpfung bei Dienstleistungen erwarten, weil diese sich dann auch exportieren lassen. Auf Rügen geht das, für ganz Ostdeutschland würde es aber selbst dann nicht reichen, wenn weite Teile *per ordre de mufti* zur »blühenden Landschaft« erklärt worden wären.

## Das Transferproblem

Auch bei der deutschen Vereinigung haben die meisten Politiker von Anfang an versagt, weil es keine eigenständigen wirtschaftlichen Überzeugungen gab. Und ausgerechnet Sozialdemokraten waren die ersten Politiker überhaupt, die voller Inbrunst für eine Währungsunion zwischen den beiden Teilen Deutschlands eintraten, ohne zu wissen, was sie taten. Vor allem Ingrid Matthäus-Maier, die damalige stellvertretende Vorsitzende der SPD-Bundestagsfraktion, für die Volkswirtschaftslehre immer ein Buch mit sieben Siegeln blieb, tat sich in dieser Hinsicht unrühmlich hervor, wurde dafür aber später mit einem Sitz im Direktorium der Kreditanstalt für Wiederaufbau (KfW) belohnt. Lafontaine hörte dagegen von Anfang an auf warnende Ökonomenstimmen. Unter diesen Stimmen waren sogar Vertreter der herrschenden Lehre wie der Sachverständigenrat. Der Rat hatte ebenso wie das DIW schon im Februar 1990 klar gestellt, wie groß, ja unüberwindlich die Gefahren einer Währungsunion waren. Lafontaine wurde in dieser Frage, obwohl er Kanzlerkandidat war, in beeindruckender Weise hintergangen. Peter von Oertzen, damals noch Landesvorsitzender der SPD in Hannover, schickte Lutz Hoffmann, dem damaligen DIW-Präsidenten, und mir im Frühjahr 1990 in großer Sorge ein Papier von Kurt Biedenkopf, der ein halbes Jahr später sächsischer Ministerpräsident wurde, in dem dieser für die CDU begründete, warum eine Währungsunion funktionieren würde. Dieses Papier fand auch in den Reihen der SPD großen Anklang. Wahrscheinlich ist niemals ein schlechteres Papier über die Möglichkeit einer wirtschaftlichen Vereinigung zweier Staaten mit unterschiedlichen Wirtschaftssystemen geschrieben worden, aber wen interessierte das, wo man doch nur schnell zu einem politischen Ende kommen wollte? Hauptsache, die Bundestagswahlen Ende 1990 werden gewonnen. Was danach kommt? Nach uns die Sintflut.

Hätte man nur eine Minute über das sogenannte Transferproblem nachgedacht, die Frage nämlich, wie in den 30er Jahren das Reparationsproblem Deutschland in Bedrängnis gebracht hat, man hätte vieles vermeiden können. Damals musste Deutschland Reparationen bezahlen, also Transfers leisten, die es aber nur hätte leisten können, wenn es ihm gelungen wäre, Leistungsbilanzüberschüsse gegenüber dem Rest der Welt zu erzielen. Das Problem Ostdeutschlands war ähnlich gelagert, weil es versuchen musste, von Transfers unabhängig zu werden.

Die ökonomische Logik ist aber die gleiche wie beim ursprünglichen Transferproblem, nämlich die Notwendigkeit, Leistungsbilanzüberschüsse zu bilden beziehungsweise Defizite abzubauen, ohne hohe Realeinkommensverluste hinnehmen zu müssen. (Vergleiche dazu H. Flassbeck: Die deutsche Vereinigung – ein Transferproblem, in: Vierteljahreshefte des Deutschen Instituts für Wirtschaftsforschung, Nr. 3, 1995.)

Dass der Schock der Wende für die ostdeutsche Wirtschaft so ungeheuer groß war, ist im Nachhinein leicht zu erklären. Ostdeutschland hätte damals theoretisch die Wahl gehabt zwischen einer Anpassung der Einkommen an den Westen in kleinen, überschaubaren Schritten, um eine größtmögliche Sicherheit der Arbeitsplätze zu gewähren, oder einer raschen Angleichung der Einkommen – in D-Mark gerechnet – mit der Folge, damit sehr viele Arbeitsplätze aufs Spiel zu setzen. Doch schon bevor eine intensive Diskussion über diese alles entscheidende Frage hätte geführt werden können, hatte sich die Regierung Kohl unter dem Beifall prominenter Sozialdemokraten für die Festlegung eines sehr hohen Umtauschkurses und die rasche Angleichung der Realeinkommen entschieden. Man darf davon ausgehen, dass keiner der beteiligten Politiker verstanden hatte, was das bedeutete.

Die ersten regulären Tarifverhandlungen in der ehemaligen DDR folgten lediglich diesem von der Politik vorgeprägten Muster. Im Bundestagswahlkampf Ende 1990 war es schließlich die CDU, nicht die PDS, gewesen, die mit der Parole »gleicher Lohn für gleiche Arbeit« auf Stimmenfang ging. Damit war, fast von der ersten Stunde an, die »westdeutsche« Finanzpolitik im Wort, die sozialen Folgen und insbesondere die Arbeitsmarktfolgen des Aufholprozesses bei den Realeinkommen abzufedern.

Das gelang auch in den ersten beiden Jahren, da der Vereinigungsboom in den alten Bundesländern dem Staat hohe Steuereinnahmen bescherte. Die ostdeutsche Wirtschaft hatte durch den hohen Umtauschkurs und die rasche Lohnangleichung ihre

Wettbewerbsfähigkeit fast vollständig verloren und westdeutschen Unternehmen gelang es bei offenen Grenzen, im Osten hohe Marktanteile gegen die internationale Konkurrenz für sich zu gewinnen. Der Arbeitsmarkt in Westdeutschland erreichte trotz Zuwanderungen sein mit Abstand bestes Ergebnis in den letzten 20 Jahren: Die Arbeitslosenquote fiel 1991 auf unter 6 Prozent.

Wie teuer der Vereinigungsprozess werden würde, zeigte sich erst ab 1992, als die Bundesbank unter Hans Tietmeyer in Sorge um eine Überhitzung im Westen die geldpolitischen Zügel in Form steigender Zinsen scharf anzog, fast alle europäischen Partner folgten und eine schwere Rezession mit einem erneuten Schub an Arbeitslosigkeit in ganz Europa nicht mehr zu vermeiden war.

Was bis heute nicht verstanden wird: Die Erfolge westdeutscher Unternehmen in den neuen Bundesländern waren natürlich nur möglich, weil der Bund sehr bald nach der politischen Vereinigung in hohem Maße Transfers an die Bürger, an öffentliche Institutionen und an Unternehmen in Ostdeutschland leistete. Eine Region, die in so hohem Maße an Wettbewerbsfähigkeit verloren hat, stößt ohne einen »großen Bruder«, der ihr finanziell unter die Arme greift, sehr schnell an die Grenzen der Zahlungsfähigkeit und wird keine Kredite mehr erhalten. In Ostdeutschland existierte eine solche Zahlungsbilanzrestriktion nicht. Das führte auf der Gegenseite – in Westdeutschland – dazu, dass die ohnehin sehr hohen Leistungsbilanzüberschüsse sich angesichts des extrem hohen Defizits in den neuen Ländern noch einmal erhöhten (obwohl Leistungsbilanzüberschüsse gegenüber Ostdeutschland in der Statistik nicht mehr so genannt und sehr bald auch nicht mehr gemessen wurden).

Weil die ostdeutsche Wirtschaft von Anfang an nicht wettbewerbsfähig war, musste – und muss weiterhin – ein erheblicher Teil der Kapitaltransfers vom Staat geleistet werden. Dieses Transferproblem schafft ein politisches, vor allem aber ein finanzpolitisches Dilemma, dessen Bedeutung in Deutschland systematisch verdrängt wird.

Ostdeutschland muss, um von Transfers aus Westdeutschland unabhängig zu werden, seine Wettbewerbsposition so weit verbessern, dass es Marktanteile im Westen gewinnen kann, der Westen (im weitesten Sinne, insbesondere aber Westdeutschland) muss folglich Marktanteile verlieren. Anders gewendet, es gibt für den Westen bei dieser Ausgangslage nur zwei schlechte Varianten: Entweder man finanziert Ostdeutschland im bisherigen Maße weiter oder man muss bereit sein, erhebliche Abstriche bei Produktionsanlagen und damit Arbeitsplätzen gegenüber den neuen Bundesländern hinzunehmen. Geschieht beides nicht, kann Ostdeutschland niemals aufholen.

Dieses Problem ist nicht lösbar. Gewinne und Verluste von Marktanteilen sind immer Nullsummenspiele, bei denen einer verliert, was der andere gewinnt. Wie bei den meisten Nullsummenspielen dieser Art ist das Problem aber dadurch in seinen Auswirkungen abzumildern, dass die Wirtschaft insgesamt kräftig wächst und damit die Belastungen in Relation zum Gesamteinkommen mehr und mehr an Gewicht und politischer Bedeutung verlieren. Betrachtet man allerdings die ersten 20 Jahre nach der Vereinigung Deutschlands aus dieser Sicht, kann man nur konstatieren, dass es weitgehend verlorene 20 Jahre waren, weil alle Regierungen wirtschaftspolitisch versagt haben. Das enorme Wachstumspotenzial der deutschen Wirtschaft ist wegen vielfältiger falscher wirtschaftspolitischer Weichenstellungen nicht genutzt worden.

Niemand in der gesamten deutschen Politik hatte dieses Problem auch nur im Ansatz verstanden. Besonders fatal war, dass derjenige, der den Vereinigungsvertrag ausgehandelt hatte, Hans Tietmeyer, damals Präsident der deutschen Bundesbank, auch derjenige war, der mit seiner monetaristischen Geldpolitik über viele Jahre maßgeblich dazu beigetragen hat, dass in Deutschland die Wirtschaft nicht mehr ausreichend wuchs.

Wenigstens der sozialdemokratische Finanzminister Hans Eichel hätte diese Zusammenhänge kennen und nach seiner Amtsübernahme im April 1999 nach einem Weg suchen müssen, der einerseits die unabwendbaren Belastungen für Westdeutschland in einer gesellschaftlich verträglichen Weise auf die verschiedenen Bevölkerungsgruppen verteilt und andererseits versucht hätte, die eklatante Wachstumsschwäche zu überwinden und damit das Transferproblem zu relativieren.

Die einfachste, aber zugleich wichtigste Frage nach der rotgrünen Regierungsübernahme im September 1998 hätte folglich sein müssen: Wer finanziert die deutsche Einheit? Diese Frage aber wurde erstaunlicherweise nie gestellt, weder von Eichel noch von sonst einem Finanzpolitiker. Die Frage findet sich auch nicht im sogenannten Schröder/Blair-Papier (das Papier, das der damalige Kanzleramtsminister Bodo Hombach mit seinem englischen Counterpart Peter Mandelson in die Welt setzte, um der Kritik an Lafontaines Politik ein »internationales Flair« zu geben) über den »richtigen« Weg zu einer modernen Wirtschaftspolitik. In dieser und ähnlichen Verlautbarungen war und ist zwar von Erblasten in Deutschland die Rede, von Fehlern der Finanzpolitik in der Vergangenheit, von mehr Eigenverantwortung der Bürger, von der Notwendigkeit eines auf seine Kernaufgaben reduzierten Staates, von staatlichen Anreizen für Investitionen, von sinkenden Abgabelasten, von den Problemen der Rentenversicherung in 20 Jahren, aber niemals von dem einen, dem zentralen Thema der deutschen Finanzpolitik – der Frage nämlich, wer die deutsche Einheit bezahlt.

Noch erstaunlicher als der Umstand, dass diese Frage damals nie gestellt wurde, ist indes, wie einmütig sie heute im Hinblick auf die aktuelle Finanzlage beantwortet wird. Quer durch alle Lager wird man auf die Frage, wie die deutsche Einheit hätte finanziert werden sollen, die Antwort bekommen: in weit stärkerem Maße durch Steuererhöhung als tatsächlich geschehen und weit weniger durch zusätzliche Staatsverschuldung. Es war ja geradezu zum Credo der »neuen« Finanzpolitik zwischen dem Rücktritt von Lafontaine und dem Beginn der Finanzkrise geworden, die Finanzierung aller öffentlichen Aktivitäten durch Staatsverschuldung zu geißeln und auf dieser Basis striktes staatliches Sparen zu fordern. Daraus lässt sich nur ableiten, dass die heutigen Generationen mit den Kosten der deutschen Einheit sehr viel mehr hätten belastet werden müssen und die zukünftigen Generationen weniger.

Das klingt sehr überzeugend und ist dennoch die Lebenslüge der deutschen Gesellschaft in den 90er Jahren. Praktisch keine Gruppierung, kein Interessenverband und kaum eine Einzelperson, die unisono beklagt, dass die deutsche Einheit in zu hohem Maße über Staatsverschuldung finanziert wurde, war bereit, die Konsequenzen aus diesem Bekenntnis in Form höherer Steuern und Abgaben zu tragen. Der Beweis dafür ist die Tatsache, dass die staatlichen Einnahmen nur ganz kurz, nämlich in den Jahren 1993 bis 1996, über das Niveau hinaus gestiegen sind, das sie in den 80er Jahren hatten. Sie lagen in den 80er Jahren fast durchweg bei etwa 42,5 Prozent des Bruttoinlandsprodukts (BIP), stiegen kurzzeitig (1993,1995 und 1996) über 43 Prozent und sanken im Jahr 1998 wieder auf 42,5 Prozent.

Noch eklatanter ist der Befund bei den Steuern allein. Die Steuerquote hatte 1997 und 1998 mit unter 23 Prozent den niedrigsten Wert seit den 50er Jahren erreicht. Wer also der Meinung war, die deutsche Einheit hätte über höhere Steuern finanziert werden sollen, der hätte mit dem Beginn der rot-grünen Koalition daraus die Konsequenz ziehen können: Die Steuern hätten über das Maß hinaus erhöht werden müssen, das sie in der Vergangenheit hatten, denn die Ausgaben werden wegen der deutschen Vereinigung noch sehr lange Zeit um etwa 70 Milliarden Euro pro Jahr, das sind etwa 3 Prozent des BIP, über dem Niveau liegen, das sie ohne Vereinigung hätten.

Schon unmittelbar nach der Vereinigung, in den Jahren 1993/94, aber begann in Deutschland eine intensive Diskussion über »die unerträglich hohe« Steuerbelastung, die bis heute anhält. Die Interessenverbände der Unternehmen werden nicht müde, den internationalen Wettbewerb und die Globalisierung zu bemühen, um zu belegen, dass weitere Entlastungen unumgänglich sind. Und dies, obwohl es schon vom Markt her in den letzten 20 Jahren eine massive Umverteilung zugunsten der Einkommen aus Unternehmertätigkeit und Vermögen gegeben hat und die Steuerquote bei diesen Einkommen wegen mehrfacher deutlicher Entlastungen unter Kohl und Schröder heute weit *unter* dem Niveau der frühen 80er Jahre liegt.

So läuft es denn darauf hinaus, dass es trotz Solidaritätszuschlag zur Einkommensteuer schon lange nicht mehr die Steuerzahler sind, die die deutsche Einheit finanzieren. Wer aber dann? Wer trägt deren fortlaufende Kosten? Die Antwort ist ganz einfach: alle diejenigen, die in der einen oder anderen Weise von staatlichen Ausgaben abhängig sind. Im Klartext bedeutet das, dass eine Aufgabe, die die Solidarität der ganzen Gesellschaft erfordern würde, auf kleine und politisch schwache Gruppen wie Arbeitslose und Rentner abgewälzt wird.

Der harten wirtschaftlichen Logik des Transferproblems versucht seither die gesamte deutsche Politik mit allen Mitteln aus dem Wege zu gehen. Bayern agiert ganz offen nach dem Motto: Wasch mir den Pelz, aber mach mich nicht nass. Die Bundesregierung verkündet eine Fortsetzung der Förderung auf hohem Niveau bei gleichzeitiger Konzentration auf investive Ausgaben und einer Verbesserung der Effizienz. Selbst die ostdeutschen Ministerpräsidenten sprechen nur von der Notwendigkeit anhaltender Solidarität und Rückständen in der Infrastruktur. Doch das ist alles Augenwischerei: Beim gegenwärtigen Stand der Transfers kann Ostdeutschland im besten Fall den Status quo halten, seine Position gegenüber der Wirtschaft im Westen aber nicht verbessern. Solange es aber seine Position nicht verbessert, kann man die Transfers nicht herunterfahren, ohne die Einkommensabstände wieder zu vergrößern. Hinzu kommt, dass sich selbst bei unverändertem Zahlungsniveau die Struktur der Ausgaben verschlechtert, weil mit dem gleichen Geld immer mehr Sozialausgaben finanziert werden müssen und damit weniger für Investitionen zur Verfügung steht.

Um aufholen zu können, muss in Ostdeutschland die Produktivität, wie in den Jahren 1992 bis 1995, stärker als im Westen steigen. Die Produktivität kann aber nur stärker steigen, wenn sie vom Staat und diesmal tatsächlich von der Angebotsseite der Volkswirtschaft her angeschoben wird. Da die ostdeutsche Wirtschaft (ganz anders als die westdeutsche!) immer noch einen Wettbewerbsrückstand hat, nutzt die Förderung der Nachfrage hier nichts. Mehr Nachfrage verpufft in einer solchen nicht wettbewerbsfähigen Wirtschaft nur in noch höheren Importen. Folglich müsste man Unternehmen weit größere Anreize bieten als bisher, ihre Produktion in die neuen Bundesländer zu verlagern.

Genau das Gegenteil aber geschieht. Ostdeutschland wird sowohl in Berlin als auch in Brüssel zu einer normalen Region mit Strukturschwächen herabgestuft, was das Notwendige, eine nochmalige Sonderförderung für einige Jahre nämlich, ausschließt. Das Schicksal Ostdeutschlands war eigentlich schon Mitte der 90er Jahre besiegelt. In der Euphorie über hohe Wachstumsraten – die OECD bezeichnete Ostdeutschland Mitte der 90er Jahre als die am schnellsten wachsende Region Europas, womit sie von allen deutschen Politikern begeistert zitiert wurde – ließ sich Kohl von Brüssel überreden, jeden Sonderstatus für Ostdeutschland als Fördergebiet fallen zu lassen. Für die EU war der Fall ohnehin klar. Schließlich gibt es mit Ostdeutschland vergleichbar schwache Regionen in einigen Ländern Europas. Offenbar kam damals und kommt bis heute niemandem in den Sinn, dass es politisch etwas fundamental anderes bedeutet, ob eine – gemessen am europäischen Durchschnitt – strukturschwache Region in einem wirtschaftlich insgesamt schwachen Land oder in einem der stärksten Länder der Gemeinschaft ihren Platz hat. Auch liegen politische Welten zwischen Regionen, die durch staatlichen Zwang in einem anderen Gesellschaftssystem am Mitmachen und Aufholen gehindert wurden, und solchen, wo das Zurückbleiben natürliche oder geografische Gründe hat.

Wenn wir politischen Mut und ausreichende Weitsicht hätten, würden wir uns trauen, das Undenkbare zu denken: Wir ließen die Transfers für Ostdeutschland auch weiterhin auf dem derzeitigen Niveau – aber nicht in Cent und Euro, sondern relativ zum Bruttoinlandsprodukt. Wir wären bereit, noch einmal für zehn Jahre nicht 70 Milliarden Euro, sondern 3 Prozent unseres BIP für den Aufbau Ost unter der Bedingung zu geben, dass auch alles investiert wird. Bei vernünftigem Wachstum der Gesamtwirtschaft hätte man dann bald weit größere Summen für die Angleichung einer vom Schicksal benachteiligten Region übrig und wir wären trotzdem alle viel wohlhabender als heute. Eine schöne Idee. Man sieht aber sofort die Bedenkenträger mit den Köpfen wackeln: besser den Spatz in der Hand als die Taube auf dem Dach, besser 70 Milliarden Euro ohne jede Perspektive als 3 Prozent für eine Idee.

Wo kämen wir hin, wenn Politiker vom wirklich vereinten Deutschland träumen würden?

## Der falsche Lohn

Vielfach wird ein Problem wie das des falschen Lohnniveaus in Ostdeutschland als ein Problem aus einer fernen Vergangenheit angesehen, das für die im Hier und Heute Lebenden nur noch von geringer Bedeutung ist. Das ist ein Irrtum. Ohne sich ernsthaft mit dieser Frage auseinanderzusetzen, kann man viele andere heute überragend wichtige Fragen nicht verstehen. So ist zum Beispiel die extreme Lohnzurückhaltung der letzen zehn Jahre nicht zu verstehen, wenn man nicht weiß, auf welche Weise die deutschen Gewerkschaften sich im Osten verhoben haben und so zum Spielball einer neoklassisch inspirierten konservativen Politik wurden. Ähnliches gilt für den Flächentarifvertrag: Ohne die vernichtende ostdeutsche Niederlage wäre dieses unglaublich wichtige Instrument der Tarifpolitik nicht in gleicher Weise durchlöchert worden und viele der Maßnahmen des Sozialabbaus, unter denen Deutschland heute ökonomisch und gesellschaftlich leidet, wären nicht möglich gewesen.

Um es aber von Anfang an klarzustellen: Kein ernstzunehmender Mensch kann bestreiten, dass in Ostdeutschland unmittelbar nach der Wende die Löhne, natürlich in D-Mark oder US-Dollar gerechnet, viel zu stark gestiegen sind. Selbst wenn wir den Schock der 1:1-Umstellung für alle laufenden Kosten der Betriebe, bei denen die Löhne gesamtwirtschaftlich gesehen der mit Abstand wichtigste Teil sind, für den Augenblick vergessen, ist das unbestreitbar. Schon 1990 haben die Arbeitskosten in konvertibler Währung in einer Größenordnung von 20 Prozent zugelegt, 1991 waren es gar um die 50 Prozent und 1992 noch einmal über 20 Prozent. Man muss sich nur vor Augen führen, dass im Westen darüber gestritten wird, ob die Löhne derzeit in einer hoch wettbewerbsfähigen Wirtschaft um 2 Prozent steigen dürfen oder »gar« um 3 Prozent, um zu ermessen, wie groß der Schock der Lohnangleichung für eine Wirtschaft in der Transformation von der Plan- zur Marktwirtschaft war. Auch die Tatsache, dass weltweit in den genannten drei Jahren nach der Wende die Lohnkosten jahresdurchschnittlich um etwa 5 Prozent und die noch wichtigeren Lohnstückkosten, also Löhne minus Produktivität, um 2 Prozent stiegen, spricht für sich. Mit der raschen Lohnangleichung wurde ohne Zweifel die Chance der ohnehin gebeutelten ostdeutschen Betriebe, aus eigener Kraft die wirtschaftliche Wende zu schaffen, in großem Stil zunichtegemacht.

Dies zuzugestehen ist das eine, daraus angemessene Schlussfolgerungen zu ziehen, offenbar etwas ganz anderes. Mit kaum einer Tatsache unseres wirtschaftlichen Lebens wurde mehr Schindluder getrieben als mit der »zu raschen Lohnangleichung im Osten« – und wieder standen die Sozialdemokraten von Anfang an auf der falschen Seite oder merkten im besten Fall gar nicht, wie ihre wichtigsten Unterstützer, die Gewerkschaften, im Zuge der Lohndebatte systematisch an Boden verloren, weil sie sich in eine ausweglose Lage manövriert hatten.

Die beliebteste Schlussfolgerung, die aus der raschen Lohnangleichung gezogen wird, ist auch schon die unsinnigste: An der Lohnangleichung Ost sähe man doch, dass das deutsche Gewerkschaftsmodell total veraltet sei; viel zu starr sei es, zu unflexibel für die moderne globalisierte Welt. Das aber sieht man an den ostdeutschen Verhältnissen gerade nicht: Die Gewerkschaften haben von Anfang an in den neuen Bundesländern unter vollkommen untypischen Bedingungen verhandelt und zudem einen fatalen strategischen Fehler begangen: Sie haben, wie im Folgenden zu zeigen ist, in Ostdeutschland akzeptiert, dass man ihnen eine gesellschaftspolitische Aufgabe auflud, bei der sie in die Knie gehen mussten.

Verantwortlich für das Desaster der Lohnanpassung war aber vom ersten Augenblick an die bundesdeutsche Politik (einschließlich der sozialdemokratischen Opposition, die dem Regierungskurs weitgehend folgte) und nicht die Gewerkschaften. Unmittelbar nach der Wende war der Staat – vertreten durch die Bundesregierung – Eigentümer fast aller ostdeutschen Betriebe. Die Bundesregierung unter Helmut Kohl übertrug wiederum fast alle Fragen, die mit ostdeutschem Eigentum zusammenhingen, an die Treuhandanstalt. Eine der vornehmsten Aufgaben eines Eigentümers an Produktivkapital aber ist es, dafür zu sorgen, dass seine Interessen in Tarifverhandlungen wahrgenommen werden. Steigen die Löhne nämlich stärker, als es der Leistungskraft des eingesetzten Kapitals entspricht, verlieren die Betriebe ihre Wettbewerbsfähigkeit und – was in der Wendezeit vergessen wurde – damit auch ihren Marktwert. Um einen Substanzverzehr am Eigentum zu vermeiden, hätte die Bundesregierung dafür sorgen müssen, dass die Löhne nach der Wende nur im Rahmen der gegebenen wirtschaftlichen Grundbedingungen, also dem Tempo des Produktivitätsfortschritts steigen. Dies wäre umso leichter möglich gewesen, wenn die Bundesregierung auch dafür gesorgt hätte, dass die Menschen in Ostdeutschland den Zusammenhang zwischen Vermögen und Lohn verstehen lernen. Hätte man beispielsweise den Arbeitnehmern in den neuen Bundesländern rechtzeitig ein Angebot zur Beteiligung am Produktivkapital gemacht, wäre dieser Zusammenhang und das Risiko einer reinen Lohnanpassungsstrategie unmittelbar deutlich geworden.

Da die Regierung (und die Opposition) sich solcher Vorschläge enthielt und das Thema Lohnangleichung auch sonst nicht problematisierte, musste in Ostdeutschland der Eindruck entstehen, es sei ohne großen Belang, wenn die Einkommen rasch angeglichen werden. Das Tempo der Privatisierung, Umstrukturierung der Betriebe versus rasche Privatisierung, Rückgabe oder Entschädigung – alles schien in den ersten Jahren wichtiger als die Frage der Lohnangleichung. Dass die Wirtschaft in den neuen Bundesländern zwar rasch die rechtlichen und institutionellen Voraussetzungen für das Funktionieren einer Marktwirtschaft, aber mitnichten die materiellen Voraussetzungen in Form internationaler Wettbewerbsfähigkeit und einer ausreichenden Rendite im Durchschnitt der Unternehmen hatte, wollte keiner der Politiker, die für die Wende die Verantwortung trugen, wahrhaben. Aber genau diese Politiker waren es auch, die von einem Aufblühen des Mittelstandes und den ungeahnten Kräften schwadronierten, die der Übergang zur Marktwirtschaft freisetzen würde.

Die Regierung Kohl hat das Problem der Lohnangleichung mindestens zwei lange Jahre nicht einmal zur Kenntnis genommen, sondern regelmäßig auf die »Tarifautonomie« verwiesen und auch der Treuhandanstalt nicht aufgegeben, die gesamtgesellschaftlichen und damit auch die ostdeutschen Interessen an der Erhaltung der Substanz in den Tarifverhandlungen zu vertreten. Stattdessen saßen westdeutsche Gewerkschafter westdeutschen Managern oder Verbandsvertretern gegenüber und handelten Lohnanpassungspfade aus. Welche Produktivitätspotenziale bei welchem Niveau der westlichen Hilfe die neuen Bundesländer haben könnten, wurde dabei überhaupt nicht in Betracht gezogen. Das ist aber der springende Punkt: Lohnangleichung hätte vom ersten Tage an unter dem Gesichtspunkt diskutiert werden müssen, wie viel der Westen bei welchem Anpassungspfad zu zahlen bereit gewesen wäre. Wenn eine rasche Lohnangleichung nicht im gesellschaftlichen Interesse gewesen wäre, dann hätte die Bundesregierung diese Angleichung verhindern müssen. Hätte es jedoch ein politisch artikuliertes gesellschaftliches Interesse an der raschen Angleichung gegeben, dann hätte die Regierung Kohl für die Folgen der Angleichung einstehen müssen und nicht die Gewerkschaften dafür haftbar machen dürfen.

Wenn die Gewerkschaften die aus Unwissenheit in eine Falle gelaufenen Tölpel im Drama der Lohnangleichung Ost waren, so waren es die westdeutschen Arbeitgeber, die im Stück zweifellos den Part des gewieften Gewinnlers übernahmen. Sie selbst handelten in den ersten Stunden Lohnanpassungspfade Ost für fünf und mehr Jahre aus, die den ostdeutschen Betrieben, also ihren potenziellen Wettbewerbern, die Luft zum Atmen nahmen. Als diese dann in großer Zahl das Zeitliche gesegnet hatten, wurden die westdeutschen Arbeitgeber plötzlich zum Anwalt der restlichen privatisierten, das heißt, der in der Mehrzahl an westliche Unternehmen verkauften Betriebe, die sie nun gegen die erdrückende Gewerkschaftsmacht verteidigen. Mehr noch: Weil sich in Ostdeutschland scheinbar die gewaltigen Folgeschäden der Flächentarifverträge zeigten, konnte man gleich noch einen weiteren Sieg verbuchen, nämlich das Ende dieses »unflexiblen«, aber für die gewerkschaftliche Organisation doch so ungemein wichtigen Instruments in Form von »Öffnungsklauseln« einläuten.

So sitzen heute vor allem die Gewerkschaften auf der westöstlichen Anklagebank, obwohl es doch eigentlich der Staat war, der in einer der zentralen ordnungspolitischen Aufgaben der Transformation versagt hat. Die Gewerkschaften haben lediglich ein vom Staat und den westlichen Arbeitgebern geschaffenes Vakuum auf der Kapitalseite genutzt und einen Prozess nachvollzogen, der eindeutig von der Politik vorgedacht und vorgezeichnet worden war. Dadurch ist von Anfang an die rasche Angleichung der Lebensbedingungen auf die falsche Schiene »Tarifautonomie« geraten.

Tarifpartner können grundsätzlich sinnvollerweise nur über ein Ergebnis verhandeln, das sie selbst in gemeinsamer Anstrengung erwirtschaftet haben und das zur Verteilung ansteht. Darum aber ging es in Ostdeutschland von Anfang an nicht. Es ging vielmehr immer um die Frage, wie sich die Lebensbedingungen im Osten rascher, als allein unter Marktbedingungen zu erwarten, denen des Westens angleichen lassen könnten – eine genuin politische Aufgabe. Die Gewerkschaften, sicher nicht ahnend, was sie mit ihrem Einsatz für Lohnangleichung anrichteten, haben sich folglich total verhoben. Nur wenn die deutsche Gesellschaft insgesamt bereit gewesen wäre, die negativen ökonomischen Wirkungen der Lohnangleichung zu kompensieren, wäre dieses Ziel für die Gewerkschaften sinnvoll gewesen.

Was folgt daraus? Die ostdeutschen Betriebe müssen weiter in Sachen Wettbewerbsfähigkeit und Rentabilität gegenüber denen im Westen aufholen. Auch heute noch, gut 20 Jahre nach der Vereinigung, liegt die Wirtschaftsleistung in Ostdeutschland erst bei 70 Prozent der westdeutschen. Dazu muss das Verhältnis von Löhnen und Produktivität neu justiert werden. Weil aber das Lohnniveau in Ostdeutschland nicht absolut, sondern nur relativ gesenkt werden kann, muss eben die Produktivität noch einmal – mit neuem Geld – angeschoben werden, bis sie wieder stärker steigt als im Westen. Ist das gewährleistet, muss das Tempo der Anpassung beim Lohnniveau zwar hinter dem Tempo der Anpassung bei der Produktivität zurückbleiben. Im Idealfall, also bei deutlich höheren Produktivitätssteigerungen im Osten, können die Löhne real aber dennoch stärker als im Westen steigen. Aufholen und die Verbesserung der Wettbewerbsfähigkeit sind dann zur gleichen Zeit gewährleistet, weil die Lohnstückkosten weniger stark zunehmen als im Westen. Das kann die ostdeutsche Wirtschaft nicht aus eigener Kraft leisten. Dazu braucht sie auch fast zwei Jahrzehnte nach der Vereinigung noch weitere staatliche Hilfen.

Einen solchen Prozess zu organisieren, kann wiederum nicht Aufgabe der Gewerkschaften sein. Hier läge ein weites Feld für ein Bündnis für Arbeit, was in diesem Fall diesen Namen auch verdient hätte, wäre die Politik bereit, über ihren Schatten zu springen und den Gewerkschaften den schwarzen Peter aus der Hand zu nehmen. Man hat aber nicht den Eindruck, dass Rot-Grün oder die große Koalition seit 2005 erkannt hätten, dass sie ein Stück bundesdeutscher Erfolgsgeschichte in Form funktionierender und vernünftiger Gewerkschaften aufs Spiel setzen. Im Gegenteil, man spürt bei vielen die klammheimliche Freude, dass die Gewerkschaften auf diese Art und Weise zurechtgestutzt worden sind.

Das gilt umso mehr, als auch ein anderer zentraler Bestandteil gewerkschaftlicher Programmatik in Ostdeutschland endgültig über die Wupper ging: »Gleicher Lohn für gleiche Arbeit«! Das war der Schlachtruf, mit dem die Gewerkschaften in den Kampf um die Lohnangleichung Ost zogen. Er hinterließ aber bei den meisten Politikern und den »modernen« Sozialdemokraten einen schalen Beigeschmack. Klang das nicht wie »Gleichmacherei«, wie »Gleichheit«, kurz, wie die Huldigung gesellschaftlicher Ziele aus längst vergangenen Tagen? Hätte man nicht mit dem endgültigen Ende der Gleichmacherei auch dieses Relikt verschwinden lassen können, statt es neu, mit »ostdeutschem« Leben sozusagen, zu erfüllen?

Für die Gewerkschaftler, die dereinst nach Ostdeutschland gingen, um den Kollegen dort auf die marktwirtschaftlichen Sprünge zu helfen, war das offenbar nicht ganz so einfach. Stellen Sie sich vor, Sie sitzen in einem Büro und bearbeiten Akten genau in der gleichen Weise wie ihr Büronachbar oder sogar besser, der geht aber mit 500 DM mehr am Monatsende nach Hause, weil er zufällig im Westen, Sie aber im Osten Deutschlands geboren sind. Gleichmacherei? Vielleicht aber gibt es Dinge, die so fundamental gegen den Gerechtigkeitssinn des einfachen Bürgers verstoßen, dass ihnen keine Globalisierungs- oder Flexibilisierungsideologie etwas anzuhaben vermag.

Wie kriegt man das zusammen, die notwendige Flexibilität, die die Marktwirtschaft verlangt, und die von niemandem in Frage gestellte Gerechtigkeit im Sinne von Gleichbehandlung des Gleichen? Das wäre eine Frage für eine lebendige und kompetente Sozialdemokratie gewesen. Hier hätte sie zeigen können, wo und wie sie sich unterscheidet von den einfachen konservativen Glaubenssätzen. Stattdessen haben sich auch die Sozialdemokraten, ohne eine Sekunde zu zögern, auf das schon von so vielen anderen bevölkerte Feld der »Flexibilisierung« des Arbeitsmarktes begeben, wo sie nur verlieren konnten.

Glaubt man den Konservativen und den Industrievertretern, war und ist die Sache ganz einfach: Man beseitige das wichtigste Instrument der Gleichmacherei, den Flächentarifvertrag, und bezahle jeden Beschäftigten ganz individuell so, wie es seiner Leistung entspricht und wie der Betrieb es sich leisten kann. Zwar kann man – wie eben gezeigt – nicht im Ernst den Flächentarifvertrag für das zu hohe Lohnniveau in Ostdeutschland verantwortlich machen. Aus der Tatsache, dass ein Tarifabschluss von allen Betrieben übernommen wird, ergibt sich natürlich kein im internationalen Vergleich zu hohes Lohnniveau, weil da ja nur der Vergleich zwischen durchschnittlicher Produktivität und durchschnittlicher Lohnhöhe zählt. Doch den Arbeitgebern ist es im Zuge der deutschen Vereinigung gelungen, aus der unbestreitbaren Tatsache, dass nur die Öffnung des Flächentarifvertrages eine wirtschaftlich notwendige Entlastung für viele Unternehmen bringt, gegen alle Erfahrung eine Anklage gegen den Vertrag als solchen zu konstruieren.

Was heißt das, Flächentarifvertrag? Beim Flächentarifvertrag müssen alle Betriebe, solche mit hoher Produktivität und solche mit geringer, den gleichen Lohnzuwachs tragen. Das ist weniger Gleichmacherei, als man denken könnte, denn der gelernte Werkzeugmacher erhält gleichwohl viel mehr Lohn als der Hilfsarbeiter. Werkzeugmacher in allen Branchen erhalten allerdings den gleichen Lohn und den gleichen Zuwachs, und alle Hilfsarbeiter erhalten in der Regel diesen Zuwachs auch. Ist das schädlich? Entspricht der Lohnzuwachs für alle gerade dem durchschnittlichen gesamtwirtschaftlichen Produktivitätsfortschritt, dann sind die Unternehmen insgesamt nicht überfordert, weil ihre Kosten unverändert bleiben und ihre Gewinne ebenfalls so steigen wie die Produktivität. Gute Unternehmen machen allerdings bessere Gewinne und ganz schwache müssen sogar dicht machen, wenn sie hinter der gesamtwirtschaftlichen Produktivität zurückbleiben und ihr Markt stärkere Preiserhöhungen ihrer Produkte nicht hergibt. Ist das wider die Gesetze des Marktes?

Dass jeder Lohnabschluss unter außergewöhnlichen Druck gerät, wenn der Zuwachs insgesamt, für gute wie schlechte Betriebe also, nicht verkraftbar ist, steht auf einem anderen Blatt. Weil die Löhne in Ostdeutschland insgesamt zu stark gestiegen sind, hat man aber das Kind gleich mit dem Bade ausgeschüttet und die Abschaffung dieses scheinbar so »starren« Instruments für Deutschland insgesamt gefordert. »Flexibilität« heißt schließlich das Zauberwort der Globalisierung – und wer sich daran nicht hält, ist hoffnungslos altmodisch.

Dumm für die modernen Politiker ist nur die Logik: Wer nämlich bei unterschiedlicher Produktivität zwischen den Betrieben die Tarife flexibel macht, macht die Gewinne starr und umgekehrt. Wenn nämlich ein produktivitätsschwacher Betrieb nur noch zahlen muss, was er sich wirtschaftlich leisten kann, ist die Marktwirtschaft am Ende. Wie wäre das, wenn ein Betrieb, der in einer insgesamt florierenden Wirtschaft auf der Kippe steht, zu seiner Bank oder zu seinen Vorleistungslieferanten gehen und eine Anpassung der Zinsen und der Vorleistungspreise einfordern kann, weil er die vereinbarten Konditionen wirtschaftlich nicht mehr verkraftet? Nach Hause schicken wird man ihn mit dem lapidaren Hinweis, wer die jeweiligen Marktpreise nicht bezahlen könne, habe eben das Überleben nicht verdient. Niemand spricht davon, dass die Zinsen zu inflexibel sind, obwohl kein einzelnes Unternehmen die Chance hat, seine Bank von der Notwendigkeit flexibler, im Sinne niedrigerer Zinsen zu überzeugen. Und wenn sich gar einmal der Staat aufschwingt, die Regel, dass alle für Vorleistungen den gleichen Preis zahlen müssen, zu durchbrechen, indem er für einzelne Betriebe Subventionen gibt, dann schreien alle anderen Betriebe Zeter und Mordio und die Europäische Kommission in Brüssel verhängt Bußgelder wegen des Verstoßes gegen die Wettbewerbsregeln.

Nur bei der Arbeit und den Löhnen ist alles anders. Da kann nach Meinung moderner Politiker jedes Unternehmen die Heimatverbundenheit seiner Arbeitnehmer – ökonomisch »Immobilität« genannt – ausbeuten, da darf es jede Krise und jedes schlechte Management überleben, weil es mit dem Hinweis auf den drohenden Verlust der Arbeitsplätze die Arbeitnehmer ja zur Zustimmung zur Absenkung ihrer Löhne zwingen kann. Wenn die Arbeitnehmer sich dagegen schützen wollen, indem sie mithilfe ihrer Gewerkschaften unter dem absolut marktwirtschaftlichen Motto »gleicher Lohn für gleiche Arbeit« Flächentarifverträge abschließen, sind sie der Schurke im Stück, weil sie zu wenig flexibel sind. Kein Mensch würde Anstoß daran nehmen, wenn jemand den »gleichen Preis für gleiche Kühlschränke« oder den »gleichen Preis für gleiches Kapital« forderte, man würde sich nur wundern, dass solche Selbstverständlichkeiten noch gesagt werden müssen.

Niemand merkt auch, dass man in Ostdeutschland, sofern dort das Instrument des Flächentarifvertrages völlig preisgegeben worden wäre, die Rechnung ohne den Wirt gemacht hätte. Dann nämlich hätte die List des Systems mit Gewalt auf seine Reformer zurückgeschlagen. Denn das Lohnniveau Ost ist zwar, gemessen an der gesamtwirtschaftlichen Produktivität, zu hoch, doch es ist noch immer niedriger als im Westen. Für ein Unternehmen, das 100 Prozent westliche Produktivität aufweist, ist ein Lohnniveau von 85 Prozent West immer noch ein Geschäft. Das gilt aber natürlich nur dann, wenn es in Ostdeutschland einen funktionierenden Flächentarifvertrag gibt! Ist der durchlöchert oder gar ganz abgeschafft, muss das westliche Unternehmen damit rechnen, dass es wegen seiner hohen Produktivität 100 Prozent West bezahlen muss.

Damit wäre ein entscheidender Anreiz, sich in Ostdeutschland zu engagieren, weg. Das heißt, unter marktwirtschaftlichen Bedingungen kann eine Region überhaupt nur dann aufholen, wenn die Bedingungen eines Flächentarifvertrages herrschen. Sind die Löhne »flexibel« im Sinne des Verständnisses moderner Christ-, Liberal- und Sozialdemokraten, richten sie sich also nach der betrieblichen Leistungsfähigkeit, wird das Kapital nicht wandern, weil es dazu keine Anreize gibt. Das gilt übrigens für Polen wie für die neuen Bundesländer.

Dass die Unternehmen für eine begrenzte Zeit ein insgesamt zu hohes Lohnniveau durch Öffnungsklauseln im Tarifvertrag »nach unten« zu drücken versuchen, wie es in Ostdeutschland tagtäglich geschieht, ist durchaus verständlich. Diese Unternehmen müssen sich in einem extrem schwierigen Umfeld behaupten. Und man muss auch immer wieder Verständnis für die Versuche des Staates haben, durch Subventionen und Beihilfen aller Art den Druck des Strukturwandels in bestimmten Regionen zu mildern. Allerdings darf dieses Verständnis in beiden Fällen nicht heißen, die Ausnahme zur Regel zu machen und damit eine »Flexibilität« zu predigen, die der marktwirtschaftlichen Ordnung fremd ist.

Wie auch immer: Die Themen Lohnangleichung und gleicher Lohn für gleiche Arbeit wären fantastische Themen für wirklich moderne Sozialdemokraten gewesen. Man hätte hier besser als auf irgendeinem anderen Feld zeigen können, wie sich soziale Politik mit wirtschaftlicher Vernunft verbinden lässt. Aber nichts dergleichen. Die Sozialdemokratie hat das Thema im besten Fall verschlafen und der Teil von ihr, der es nicht verschlafen hat, hat unkritisch und ohne weiter nachzudenken die herrschende Leere in der Volkswirtschaftslehre inhaliert. Diese Fraktion, die von Schröder angeführt und von Clement kommandiert wurde, hat ganz schnell ihre sozialdemokratischen Werte aufgegeben, um nicht als unmodern zu erscheinen.

## Die Legende vom Markt im Osten

Damals, als Ostdeutschland noch DDR hieß, hatte die Wirtschaft dieses Landes einen großen Absatzmarkt. Der lag im Osten. Von der Oder bis Wladiwostok lieferten die Kombinate der DDR Waren in Hülle und Fülle, die gern gesehen waren, weil sie im Vergleich zu den heimischen Produkten dieser Länder eine hohe Qualität aufwiesen und pünktlich geliefert wurden. Die DDR erhielt im Gegenzug aus diesen Ländern vor allem die Rohstoffe, aus der sie ihre hochwertigen Güter fertigte. Das Besondere am Handel dieser Länder war nur, dass es ein staatlich kontrollierter und reglementierter Handel war und dass von außen, also vom Westen, praktisch keine Waren in den östlichen Handelskreislauf gelangten. Als im Jahre 1989 der Eiserne Vorhang fiel, hätten die Betriebe in der ehemaligen DDR ohne Weiteres ihre preisgünstigen Produkte in den damals noch immer armen Osten liefern können, wäre dieser nicht wirtschaftlich vollkommen zusammengebrochen. Weil der Ostmarkt kollabierte, brach der wichtigste Markt für die im Grunde guten und für diesen Markt ganz besonders geeigneten ostdeutschen Produkte weg. Die Folgen für die ostdeutsche Wirtschaft waren katastrophal: Arbeitslosigkeit und massenhafter Bankrott der Betriebe.

So oder ähnlich klangen jahrelang die Legenden, die, landauf landab, in Ost wie in West erzählt wurden. Die ehemaligen Direktoren und Arbeiter der Kombinate, deren Osthandel sich in Luft aufgelöst hatte, erzählten sie mit Wehmut, die ehemaligen Funktionäre der DDR erzählten sie mit Inbrunst. Die im Westen für die Einigung verantwortlichen Politiker und Technokraten erzählten sie mit all ihrer westlichen Überzeugungskraft und ohne Widerspruch zu dulden. Die Gewerkschaften waren fasziniert von der Idee, dass es nur der wegbrechende Markt und nicht die Währungsumstellung und die Löhne waren, und die Unternehmerverbände fanden wie immer alles richtig, solange die Unternehmer nicht für irgendetwas verantwortlich gemacht wurden. Ist das nicht schön? Es gibt ein Ereignis, das keiner von uns beeinflussen konnte und das im Grunde für das ganze Debakel verantwortlich ist: Der Zusammenbruch des Marktes im Osten. Und eine neue Legende ließe sich unmittelbar an die alte stricken. Wenn dereinst die Länder im Osten auf eigenen Füßen stehen können und Mitglied in den verschiedenen europäischen Clubs geworden sind, dann wird sich die ostdeutsche Wirtschaft auf die alten Stärken besinnen und angesichts ihrer hervorragenden geografischen Lage an der Oder den Markt im Osten bis Wladiwostok zurückgewinnen. Da muss man folglich jetzt gar nichts tun und vor allem gar nicht bange sein, es wird sich alles schon wieder richten, dem Osten sei Dank.

Jenseits der Legenden sahen die Dinge leider etwas anders aus. Da war zunächst die schlichte Tatsache, dass zu DDR-Zeiten der Markt im Osten gar kein Markt war. Als er aber ein Markt wurde, lieferten die ostdeutschen Betriebe nicht mehr. Auch –

und das ist noch schlimmer für die Legenden – war dieser neu entstandene Markt nie insgesamt zusammengebrochen. Kollabiert war nur der staatlich reglementierte Handel zwischen den Ländern Osteuropas. Zwar sank das Bruttoinlandsprodukt nach dem Fall des Eisernen Vorhangs in fast allen ehemaligen Planwirtschaften in einem unvorstellbaren Tempo. Für westliche Exporteure aber entstand in ganz kurzer Zeit ein neues Eldorado.

Schließlich waren nicht nur die Bewohner der ehemaligen DDR, sondern auch die Menschen in den ehemaligen Partnerländern der DDR ausgehungert nach Waren, die westlichen Standards genügten. Folglich kratzten sie trotz Wirtschaftskrise die letzten Groschen in Hartwährung zusammen, um sich lange gehegte Wünsche zu erfüllen. Besonders für die Exporteure in Westdeutschland war das Gegenteil der Zusammenbruchslegende richtig: Für sie stieg dieser Markt im Jahre 1990 empor wie Phönix aus der Asche. Noch ein Jahr zuvor exportierten die ostdeutschen und die westdeutschen Unternehmen etwa gleich viele Waren in die östlichen Regionen Europas. Doch nach der Wende änderte sich das Bild in dramatischer Weise. Während die ostdeutschen Lieferungen einbrachen, erzielten die westlichen Exporteure exorbitante Steigerungsraten in den sogenannten Transformationsländern mit ihren Niedriglöhnen. Daran hat sich bis heute nichts geändert. Zwar dürfte sich die Marktposition der ostdeutschen Unternehmen nach 1996 – dem letzten Jahr, für das es nach Ost und West getrennte Zahlen gibt – gebessert haben, den mit Abstand größten Teil des enormen Marktwachstums im Osten aber haben die westdeutschen Unternehmen für sich verbuchen können.

Wie hätte es denn auch anders sein sollen? Nach der Wende mussten die Güter aus Ostdeutschland überall auf der Welt mit harter Währung, mit D-Mark, bezahlt werden. Warum hätte ein polnischer Arbeiter oder ein polnisches Unternehmen mit seinen hart erarbeiteten Dollar die alten ostdeutschen Produkte kaufen sollen, die in Ostdeutschland selbst niemand mehr haben wollte? Wer sich Kaufkraft in einer der harten westlichen Währungen beschafft hat, der kann bei seiner Kaufentscheidung unter den Produkten der ganzen Welt wählen. Er urteilt nicht danach, ob er früher, in einem untergegangenen Regime, bestimmte Güter aus einem benachbarten sozialistischen Bruderland bezogen, nicht aber wirklich gekauft, hat.

Noch abwegiger war das Argument der »geografischen Nähe«. Als würde es im Zeitalter der Globalisierung, des Internets und minimaler Transportkosten für ein russisches Unternehmen einen Unterschied machen, ob es ein Produkt, ein hochwertiges zumal, in Frankfurt/Oder, Frankfurt/Main, Paris, London, New York oder Hongkong bestellt! Wer in der globalisierten Welt seine Wettbewerbsfähigkeit verloren hat, hat sie überall verloren. Dass fast alle ostdeutschen Unternehmen im Zuge der Entscheidungen über die deutsche Einigung und insbesondere über die Währungsunion ihre Wettbewerbsfähigkeit verloren hatten, war keine Frage. Die für diese Entscheidungen Verantwortlichen müssen die Verantwortung übernehmen, was immer das heißen mag. Der Markt im Osten taugte niemals als Generalentschuldigung für den wirtschaftlichen Verfall in den neuen Bundesländern und für die bis heute unbefriedigende Erholung.

Ostdeutschland erreichte schon früh den Status, den Polen, Ungarn, die Tschechische Republik und alle anderen sich später erst noch erwerben mussten: Mit dem Verlust der Eigenstaatlichkeit wurde es sofort Mitglied in der Europäischen Union und auch der Währungsunion. Brachte das Vor- oder Nachteile für die Wirtschaft in den neuen Bundesländern? Nun, es brachte zunächst den unmittelbaren Vorteil direkter europäischer Hilfen aus den Regional- und Strukturfonds sowie der Agrarsubventionen. Es brachte zudem den in der heutigen Welt für eine kleine offene Region nicht hoch genug einzuschätzenden Vorteil, stabile Währungsverhältnisse im Innern wie nach außen vorweisen zu können. Wer mit den Faktoren relativ niedriger Löhne, stabiler Rahmenbedingungen und des größten Binnenmarktes der Welt werben kann, bietet für Investoren einen gewaltigen Vorteil gegenüber vielen anderen aufholenden Regionen. Dem gegenüber standen offenkundig Nachteile, die potenzielle Investoren abschreckten. Die rasch steigenden Löhne verhießen binnen Kurzem einen Sprung vom Niveau eines Entwicklungslandes auf das der alten Bundesrepublik.

Wie man es auch dreht und wendet, bei Lichte betrachtet blieb und bleibt der Markt im Osten eine Fata Morgana. Viele Länder in Osteuropa sind Mitglied der Europäischen Gemeinschaft oder werden es noch, was aus der Perspektive der Geschichte unseres Kontinents ausdrücklich zu begrüßen ist. Diese Länder haben das gleiche Recht auf einen Stammplatz im europäischen Club wie die Gründungsmitglieder, sobald sie die nötigen Voraussetzungen erfüllen. Für Ostdeutschland wird es dann aber nicht leichter werden. Der europäische Markt wird in dem Maße größer, wie es der Weltmarkt schon unmittelbar nach der Wende wurde. Er bleibt aber wie der Weltmarkt der gleiche unerbittliche Markt, auf dem man entweder mithalten kann oder untergeht. Ob Ostdeutschland besteht, liegt in keiner Weise an seiner geografischen Lage, wie der Handel von West und Ost mit Osteuropa in den vergangenen zehn Jahren unmissverständlich gezeigt hat. Ob Ostdeutschland insgesamt besteht, liegt einzig und allein daran, ob es seine Wettbewerbsposition, also das Verhältnis der Löhne zur Produktivität, dem westlichen Standard anpassen kann. Nach allem, was geschehen ist, hängt das wiederum ausschließlich an der Bereitschaft aller Deutschen zu solidarischem Handeln und an der Bereitschaft der Politiker, dies einzufordern und durchzusetzen.

Dass mittlerweile viele Menschen, jung wie alt, in den Westen abwandern, dass viele Dörfer und kleine Städte vergreisen oder zu Geisterstädten werden, dass sich die medizinische Versorgung in den ländlichen Gebieten im Osten dramatisch verschlechtert hat, dass die rechte Szene dort ihre Zentren aufbaut, all das hat letztlich im wirtschaftlichen Ausbluten durch falsche wirtschaftspolitische Entscheidungen Anfang der 90er Jahre seinen Ursprung.

## Die Unfähigkeit zur Solidarität

Die Sonntagsreden für den großen Tag sind sicher schon geschrieben. Am 3. Oktober 2010 werden wir sie wieder aus ungezählten Politikermündern hören müssen. Mit Verve und mit Inbrunst werden sie die Solidarität des Westens beschwören und die immense Leidensbereitschaft des Ostens. Wie viel doch erreicht wurde, wie vieles heute besser ist, welch historische Rolle die Politik dabei gespielt hat – so das absehbare Credo. Sie werden Bilanzen der Einheit aufstellen und per Saldo Gewinn ausweisen. Sie werden Kosten und Nutzen abwägen und Letzterem das Übergewicht geben. Sie werden bei der Bevölkerung im Osten überwiegend Dankbarkeit und bei der im Westen Freude feststellen, und sofern beides zu wünschen übrig lässt, werden sie es einfordern. Und sie werden all jene der Miesmacherei beschuldigen, die diese Litanei nicht mitsingen mögen.

Doch um den Durchschnitt und um den Saldo ging es in den letzten 20 Jahren so wenig wie heute und darum wird es auch morgen nicht gehen. Der Saldo ist nicht unser Problem. Nur wenige müssen davon überzeugt werden, dass die deutsche Einheit per Saldo ein Gewinn und ein wunderbares historisches Geschenk war. Weder der Fließbandarbeiter bei VW in Mosel noch der Techniker bei Siemens in Dresden, weder der Banker bei der Deutschen Bank in Ostberlin noch die Kellnerin im Palace Hotel in Zinnowitz werden das in Zweifel ziehen. Selbst die Arbeitslosen und die in Rente geschickten ehemaligen Funktionäre dürften in der Mehrzahl einen positiven Saldo ziehen. Nur diejenigen, denen das Schicksal der Vereinigung ein brutales

Ende ihrer Lebensplanung ohne jede Chance zum Neuanfang bereitet hat, werden sich in Stunden des Zweifels die alten Verhältnisse zurückwünschen.

Und dennoch sind einige Dinge im Zuge der deutschen Vereinigung fundamental schiefgegangen sind. Die verantwortlichen Politiker sollten sich ihren Fehlern stellen, aus denen sie und wir für die Zukunft lernen müssen, um auch noch in weiteren zehn Jahren, wenn der Glanz der Einheit als solcher verblasst ist, von einem positiven Saldo sprechen zu können.

Die deutsche Einheit ist in den vergangenen 20 Jahren zu einem Lackmustest für die Fähigkeit unserer Gesellschaft geworden, politische Probleme zu lösen – richtiger noch: zu einem Test für die Fähigkeit, Probleme politisch zu lösen. Ein Problem politisch zu lösen, heißt zwar, eine Entscheidung im Auftrag der Mehrheit zu treffen. Gute Politik verteilt aber die mit historischen Entscheidungen verbundenen Lasten so auf die verschiedenen Gruppen der Gesellschaft, dass weder das Gesellschaftsmodell als Ganzes noch die Akzeptanz der Mehrheitsentscheidungen durch die Minderheiten in Frage gestellt wird. Solch gute Politik sollte mehr als alles andere eine Domäne der Sozialdemokraten sein, weil es um Solidarität geht und Solidarität das zentrale Thema der Sozialdemokratie ist.

1990 hatte eine demokratisch legitimierte Regierung entschieden, einen teuren Weg in die Vereinigung zu wählen. Sie hatte ursprünglich auch entschieden, sowohl die zukünftigen als auch die heutigen Generationen auf der Basis ihrer Leistungsfähigkeit an der Finanzierung der Investitionen in die Einheit Deutschlands zu beteiligen. Doch in den 20 gemeinsamen Jahren ist im Zuge unsäglicher Jahrhundertsteuerreformen (die in der Regel von der deutschen Industrie eingefordert wurden) so vielen die Flucht aus jeder Verantwortung und der klammheimliche Rückzug aus der Lastenteilung gelungen, dass durch die deutsche Vereinigung das westliche Gesellschaftsmodell fundamental in Frage gestellt wird. Manche Träumer hatten

1990 noch geglaubt, es ließe sich eine Symbiose aus Ost und West herstellen, ein Kompromiss zwischen Gleichheit und wirtschaftlicher Effizienz sozusagen. Das Ergebnis aber war ein Gesellschaftsmodell, das nicht zwischen den beiden alten Modellen lag, sondern sogar weit jenseits dessen, was einst im Westen als soziale Marktwirtschaft bezeichnet wurde.

»Chancengleichheit für die Zukunft« heißt das neue Wunderwort der deutschen Einigung, seit Aufholen kein politisches Ziel mehr ist. Die Logik der neuen Parole haben die Politiker dabei allerdings wieder einmal nicht bedacht: Wenn Worte noch Sinn machen sollen, kann es Chancengleichheit ohne Aufholen gar nicht geben! Wenn zwei um die Wette rennen, von denen einer schon am Start 50 Meter Vorsprung hat, dann kann Chancengleichheit doch wohl nur bedeuten, dass diese 50 Meter während des Laufs irgendwie ausgeglichen werden müssen. Solange es nicht gleich viele wettbewerbsfähige Unternehmen in Ost wie in West gibt, solange die Arbeitslosenquote nicht angeglichen ist, solange die Bürger in Ostdeutschland nicht ein ähnlich hohes Vermögen wie im Westen haben, solange die Länder und Kommunen in den neuen Ländern nicht auf eigenen Füßen stehen können – solange gibt es auch keine Chancengleichheit, mögen die Politiker die Worte noch so verdrehen und verwenden, wie sie wollen.

Die nicht vorhandene Chancengleichheit wird auch in den nächsten zehn Jahren noch gravierende Auswirkungen vor allem auf Ostdeutschland haben. Einerseits wird die Spaltung der Gesellschaft in teilhabende und nicht teilhabende Bürger noch weit größer als im Westen werden. Andererseits werden die Jungen nicht auf Dauer benachteiligte deutsche Ostbürger bleiben wollen und ihre Chance im Westen suchen. Abwandern werden die Chancenreichen, die gut ausgebildeten, die, die sich überall zurechtfinden. Zurück bleiben die anderen, die Chancenlosen, die schlecht Ausgebildeten, die, die sich nur in ihrem engsten Umkreis zurechtfinden. Ostdeutschland wird noch mehr als heute das Ghetto der Chancenlosen sein, verstrickt in ein Netz von provinzieller Enge und diebischer Schadenfreude darüber, dass die »Geldsäcke aus dem Westen die Stütze« zahlen müssen. Inseln der Prosperität wird es geben, aber man wird sie abschotten müssen gegenüber den Regionen, in denen der Frust über die eigene Perspektivlosigkeit umschlägt in Hass auf alle, die den Sprung in die globale Vermögens- und Kommunikationsgesellschaft geschafft haben. Der natürliche politische Gegenpol zur entnationalisierten und durchglobalisierten Gesellschaft der Erfolgreichen ist die nationale, allem Fremden feindlich gegenüberstehende Gesellschaft der Underdogs. Verbindet einer die Dimensionen des Nationalen und des Sozialen auf eine attraktive Weise, trifft er in Ostdeutschland auf den besten Nährboden, den man sich denken kann.

Noch ist es nicht ganz so weit, doch die Zeichen sind unübersehbar. Noch ist es nicht zu spät, der scheinbar unaufhaltsamen Entwicklung eine neue Wende zu geben. Es genügt jedoch nicht, durchs Land zu reisen, die Zeichen zu beklagen, die Wurzeln des Übels aber zu ignorieren. Die vergessenen Kinder der unsolidarischen Gesellschaft werden auf ihre Art auf sich aufmerksam machen. Wer nicht von allen, also auch und gerade von den Erfolgreichen, Solidarität fordert, kann von denen keine Toleranz erwarten, die von vornherein keine Chance hatten und denen man selbst im zweiten Anlauf keine gibt.

# Kapitel 3
# Das Scheitern in Europa

## Der Euro – der Anfang vom Ende gleich zu Anfang

Es war wohl 1993 oder gar erst 1994, als die Verantwortlichen in Bonn langsam zu verstehen begannen, was durch die Währungsumstellung Ostmark in D-Mark und die rasche Lohnangleichung in Ostdeutschland in Form von Langfristschäden angerichtet worden war. In dieser Frage hatten übrigens die wirtschaftswissenschaftlichen Institute und insbesondere das Kieler Institut für Weltwirtschaft (IfW) und das DIW gemeinsam (obwohl das eine als stockkonservativ und das andere als unbelehrbar keynesianisch galt) eine klare Position vertreten und diese auch in vielen Gesprächen mit Regierungsvertretern deutlich zum Ausdruck gebracht. Als jedoch Mitte der 90er Jahre die schon 1992 beschlossene Europäische Währungsunion auf den Radarschirmen der Politiker erschien, waren die deutsch-deutschen Lehren aus der Währungsunion sofort vergessen. Man eröffnete eine große Diskussion darüber, wer unter welchen Umständen in die EWU, die Europäische Währungsunion, aufgenommen werden könnte – wie aber die Bedingungen sein müssten, unter denen alle auf Dauer in einer solchen Union bestehen könnten, fragte niemand. Das muss man sich vorstellen: Deutschlands Politiker machen eine deutsch-deutsche Währungsunion, die in fast jeder Hinsicht scheitert, befinden aber zwei Jahre später über eine europäische Währungsunion, ohne auch nur eine Sekunde darüber nachzudenken, warum die erste gescheitert ist.

Alle Parteien, also wieder einschließlich der Sozialdemokraten, waren sich dagegen sofort einig, dass die europäische Veranstaltung mindestens so solide sein müsse wie Deutschland in den Jahren nach dem Ende des Währungssystems von Bretton Woods (das feste Wechselkurse mit einer Leitwährungsfunktion des US-Dollar verbunden hatte) Anfang der 70er Jahre. Da vor allem die Sozialdemokratie bis heute nicht verstanden hat, auf welch wundersame Weise die Deutsche Bundesbank Ende der 70er Jahre durch übertriebene Restriktionspolitik ihre Erfolge in der Wirtschaftspolitik zunichtemachte und Arbeitslosigkeit erzeugte, dachte sich natürlich auch kaum einer etwas dabei, jetzt bei der EWU nach deutschem Muster alles schön stabil zu machen und die Unabhängigkeit der neu zu schaffenden Europäischen Zentralbank quasi auf Verfassungsrang zu heben. Alles Mögliche war bei der Konvergenz wichtig, die aktuelle Inflationsrate natürlich, aber vor allem der Schuldenstand und die laufende Verschuldung des Staates. Von den Löhnen und der Frage, wie sich die Löhne in einer Währungsunion entwickeln sollten, in der es ja nicht mehr die Möglichkeit gab, allfällige Verluste an Wettbewerbsfähigkeit durch die Abwertung der eigenen Währung auszugleichen, sprach niemand – außer mir[4].

Daran hat sich in den dann folgenden 15 Jahren auch nichts geändert. Zwar wissen heute alle, dass die deutsch-deutsche Währungsunion grandios gescheitert ist, und die meisten Ökonomen sind sich auch einig, dass es der rasche Übergang zur harten D-Mark und die schnelle Lohnangleichung war, die den deutschen Osten deindustrialisiert und zu einem reinen Transferempfänger degradiert hat. Aber gelernt haben wir daraus offenbar absolut nichts.

So ist heute die europäische Währungsunion auf dem Weg in eine ähnliche Transferunion (weil einige Länder wegen des deutschen Lohndumping so sehr an Wettbewerbsfähigkeit verloren haben, dass sich dies praktisch nicht mehr korrigieren lässt), doch selbst die deutschen Experten wollten lange Zeit nicht verstehen, was passiert war. Dass in der europäischen Währungsunion seit 1999 in dramatisch hohem Tempo genau das Gleiche wie in der deutschen Währungsunion geschah, wurde gar von allen Experten lange Zeit vehement bestritten. Deutschland senke zwar seine Löhne im Verhältnis zu seiner Produktivität und im Verhältnis zu vielen Partnerländern – so der Sachverständigenrat noch im Jahre 2007 und Bundesbankpräsident Axel Weber im Jahre 2006 –, gewinne also zwar massiv Marktanteile im Außenhandel, akkumuliere riesige Überschüsse und treibe die Partner ins Leistungsbilanzdefizit, das aber sei alles kein Problem.

Doch dann geschah das Wunder. Am ersten Aprilwochenende 2008 trafen sich die europäischen Wirtschafts- und Finanzminister im slowenischen Brdo und sprachen offenbar auch über die Lohnabschlüsse im öffentlichen Dienst in Deutschland. Aber sie klagten nicht, wie man das von Finanzministern erwarten würde, über die unverschämte Gewerkschaft Ver.di, die mit dreisten Streikdrohungen den deutschen Steuerzahler in die Knie gezwungen hätte, nein, sie lobten die ordentlichen Zuwächse und wiesen darauf hin, dass in Deutschland die Löhne ja lange überhaupt nicht gestiegen seien. Sogar Jean-Claude Trichet, der Präsident der Europäischen Notenbank (EZB), soll etwas von vertretbaren Abschlüssen vor sich hingemurmelt haben.

Was war geschehen? Finanzminister und Notenbanker loben kräftige Lohnzuwächse? Wurde zu viel Slibowitz getrunken? Die Antwort ist einfach und schrecklich zugleich: Nach zehn langen Jahren des Schweigens, Vertuschens und Ignorierens konnten selbst ideologisch gefestigte Finanzminister nicht mehr über die Tatsache hinwegsehen, dass innerhalb der EWU eine gewaltige Lohnlücke entstanden ist, die Deutschland einen ungeheuren Wettbewerbsvorsprung verschafft und viele andere Mitgliedstaaten in eine aussichtslose Lage manövriert hat.

Die Zahlen sprechen für sich. Nehmen wir einmal an, im Gründungsjahr der EWU 1999 hätten die durchschnittlichen Lohnkosten zur Erstellung eines Produktes (die Lohnstückkosten) in den Mitgliedsländern nahe beieinandergelegen, zum Beispiel bei 100 Euro. Dann müssen, so die Daten der EU-Kommission, heute für die Herstellung desselben Produktes in Deutschland etwa 102 Euro aufgewendet werden, in Frankreich 116, in Griechenland 119, in den Niederlanden 120, in Italien 122, in Spanien 123 und in Portugal 126 Euro. Nur in Österreich ist der Kostenanstieg mit 105 Euro dem in Deutschland vergleichbar.

Diese dramatische Kostenschere hat natürlich gravierende Folgen für die Handelsströme: Wer billiger produziert, exportiert mehr und importiert weniger. Folglich hat sich der deutsche Leistungsbilanzsaldo von einem 25-Milliarden-Defizit 1999 in einen Überschuss von sage und schreibe 180 Milliarden Euro oder 7,5 Prozent des Bruttoinlandsprodukts (BIP) im Jahr 2007 verwandelt. Umgekehrt in den kostenintensiven Ländern: In Spanien ist das Defizit zwischen 1999 und 2007 von 16 Milliarden auf 97 Milliarden Euro oder 9 Prozent des BIP gestiegen. In Frankreich verwandelte sich ein 34-Milliarden-Überschuss in ein Defizit von 43 Milliarden Euro, in Italien rutschte die Leistungsbilanz von knapp 12 Milliarden in ein Minus von 26 Milliarden Euro.

Gemessen daran ist ein leichter Anstieg der Löhne in Deutschland der sprichwörtliche Tropfen auf den heißen Stein. Die Löhne müssten hierzulande von jetzt an zehn Jahre lang um 4 Prozent stärker als die Produktivität steigen (also um etwa 6 Prozent jährlich), damit, wenn die spanischen Löhne im selben Zeitraum nur um die von der EZB »geduldeten« 2 Prozent über der spanischen Produktivitätsentwicklung lägen, beide Länder am Ende dieses Zeitraums ihre Güter wieder zum gleichen Preis auf den Weltmärkten anbieten könnten. Selbst dann aber – das ist die brutale Logik dieser Rechnung – hätte Spanien wegen seines zu hohen Kostenniveaus 20 Jahre lang (die vergangenen zehn und die zur Korrektur notwendigen kommenden zehn) Marktanteile an Deutschland verloren. Sein laufendes Leistungsbilanzdefizit wäre immer noch sehr hoch, sein Schuldenstand insbesondere gegenüber Deutschland astronomisch, an Rückzahlung nicht zu denken. Soll man sich, kann man sich darüber freuen? Kann man sich darüber freuen, dass wir auf Kosten anderer Länder Besserverdienende päppeln während bei uns die große Mehrheit nicht an den Produktivitätsfortschritten partizipiert, geschweige denn Geringverdiener und Hartz-IV-Empfänger?

Noch verrückter und bezeichnender für die Art und Weise, wie die deutsche Öffentlichkeit mit brisanten Tatbeständen umgeht, ist, dass Anfang des Jahres 2009 in einer Reihe deutscher Medien eine Meldung der *Financial Times Deutschland* vom 7. Januar breit zitiert wurde, in der wiederum über eine vertrauliche Studie der EU-Kommission zum »Auseinanderdriften« bezüglich der Wettbewerbsfähigkeit in der Eurozone berichtet wurde. Groß war offenbar allseits das Erstaunen, wie es dazu kommen konnte, aber die Frage, wer oder was daran schuld sein könnte, wurde wiederum elegant ausgeblendet (nur in den Nachdenkseiten.de wurde am 8.1. 2009 schlicht auf einen Artikel von mir und Friederike Spiecker aus dem Jahr 2005 zu dem Thema hingewiesen). Auch über die Folgen für die Eurozone wurde nur halbherzig nachgedacht – und das alles zu einem Problem, was mindestens seit zehn Jahren einer Lösung harrt und dessen Lösung mit jedem Jahr unwahrscheinlicher wird. Das wiederum bedeutet, dass ein frühes Ende der Eurozone wahrscheinlicher wird. Besser kann die nahezu geniale Fähigkeit der Politik, extrem relevante, aber unbequeme Probleme zu umschiffen, nicht mehr demonstriert werden. Das gilt selbst dann, und das ist der eigentliche Skandal, wenn damit das Scheitern riesiger und historisch einmaliger sinnvoller Projekte, wie das der Einführung des Euro, in Kauf genommen werden muss.

Es ist folglich höchste Zeit einzugestehen, dass die deutsche Lohnsenkungspolitik in jeder Hinsicht gescheitert ist. Das Doping hat zwar einige Jahre gewirkt und alle anderen Wettbewerber alt aussehen lassen, aber es hat zum einen Deutschlands binnenwirtschaftliche Gesundheit geschädigt und zum anderen das ausgetrickste Euro-Ausland in eine nahezu ausweglose Lage gebracht. Die EWU-Partnerländer waren eben nicht nur in der Vergangenheit die Verlierer, sie werden es auch noch weiterhin bleiben, bis entweder der oben beschriebene Anpassungsprozess bei den Lohnstückkosten vollzogen ist oder sie aus dem Euro ausgestiegen sind. In letzterem Fall stünde ihnen wieder ein rasches, wenn auch nicht kostenloses Anpassungsmittel zur Verfügung, wie es in der Finanzkrise von vielen Handelspartnern genutzt wird: die Abwertung der eigenen Währung.

In einer Währungsunion mit einem Inflationsziel von 2 Prozent kann kein Land sein Kostenniveau senken, ohne dieses Ziel zu gefährden. Die Lohnstückkosten sind nicht nur die wichtigste Determinante der nationalen Wettbewerbsfähigkeit, sondern auch die wichtigste Determinante der längerfristigen Inflationsrate. Ein Land, ein großes zumal, das seine Lohnstückkosten nicht mit den gebotenen 2 Prozent steigen lässt, zwingt alle anderen, das Gleiche zu tun oder massiv Marktanteile zu verlieren. Bleibt die Zuwachsrate der Lohnstückkosten aller beteiligten Länder unter 2 Prozent, kann die Union ihr Inflationsziel niemals erreichen, sie balanciert dann immer am Rande der Deflation. Immerhin haben die Finanzminister und Notenbanker erkannt, dass es nicht so weitergehen kann. Nur die Dimension des Problems, die haben sie wohl noch nicht verstanden.

## Inflation, das Gespenst der Deutschen

Angela Merkel, die deutsche Bundeskanzlerin, hat (laut *SZ* vom 24.7.2008) das hartnäckigste aller deutschen Vorurteile vor Kurzem in seiner schärfsten Form auf den Punkt gebracht: »Die

Politik der EZB ist richtig, weil die Inflation eine besonders perfide Form ist, die Menschen ihres Reichtums zu berauben.«

»Die Menschen« werden also »ihres Reichtums« beraubt, wenn die Preise für die Güter stärker steigen, die von Menschen hergestellt oder aus der Erde geholt worden sind. Wie das? Fallen die Erträge höherer Preise nicht wieder bei Menschen an? Müsste man als verantwortlicher Politiker nicht fragen, wer den Reichtum bekommt, der »den Menschen« geraubt wird? Inflation ist offensichtlich eine zwischenmenschliche Verteilungsfrage, solange wir noch nicht von den Bewohnern des Mars oder der Venus »beraubt« werden.

Warum reden Politiker von der Inflation wie von einer Feuersbrunst, die über die Menschen kommt, ohne dass irgendwer – außer der erwählten Feuerwehr EZB natürlich – etwas dagegen machen kann? Warum reden Politiker nicht von der ungerechten Verteilung der natürlichen Ressourcen in der Welt, die zur Folge hat, dass einige Bewohner einiger Länder nicht mehr wissen, was sie mit den unglaublichen Mengen von Geld machen sollen, das ihnen tagtäglich in die Taschen strömt? Warum reden Politiker nicht von den wenigen großen Konzernen, die das Geschäft mit Rohstoffen untereinander ausmachen und in Zeiten hoher Preise Rekordgewinne melden? Warum reden Politiker nicht über Spekulanten, die die Preise von Lebensmitteln und Öl hochtreiben, weil sie zweistellige Renditen auf dreistellige Milliardenbeträge erzielen wollen?

Warum redet ein verantwortlicher Politiker nicht davon, dass eine Inflation von 4 Prozent natürlich weniger schlimm für die »Menschen« ist, wenn ihre Löhne und Renten wenigstens um 4 Prozent steigen, statt um 3 oder gar nur um 1,1 Prozent? Warum sagt man nicht, dass eine Inflation von 4 Prozent im Jahre 2008 durchaus erträglich wäre für Menschen, die in den vergangenen zehn Jahren voll am Fortschritt in Deutschland teilgehabt hätten, statt, wie passiert, stagnierende oder gar sinkende Realeinkommen hingenommen haben zu müssen? Oder warum sagt der Präsident der EZB so ausgesprochen dumme Sachen wie: Inflation sei unsozial, wo es doch offensichtlich ist, dass eine Inflation von 2 Prozent genauso unsozial wie eine Inflation von 6 Prozent ist, wenn die Löhne und Renten im ersten Fall gar nicht, im zweiten Fall aber um 4 Prozent steigen?

Es geht offenbar um etwas ganz anderes. Dadurch, dass man »Inflation« als Problem auf die Ebene einer Naturkatastrophe hebt – nicht vergleichbar den alltäglichen Problemen, die Politiker lösen können –, verbietet man sozusagen das Nachdenken darüber. Kein Arbeitnehmer, kein Rentner, kein Gewerkschaftler soll überhaupt auf die Idee kommen, er könne gegen diese Naturgewalt etwas unternehmen. Das ist zwar nicht ganz falsch, soweit die Preissteigerungen das Ergebnis einer globalen Umverteilung sind, auf die ein einzelnes Land nicht ohne Weiteres Einfluss nehmen kann. Man kann es aber nur perfide nennen, dass so getan wird, als könnten deswegen die Löhne und Renten in Deutschland nicht wenigstens so stark steigen, wie es die eigene Leistungsfähigkeit hergibt. Dass man den deutschen Rentnern im Jahr 2008 einen Zuwachs von 1,1 Prozent gewährt und gleichzeitig den Eindruck erweckt hat, man habe eine großartige soziale Leistung vollbracht, gehört genau in diese Kategorie. Würde man den deutschen Arbeitnehmern und Rentnern klar sagen, dass sie eigentlich das Recht gehabt hätten, vor der globalen Umverteilung in voller Höhe an den deutschen Erfolgen teilzuhaben (zuzüglich einer Inflationsrate von 2 Prozent, die dem Inflationsziel entspricht, bedeutete das einen Einkommenszuwachs von 3,5 bis 4 Prozent pro Jahr in den letzten zehn Jahren), und dass das nach dem Ende dieser Umverteilung, also nach langen Jahren des Darbens, selbstverständlich wieder so sein wird, würde sich das Geschwätz von der unsozialen Inflation oder dem »Raub von Reichtum« vollständig erübrigen.

Aber das will unsere Führungselite ja nicht sagen. Das widerspricht ja fundamental ihrem Vorurteil, dass der kleine Mann noch viele Jahre den Gürtel enger schnallen muss und dass die Umverteilung von unten nach oben in den Zeiten der Globalisierung noch viel weitergehen muss, so lange nämlich, bis es keine lästigen Gewerkschaften mehr gibt und regelmäßige Lohn- und Rentenerhöhungen endgültig der Vergangenheit angehören. In dieser schönen neuen Welt zahlen die Unternehmen natürlich nur dann höhere Löhne, wenn Arbeitskräfte anders gar nicht mehr zu bekommen sind, und werden Rentner vom Staat nur so weit über Wasser gehalten, dass sie nicht gerade Hungers sterben.

Um die Jahreswende 2008/2009, zu Beginn eines gewaltigen Einbruchs der Weltwirtschaft, rächt sich das jahrzehntelange Balancieren am Rande einer Deflation. Weil die Rezession Druck auf die Preise ausübt, weil die Rohstoffpreise spekulationsbedingt rasant fallen, weil die Löhne in Deutschland immer noch nicht steigen, weil der Euro aufwertet und somit die Importe verbilligt, droht ein japanisches Szenario fallender Preise, bei dem die Geldpolitik ihre Wirkung verliert und die Fiskalpolitik immer nur zu kurz und zu halbherzig eingesetzt wird, um die Wirtschaft zu beleben. Japan hatte 2002 – also sage und schreibe zehn Jahre nach dem Platzen seiner Spekulationsblase im Jahre 1991 – über den ganzen Zeitraum gesehen gerade einmal 10 Prozent Wachstum erzielt, was nach Adam Riese weniger als 1 Prozent pro Jahr sind. Keines seiner Probleme war gelöst und die Deflation selbst mit Nullzinsen nicht mehr aus dem System zu drücken. Die Staatsverschuldung stieg in dieser Zeit von unter 50 Prozent in Relation zum BIP (1991) auf 130 Prozent und bis 2008 weiter auf unglaubliche 170 Prozent, weil der Staat immer wieder halbherzige Versuche zur Ankurbelung der Konjunktur gemacht hatte und viele faule Kredite aus dem Bankensystem schließlich übernehmen musste. Kommt Ihnen das bekannt vor?

## Der ungeliebte Euro

Doch rekapitulieren wir noch einmal: Warum brauchte Europa überhaupt den Euro? Glaubt man den Politikern, den Zentralbankern und den Experten in den Talkshows, sprachen, neben ein paar ökonomischen Kinkerlitzchen, fast ausschließlich politische Gründe für die Geburt der neuen Währung. Geht es nach der überlieferten Fama des politischen Geschehens zu Anfang der 90er Jahre, lag es vor allem am Druck Frankreichs, das der monetären Hegemonie Deutschlands nach der deutschen Einigung entkommen wollte, dass der Weg zur Schaffung des Euro geebnet wurde. Wirtschaftlich scheint es nur darum gegangen zu sein, uns an der Grenze das lästige Geldtauschen zu ersparen und den Unternehmen das Wechselkursrisiko zu nehmen. Manch einer wird noch in hinreichender Allgemeinheit einwerfen, zu einem europäischen Binnenmarkt gehöre nun mal eine eigene Währung. Fragte man heute die verantwortlichen Personen in der EZB und im Rat der europäischen Finanzminister, kämen wohl kaum andere Antworten zustande – zumindest wenn man ihre Statements zum Maßstab ihres Wissens macht.

Alle diese Standardargumente sind jedoch im Grunde lächerlich. All das, was in diesen Argumenten vorgebracht wird, hätte mit einem System fester Wechselkurse in Europa ebenso gut oder besser erreicht werden können, ohne dass man den Menschen das Abenteuer und die Kosten einer Währungsumstellung hätte zumuten müssen. Warum konnte die Deutsche Bundesbank nicht weiterhin die Leitwährungsnotenbank in Europa sein, an der sich die anderen so gut wie möglich orientieren? Hat die Bundesbank ihre Sache nicht gut gemacht, die Preise stabil gehalten und den Handelspartnern eine Angleichung ihrer Inflationsraten durch feste Wechselkurse erlaubt? Sind nicht doch die Deutschen die einzigen, die wirklich etwas aufgegeben haben mit dem Übergang zum Euro, nämlich die Souveränität ihrer Geldpolitik, während die anderen ja ohnehin keine Souveränität besaßen und daher nichts zu verlieren hatten? Erklärt und rechtfertigt das nicht in hinreichendem Maße die deutsche Skepsis?

Wer nicht weit bessere wirtschaftliche Gründe für den Euro bietet, wird die eigentliche Auseinandersetzung um die europäische Sache verlieren, wenn sich das im ersten Abschnitt beschriebene Debakel allen Betrachtern noch deutlicher darbietet. Warum finden nicht bessere Argumente, wie sie im Folgenden dargelegt werden, Eingang in die Diskussion? Die Erklärung ist ganz einfach: Diese Argumente passen einfach nicht zur Ideologie der meisten offiziellen Euro-Verteidiger, insbesondere derjenigen aus den nationalen Zentralbanken und der EZB selbst. Und man kann solche Argumente, je nach eigener Überzeugung, akzeptieren oder nicht. Offenbar aber kann den Euro nur angemessen verteidigen, wer dieser Argumentation folgt. Wenn jedoch selbst die offiziellen Vertreter den Euro und die Währungsunion nur halbherzig verteidigen, muss man sich nicht wundern, dass die Zustimmung in der Bevölkerung nicht zunimmt, obwohl sie sich inzwischen daran gewöhnt hat, mit dem neuen Geld umzugehen.

Warum also der Euro? Nun, das System vor dem Euro war – ebenso wie das berühmte System von Bretton Woods nach dem Zweiten Weltkrieg – ein Währungssystem mit der D-Mark als Leitwährung oder Anker. In dem nach dem Zweiten Weltkrieg installierten Bretton-Woods-System hatte der US-Dollar die Ankerrolle übernommen, war also die Währung, zu der die anderen ihren Wechselkurs stabilisierten. Wer seinen Wechselkurs an den eines anderen Landes bindet, muss aber bereit sein, die Geldpolitik des anderen Landes mitzumachen, was in der Regel heißt, dessen Zinsniveau zu übernehmen. Wer bei einem großen und stabilen Land vor Anker geht, hat den Vorteil, dass er nicht allen spekulativen Wellen der internationalen Kapitalmärkte ausgeliefert ist und der Wettbewerbsdruck aus dem großen Ankerland häufig im Innern dafür sorgt, dass inflationäre Übersteigerungen vermieden werden. Bedenken muss der Ankernde aber, dass er seinen Wechselkurs zum Anker auf längere Sicht nur konstant halten kann, wenn er mithält in Sachen internationaler Wettbewerbsfähigkeit, was vor allem heißt, dass die Lohnzuwächse nicht stärker über den Produktivitätsfortschritt hinausgehen dürfen als im Ankerland.

Solche Leitwährungssysteme sind eine gute Notlösung, wenn es eine große Konvergenz der Inflationsraten gibt und der Wechselkurs, also der äußere Wert einer Währung, in einem eng verflochtenen Wirtschaftsraum nicht dem Markt mit seinen – wie wir gerade wieder erleben – irrationalen Schwankungen überlassen werden soll. Leitwährungssysteme sind aber immer nur Notlösungen, weil sie einen entscheidenden Defekt aufweisen: In Leitwährungssystemen macht die Notenbank des Ankerlandes die Geldpolitik zwar praktisch für alle Teilnehmer, orientiert sich dabei aber nur an den Bedingungen ihres eigenen Landes.

Auf diese Weise hat die amerikanische Notenbank im System von Bretton Woods ihre Geldpolitik dem Rest der Welt aufoktroyiert. Das war zwar per Saldo nicht schlecht und hat der Welt nach dem Krieg zwei Jahrzehnte lang enormes Wachstum ermöglicht, doch gerade Deutschland wollte schon früh aussteigen, weil es um die heimische Stabilität fürchtete. In gleicher Weise war die Geldpolitik der Bundesbank maßgebend für weite Teile Europas. Für Europa aber war das nur durch Zufall eine richtige, in der Regel jedoch eine falsche Geldpolitik, weil hier insgesamt ganz andere Bedingungen herrschten, als in der Bundesrepublik allein. Besonders deutlich wurde das 1992 im Zuge des von der deutschen Vereinigung ausgelösten Booms, als die deutsche Geldpolitik trotz einer europäischen Rezession die Zinsen erhöhte. Die Bundesbank durfte sich allerdings gemäß ihres Gesetzes gar nicht an der Entwicklung des gesamten europäischen Raumes orientieren, wie das für eine gute europäische Geldpolitik notwendig gewesen wäre.

Zeichnen sich die an einem Festkurssystem beteiligten Länder durch eine hohe und stabile Konvergenz der Inflationsentwicklungen aus sowie durch die gemeinsame Überzeugung, dass die Inflationsraten auf Dauer auf einem einheitlichen Niveau gehalten werden können, ist eine Währungsunion nicht nur die politische, sondern die logische Konsequenz. In einer solchen Situation wären die Fortsetzung des Leitwährungssystems und die Geldpolitik des Ankerlandes fortdauernder Kritik der ankernden Länder ausgesetzt und man könnte nur scheitern. Die Folge wäre eine Rückkehr zu flexiblen Wechselkursen und eine Desintegration des gesamten Raumes, die alle erreichten Fortschritte im Hinblick auf die innere und äußere Stabilisierung des Geldwertes hinfällig machen würde. Nur in einer Währungsunion sind alle Regionen im Prinzip angemessen repräsentiert und können Mitsprache bei der Formulierung der für alle geltenden Geldpolitik verlangen.

Daraus folgt unmittelbar, dass Europa durch die Schaffung der Währungsunion zum ersten Mal die Chance hat, eine den USA vergleichbare kohärente und im Sinne von Wachstum und Beschäftigung erfolgreiche Geldpolitik zu betreiben. Nur, man muss das auch wollen. Wer, wie die leitenden Angestellten der EZB und der nationalen Zentralbanken, gebetsmühlenartig wiederholt, der beste Beitrag der Geldpolitik für Wachstum und Beschäftigung sei – auf welchem Wege auch immer – die Herstellung von Preisstabilität, für den ist die Bedeutung der Währungsunion, im wahrsten Sinne des Wortes, unbegreiflich. Würde die Veränderung des Zinssatzes durch die Notenbank auf direktem Wege nur Auswirkungen auf die Inflationsrate haben, nicht aber auf die reale Wirtschaft, dann wäre es gleichgültig, ob dieser Effekt von der Zentralbank eines Ankerlandes oder einer nationalen Zentralbank ausgelöst wird. Eine falsche oder ungeeignete Geldpolitik kann es ja definitionsgemäß nicht geben, weil jede Aktion zur Dämpfung der Inflation nach diesem Verständnis von Geldpolitik von vornherein richtig ist. Hier hätten vor allem die deutschen Sozialdemokraten frühzeitig – also lange vor der Regierungsübernahme 1998, nämlich vor der Unterzeichnung des Maastricht-Vertrages im Jahre 1992 – einen Punkt machen müssen in der Frage, welche Rolle die Zentralbank in der Wirtschaftspolitik zu spielen hat. Anfang der 90er Jahre kam Geldpolitik allerdings im Sprachgebrauch der meisten führenden Sozialdemokraten gar nicht vor. Als im Herbst 1998 der neue sozialdemokratische Finanzminister diesen Punkt machen wollte, war es zu spät, weil der Vertrag längst ausgehandelt und unterschrieben war.

Was man begreifen muss: Eine einheitliche europäische Währung löst kein einziges Problem. Im Gegenteil, sie schafft viele neue, sofern die zentralen Chancen, die sie bietet, nicht konsequent genutzt werden. Solange die Wirtschaftspolitiker und die Zentralbanker in Europa jedoch an dem Dogma festhalten, der Erfolg der Geldpolitik sei ausschließlich an der Inflation zu messen, solange wird die Bilanz der Währungsunion negativ sein. Europa ist in den 90er Jahren bei Wachstum und Beschäftigung weit hinter die USA zurückgefallen. Dort hatte in diesem Jahrzehnt eine pragmatische Zentralbank die führende Rolle bei der Konjunktursteuerung übernommen. Weil die USA wussten, dass nur eine Politik, die sich kurzfristig konsequent der Steuerung von Wachstum und Beschäftigung widmet, langfristig zu Investitionen, Vollbeschäftigung und Produktivitätsgewinnen führen kann, haben sie die 90er Jahre dominiert. Dass dort gleichzeitig die Finanzmärkte in einer Weise dereguliert wurden, die Missbrauch, Spekulation und Anlagebetrug Vorschub leistete, steht nicht im Widerspruch dazu, zeigt aber, dass auch vernünftige makroökonomische Politik nicht hinreichend für wirtschaftlichen Erfolg ist. Ohne vernünftige makroökonomische Politik wird es aber auch bei der besten Regulierung keinen Erfolg geben, weil gute Makropolitik die notwendige Voraussetzung für Erfolg bei Wachstum und Arbeitsplätzen ist. Begreift Europa diese Lektion nicht, wird es erleben müssen, dass der Euro, obgleich hart und greifbar, für die Menschen nicht zu einem Symbol für Stabilität und Wohlstand zugleich wird.

Besonders eklatant ist das Versagen der EZB in der jetzigen großen Krise. Die Staaten Europas engagieren sich mit unglaublichen Summen bei der Rettung der Banken, aber die oberste europäische Bankeninstanz blieb lange Zeit auf Tauchstation. Zwar hat sie inzwischen die Zinsen gesenkt und damit den gravierenden Fehler der Zinserhöhung vom Sommer 2008 korrigiert, ansonsten aber gibt sie nur Liquiditätsspritzen und ruft die Staaten zu Hilfe, weil sie anderes nicht als ihre Aufgabe ansieht.

Gebetsmühlenartig wiederholen Vertreter der EZB inmitten der Krise, dass sie nur zur Bekämpfung der Inflation berufen seien, und fordern alle anderen Wirtschaftsteilnehmer dazu auf, verantwortlich zu handeln. Vornweg das EZB-Direktoriumsmitglied (zugleich Chefvolkswirt) Jürgen Stark, der sich schon unter Helmut Kohl als Referatsleiter im Kanzleramt mit Währungsfragen herumgeschlagen hatte und noch im Dezember 2008 die Staaten Europas davor warnte, bei den Staatsdefiziten in die Vollen zu gehen. Man würde Vertrauensverluste der privaten Haushalte riskieren, wenn man jetzt die Konjunktur anregte, so seine Argumentation (*Handelsblatt*, 27.11.2008).

Das muss man sich bildlich vorstellen! Wenn diejenigen, denen man unter tatkräftiger Mithilfe der Notenbanken seit Jahren eine Teilhabe am wirtschaftlichen Fortschritt verweigert hat, jetzt sehen, wie der Staat Schulen saniert und den Ärmsten der Gesellschaft unter die Arme greift, sind sie verunsichert und geben das Geld nicht aus, das sie durch staatliche Aufträge verdienen oder das der Staat ihnen direkt zur Verfügung stellt! Absurder geht es nicht! Kein Wunder, diese Meinung vertritt der Chefvolkswirt einer Institution, die mehr als alle anderen auf der Welt mit ihrer Zinserhöhung vom Sommer 2008 beim Krisenmanagement versagt hat.

Die EZB und dort vor allem die deutschen Ratsmitglieder glauben noch immer an das alte monetaristische Dogma der Bundesbank, wonach die Geldmenge, wann immer sie aus dem Ruder läuft, sofort oder später Inflation nach sich zieht. Solcher Glaube kommt in den Medien immer noch gut an. Wer, wie Angela Merkel, Alan Greenspans aufgedrehten Geldhahn zur Abfederung der Krise 2001/2002 für das heutige Debakel verantwortlich macht, muss die jetzige EZB-Strategie der Enthaltung auch für überzeugend halten. Zu viel Geld habe der damalige Fed-Chef in die Welt gesetzt, sagt Frau Merkel, und dieses viele Geld sei schnurstracks in die Zockerei gegangen. Das ist zwar schon deswegen abwegig, weil die Theorie damals und heute ja sagte, das viele Geld werde die Inflation anheizen und nicht nur die Köpfe der Banker erhitzen. Aber viele lieben das Argument dennoch ganz heftig und haben es sofort aus der Schublade geholt, weil es wieder beweist, dass der Staat (diesmal per Notenbank) an allem Bösen schuld ist und nicht der Markt.

Denkt man noch einen Moment weiter über diese Geldmengenlehre zur Erklärung der Finanzkrise nach, wird sie noch wunderlicher. Wenn die Zentralbank die Zinsen senkt, werden nämlich Finanzanlagen im Vergleich zu Sachinvestitionen relativ unattraktiver, und die potenziellen Investoren stecken ihr Geld lieber in Sachanlagen, als dass sie es zur Bank tragen. Die These vom bösen Greenspan sagt aber genau das Gegenteil: Wenn die Zinsen niedrig sind, wird mehr gezockt, weil erstens so viel Geld da ist, mit dem man nicht weiß, wohin, und weil man zweitens mit einer normalen Anlage nur eine eher geringe Rendite erzielt, professionelle Anleger aber, also etwa Pensionsfonds, jedoch mindestens 20 Prozent sehen wollen.

Doch auch das ist grandioser Unsinn. Wer mit Gewalt 20 oder Ackermanns 25 Prozent Rendite auf sein Eigenkapital erzielen will und ein vielversprechendes Projekt vor Augen hat, dessen Gesamtrendite beispielsweise bei 5 Prozent liegt, muss bei niedrigen Notenbankzinsen, sagen wir 2 Prozent, sein Eigenkapital weniger mit Fremdkapital hebeln. Er muss weniger Risiko eingehen, als wenn die Notenbankzinsen hoch sind, weil er bei 2 Prozent Notenbankzins einen geringeren Fremdkapitalhebel braucht als bei 4 Prozent. Greenspan hat mit seiner Zinspolitik also genau das Gegenteil dessen getan, was ihm unterstellt wird. Dass er darüber hinaus falsch lag in seinem blinden Vertrauen auf die Marktkräfte, ist richtig, hat aber mit seiner Zinspolitik nichts zu tun.

Die Europäische Währungsunion braucht zu einem Erfolg bei Wachstum und Arbeitsplätzen zwingend eine vollkommen andere Ausrichtung der Wirtschaftspolitik. Die Bedeutung des internationalen Handels und der globalen Marktanteile muss zurücktreten hinter der Expansion der Binnennachfrage. Europa ist eine sehr große und sehr weitgehend geschlossene Volkswirtschaft. Konzentriert sie sich auf den Export zu Lasten der Binnennachfrage, wedelt der Schwanz mit dem Hund. Ein radikales Umdenken ist unumgänglich.

Die Geldpolitik muss angesichts ihres Gewichts und ihrer Reaktionsfähigkeit die Führungsrolle bei der Nachfrage- und Konjunktursteuerung übernehmen. Wie in den USA sollte das immer dann eine Selbstverständlichkeit sein, wenn für Europa insgesamt die Preisstabilität nicht akut bedroht ist. Die Preisstabilität ist aber genau dann nicht akut bedroht, wenn auf Seiten der Löhne und Gehälter keine Fehlentwicklung zu erkennen ist. Bleiben die Lohnzuwächse für das gesamte Währungsgebiet im Rahmen der Produktivitätszunahme zuzüglich der von der Zentralbank tolerierten Inflationsrate, sind alle anderen Einflüsse wie Ölpreisschocks, Nahrungsmittelverteuerungen oder konjunkturelle Engpässe unerheblich, weil sie lediglich die statistisch registrierte Inflationsrate temporär berühren, nicht aber zu einer wirklichen Inflationierung führen.

Der Finanz- und Wirtschaftspolitik kommt dann die Rolle des Liberos zu – den man früher anschaulich »Ausputzer« nannte. Wann immer Zinssenkungen bei der Anregung von Investitionen versagen, weil die Erwartungen der Unternehmen schon zu pessimistisch sind, bleibt nur eine aktive Steuerung der Nachfrage durch die Finanzpolitik, die, selbstverständlich unter Hinnahme höherer Defizite, unmittelbar die Gewinne der Unternehmen verbessert. Hier versagt die europäische Finanzpolitik derzeit auf ganzer Linie.

Fast noch wichtiger als diese Ausputzerrolle aber ist die Rolle des Schiedsrichters und des Moderators zwischen den beteiligten nationalen Entscheidungsträgern, die der Europäische Rat der Finanzminister wahrzunehmen hat. Er müsste die jeweilige nationale Entwicklung der »realen Wechselkurse« (also der relativen Lohnstückkosten) überwachen, rechtzeitig Fehlentwicklungen analysieren und die Regierungen und die Sozialpartner auf die Konsequenzen aufmerksam machen, zu denen längerfristige Abweichungen von der Lohnregel in beiden Richtungen führen. Der Europäischen Rat hat jedoch in dieser Hinsicht nicht nur einfach versagt, er hat sich mit diesen Schicksalsfragen von Beginn der Währungsunion an schlicht nicht auseinandergesetzt.

1999 wurde übrigens unter deutscher Präsidentschaft und auf Anregung aus dem damals noch von Lafontaine geführten Bundesfinanzministerium der sogenannte Makroökonomische Dialog für die Eurozone geschaffen, der dazu dienen sollte, alle Beteiligten, also Regierungen, Tarifpartner und die Zentralbank an einen Tisch zu bekommen, um die Lohnpolitik zu überwachen und deren Koordinierung mit der übrigen Wirtschaftspolitik sicherzustellen. Das aber erwies sich vor allem deswegen als stumpfe Waffe, weil die Europäische Zentralbank sich von Anfang an einer konstruktiven Mitarbeit versagte.

## Die Europäische Zentralbank: Unzulänglich und unzugänglich

Die EZB ist ins Gerede geraten. Für eine so junge Institution ist das erstaunlich. Gerade mal zehn Jahre ist die Bank der Banken für die Geldpolitik im Euroraum zuständig und doch ist die internationale Kritik nahezu vernichtend. Stur und dogmatisch sei die Bank, sagen die Kommentatoren im angelsächsischen Sprachraum fast unisono – und das ist noch eines der harmlosesten Urteile. Vor allem die Entscheidung, die Zinsen im Sommer 2008, am Vorabend der größten Finanzkrise seit Menschengedenken, zu erhöhen, statt sie kräftig zu senken, hat für viele gezeigt, dass die ganze Konstruktion des europäischen Hauses an dieser Stelle fahrlässig und gefährlich ist. In großer Panik und natürlich viel zu spät hat die EZB die Zinsen im Dezember 2008 tatsächlich gesenkt.

Doch alle Fehler in der geschriebenen Verfassung der EZB wären hinzunehmen gewesen, wenn die dort federführenden Personen ihre Rolle von Anfang an großzügig interpretiert und erkannt hätten, dass gerade bei dieser einmaligen Konstellation hinsichtlich Unabhängigkeit, gefesselter Finanzpolitik und großem Binnenmarkt die Notenbank in Europa eine entscheidende Funktion hat, nämlich, genau wie die amerikanische, dafür zu sorgen, dass bei stabilen Preisen auch die Wirtschaft immer wieder einmal durch vorausschauende Zinspolitik am Laufen gehalten werden muss. Doch schon 1999, unmittelbar nach Beginn der Währungsunion, wehrte sich die EZB mit Händen und Füßen dagegen, dem internationalen Schock im Gefolge der Asienkrise mit Zinssenkungen energisch entgegenzutreten. Man überließ es Alan Greenspan, die Weltkonjunktur anzuregen, nur um ihn dann später genau dafür zu schmähen.

Der sozialdemokratische deutsche Finanzminister, der dies im Herbst 1998 klar sah, wurde von seiner eigenen Partei in dieser Frage vollständig im Stich gelassen. Man überließ das Feld den konservativen Parteien, die, natürlich auch ohne den Hauch einer Ahnung von Geldpolitik, auf Oskar Lafontaine einschlugen, weil der sich mit seinem Angriff auf die Bundesbank erdreistete, die heiligste aller heiligen deutschen Kühe auch nur zum Weiden zu treiben – von einer Schlachtbank ganz zu schweigen. Sein Nachfolger Hans Eichel, ebenfalls Sozialdemokrat, hielt sich dann im Umgang mit heiligen Kühen vornehm zurück.

Im Winter 1998 hatte ich in diesem Zusammenhang ein Schlüsselerlebnis in Sachen politischer Polemik ohne jeden Sachverstand, als ich in einer Rundfunkdiskussion mit Friedrich Merz und Hermann Otto Solms versuchte, rein sachlich – was heißt: rein geldpolitisch – für eine Zinssenkung zu argumentieren. Die Logik der Geldpolitik war selbst nach den Maßstäben der Deutschen Bundesbank (die am 1. Januar 1999 von der EZB abgelöst wurde) sonnenklar: Die Kapazitätsauslastung in der deutschen Wirtschaft sank und das musste auch nach der von der Bundesbank vertretenen Geldangebotstheorie zur Folge haben, dass die Zinsen gesenkt werden müssten.[5] Merz und Solms droschen in der Rundfunksendung, ohne auch nur ein einziges Mal auf meine Argumente einzugehen, auf mich ein – womit sie natürlich bloß den Sack schlugen, aber den Esel Lafontaine meinten – und verboten mir quasi, einem Staatssekretär im Bundesfinanzministerium, eine eigene Meinung in Sachen Geldpolitik zu haben, mit dem einzigen Argument, dass die Bundesbank unabhängig sei. Ob Unabhängigkeit in einer Demokratie auch Unantastbarkeit bedeuten kann, darüber hatten sie noch nie nachgedacht.

Das ist ein generelles und ein unglaublich wichtiges Problem: Politiker verstehen in aller Regel nichts von Geldtheorie und damit auch nichts von Geldpolitik. Schon der Monetarismus, der Anfang der 70er Jahre vom Sachverständigenrat und der Bundesbank wie ein Keil in die Hirne der Politiker getrieben worden war, war für sie ein Buch mit sieben Siegeln. Was konnten sie schon mit Geldmengentheorie, mit Geldnachfrage und Geldangebot in ihrer Beziehung zur realen Wirtschaft anfangen?

Dass der Monetarismus mittlerweile klanglos und wohl für alle Zeiten untergegangen ist, weil inzwischen die alten Lehren eines Knut Wicksell wiederentdeckt werden, nach denen die Zentralbank den kurzfristigen Zins festsetzt und die Geldmenge keine Rolle spielt, ist beispielsweise vollkommen an den deutschen Politikern vorbeigegangen.

Am schlimmsten aber waren die grandiosen Fehler der EZB, nachdem 2007 die Finanzkrise ausgebrochen war. Anscheinend steckte die Zentralbank in einem Dilemma: Die Konjunktur schwächte sich ab, aber die Preise stiegen stärker als zuvor und stärker, als es dem Inflationsziel der EZB entspricht. Erhöht in so einer Situation die Notenbank die Zinsen nicht, öffnet sie – so ihre eigene Wahrnehmung – der Inflation Tor und Tür. Erhöht sie die Zinsen, würgt sie die bereits im Straucheln befindliche europäische Konjunktur ab. Was tun? Erhöhen? Senken? Abwarten?

Die Antwort ist einfach, doch eine auf Inflation und »nur Inflation« fixierte EZB konnte oder wollte sie nicht geben. Jede vorübergehende Angebotsverknappung und jede vorübergehende Nachfrageausweitung führt zu einer Preissteigerung und damit zu einer Verschiebung der Preisrelationen zwischen verschiedenen Gütern, aber nicht zu einer dauerhaften Inflation, die man durch Zinssteigerungen bekämpfen müsste. Natürlich kann eine Zentralbank durch entsprechend hohe Zinsen die Preissteigerungsrate auch bei verrücktspielenden Rohstoffmärkten auf 2 Prozent drücken, indem sie die Konjunktur so abwürgt, dass die Unternehmen wegen sinkender Nachfrage die Rohstoffpreissteigerungen nicht voll an die Verbraucher weitergeben können oder andere Unternehmen mit allen negativen Folgen für die Investitionstätigkeit und Arbeitsplätze trotz unveränderter Kostensituation ihre Preise senken müssen. Dann mag beim Gesamtindex wieder die Zielinflationsrate herauskommen. Nur: Wer, außer der »Glaubwürdigkeit« einer auf einen solchen Index fixierten Zentralbank, hat davon einen Nutzen?

Entscheidend ist, dass es anders als in den beiden Ölpreiskrisen im letzten Jahrhundert, in denen sich die Inflation wirklich beschleunigte, diesmal keinen Mechanismus gab, der aus der einmaligen Preiserhöhung eine dauerhafte Inflation hätte machen können. Es gab keine Lohn-Preis-Spirale. Im Eurogebiet waren nach EZB-Angaben die gesamten Arbeitskosten 2007 um 2,5 Prozent gestiegen, nach ebenfalls 2,5 im Jahr davor, 2,7 in 2005 und 2,5 in 2004. Das ergibt, berücksichtigt man die Produktivität, die in diesem Zeitraum jährlich um gut 1 Prozent zulegte, einen Lohndruck auf die Preise klar unterhalb der Zielinflationsrate. Da sich die Konjunktur nun besonders in den Ländern abschwächt, in denen die Löhne am stärksten gestiegen sind, ist eine noch geringere Zuwachsrate der Nominallöhne in den nächsten Jahren zu erwarten. 1974, auf dem Höhepunkt der ersten Ölkrise, explodierten hingegen die Lohnkosten in Europa mit sage und schreibe 17 Prozent Zuwachs.

Wenn die EZB tatsächlich eine Lohn-Preis-Spirale gefürchtet hätte, zum Beispiel wegen rückwärtsgerichteter Lohn-Indexierungsklauseln (also einer Anpassung der Löhne an die Inflationsrate der Vorperiode) in manchen Ländern, wäre es an der Zeit gewesen, den oben erwähnten Makroökonomischen Dialog in Europa zum Leben zu erwecken und mit den Tarifpartnern ein Stillhalteabkommen auszuhandeln, statt die Konjunktur durch die falsche Geldpolitik zu schleifen. Die Fixierung auf die Inflationsrate als einziges Ziel und der immer noch vorhandene Glaube an ein monetaristisches Geldmengenkonzept spiegelte den Zentralbankern ein Dilemma vor, das es nicht gab.

## Kapitel 4
# Das Scheitern bei der Osterweiterung Europas

### Europa wird groß

Am 1. Mai 2004 machte Europa einen großen Sprung nach Osten. Was als eine rein westeuropäische Allianz begann, später das Mittelmeer und den europäischen Norden sowie Teile der Britischen Inseln integrierte, wagte die Öffnung für Länder, die die wichtigen Jahrzehnte der Nachkriegsentwicklung hinter dem Eisernen Vorhang verbracht hatten. Zehn neue Länder sollten mit den 15 alten das neue Europa bilden – inzwischen, nach dem Beitritt von Rumänien und Bulgarien, sind es sogar zwölf neue und 15 alte. Ein Europa ist entstanden, das nicht bloß Ausfluss einer ideologischen Teilung der Welt ist, sondern ein Europa, das versucht, eine neue europäische Identität zu schaffen. Alle deutschen Parteien haben die Erweiterung begrüßt, weil sie sahen, dass man den Ländern, die nach dem Zweiten Weltkrieg durch Zufall auf die andere Seite der großen europäischen Grenze geraten waren, auf Dauer daraus nicht einen Strick drehen konnte.

Das neue Europa ist ein gewaltiges Europa: 450 Millionen Menschen, wesentlich mehr als die USA, ein Bruttosozialprodukt, das deutlich größer ist als das der einzigen Supermacht, und eine Region, die mit einem kulturellen Reichtum gesegnet ist, der in der Geschichte der Menschheit seinesgleichen sucht. Gleichwohl, die schiere Größe garantiert noch keinen qualitativen Sprung. Dass die USA das neue Europa als Konkurrent nicht fürchten, spricht Bände. Wirtschaftlich mag das neue Gebilde ein Riese sein, politisch aber ist es ein Zwerg und militärisch höchstens eine Mittelmacht.

In Europa selbst sind die Meinungen geteilt. Die einen sehen die Erweiterung vor allem als Chance. Ein gewaltiger Markt entstehe, der den schon etwas erschlafften westlichen Volkswirtschaften neues Potenzial erschließen und neuen Mut einhauchen könne. Manche hoffen sogar darauf, dass die »hungrigen« jungen Marktwirtschaften Ost- und Mitteleuropas den alten »verkalkten« so viel Dampf unterm Hintern machen, dass die Stagnation der letzten Jahre endlich überwunden wird.

Andere weisen auf den neuen und größeren Subventionsbedarf für die neuen Mitglieder hin, die durch die Bank wesentlich geringere Pro-Kopf-Einkommen aufweisen als die alten. Wer sich einen Klotz ans Bein binde, sollte selbst eine sehr gute Konstitution aufweisen. Und sie wenden ein: Auch die Regulierungswut Brüssels werde den aufstrebenden Staaten nicht gut bekommen. Schließlich, und das dürfte die am meisten verbreitete Befürchtung im Westen sein, könnte der Exodus alteingesessener Firmen in die Niedriglohnländer durch deren Eingliederung in den großen europäischen Markt beschleunigt werden.

In der Tat, verglichen mit den früheren Eingliederungen hat man es hier mit einer neuen Dimension hinsichtlich der Zahl der Länder wie auch deren wirtschaftlicher Situation zu tun. Das Niveau der Pro-Kopf-Einkommen in den 90er Jahren im Vergleich zur Bundesrepublik liegt für alle Beitrittsländer deutlich unterhalb der 30-Prozent-Marke, für die meisten sogar unter 20 Prozent. Das größte der Beitrittsländer, Polen mit seinen 40 Millionen Einwohnern, erreichte 2001 gerade mal ein Fünftel des deutschen Niveaus.

Ein solches Wohlstandsgefälle schafft nicht nur die erwähnten Anreize zur Abwanderung von Firmen aus Hochlohnländern, sondern auch den Zwang, in der gesamten Union eine Politik umzusetzen, die für einige Jahrzehnte das reale Aufholen dieser

Länder nicht nur erlaubt, sondern aktiv fördert. Mehr noch, wer ärmere Länder politisch und wirtschaftlich integrieren will, sollte selbst in der Lage sein, seine eigenen Probleme zu lösen. Hochlohnländer, die von Niedriglohnländern bedrängt werden, müssen fähig sein, die technologische Barriere zu neuem Wachstum zu überwinden, soll ihr eigener Lebensstandard nicht in Gefahr geraten. Das aber setzt eine dynamische Investitionstätigkeit und hohes Wachstumstempo im Innern voraus, die in Alt-Europa spätestens seit Anfang der 90er Jahre nicht mehr zu beobachten ist.

Das Problem mangelnden Wachstums in Kern-Europa aber sitzt noch viel tiefer und seine Ursachen reichen viel weiter zurück, als manch einer glauben mag. Betrachtet man nämlich einmal kritisch die Wachstumsphasen im westlichen Europa nach dem Zweiten Weltkrieg, dann geht kaum ein Weg an der Einsicht vorbei, dass schon seit Anfang der 70er Jahre, als Europa sozusagen aus der Obhut des weltweiten Finanz- und Handelssystems von Bretton Woods entlassen wurde, die Misere begann[6]. Aus den Ölpreiskrisen der 70er und der 80er Jahre ist Europa im Vergleich zu den USA geschwächt hervorgegangen. Viele Länder hatten danach jahrelang mit hoher Inflation und Wachstumsschwäche zu kämpfen und konnten nur hin und wieder die Gunst einer guten Weltkonjunktur oder eines niedrigen Wechselkurses nutzen, um nicht vollends hinter die USA zurückzufallen.

Die europäische Unfähigkeit, das Schicksal in die eigenen Hände zu nehmen, nachdem der große Bruder USA nicht mehr zur Verfügung stand, hatte System. Unter Anleitung Deutschlands, das in Gestalt der deutschen Bundesbank den Stab der monetären Führung Anfang der 70er Jahre von den USA übernommen hatte, galt vom ersten Tage der »Unabhängigkeit« an, dass nur institutionelle und »strukturelle« Verbesserungen dazu beitragen könnten, dauerhafte Wachstumserfolge zu zeitigen. Folglich konzentrierte sich die europäische Politik fast ausschließlich auf Konzepte, die darauf ausgerichtet waren, die Europäische Union (EU) selbst zu reformieren oder sie zu erweitern.

Reformen der EU hatten stets das Ziel vor Augen, einen europäischen Binnenmarkt gegen vielfältige Hindernisse zu schaffen. Dazu gehörte die Liberalisierung des Handels, die Freiheit des Kapitalverkehrs, die Vereinheitlichung von Normen und Regulierungen und – als krönendes Ende – die gemeinsame Währung. In jede Stufe dieser Vollendung eines großen offenen Marktes wurden große Hoffnungen gesetzt. Immer sollten mehr Wachstum, mehr Jobs und ein Überholen der USA die Folge sein.

Ende der 80er Jahre etwa sagte man voraus, die europäische Wirtschaft werde mit der Vollendung des Binnenmarktes für viele Jahre einen Wachstumsschub erleben. Der Binnenmarkt wurde vollendet, das versprochene Wachstum aber blieb aus. Auch mit der Verwirklichung der Europäischen Währungsunion im Jahre 1999 wurde die Erwartung eines bedeutenden Wachstumsschubes verbunden. Das Ergebnis: Die schlechteste Entwicklung seit dem Zweiten Weltkrieg. Zuletzt wurde im März 2000, bei einer Sondertagung des Europäischen Rats in Lissabon, mit der Verabschiedung eines gewaltigen Bündels von Maßnahmen die Hoffnung verbunden, die USA im nächsten Jahrzehnt endlich überholen zu können. Nichts ist von dieser mit großem Pomp in die Welt gesetzten Hoffnung geblieben.

Neben den inneren institutionellen Reformen gab es in den Augen der Eurokraten nur noch das Mittel der Erweiterung, um neue Impulse für die wirtschaftliche Entwicklung zu setzen. Jede Ausweitung des europäischen Wirtschaftsraumes musste in ihren Augen die Chancen für mehr Wachstum unmittelbar erhöhen, weil größere Märkte schlicht effizientere Märkte seien. So wird jetzt auch die Osterweiterung als Potenzial für höheres Wachstum auf allen Seiten verkauft.

Ganz unabhängig von politischen Erwägungen ist so gut wie

jedermann in den meisten Staaten Europas, in den Altmitgliedern wie in den beitrittswilligen Ländern, noch immer davon überzeugt, die Europäische Union sei eine wirtschaftliche Erfolgsstory. Dass sie das vielleicht gar nicht ist, kommt niemandem in den Sinn. Alle sind geblendet von dem erreichten Wohlstandsniveau und dem Abstand von den Beitrittsländern in Osteuropa. Stellen wir uns nur einmal vor, der Großteil des heute in Europa erreichten Wohlstandes sei einem ungeheuer erfolgreichen globalen System geschuldet (Bretton Woods also), dessen Zeit zu Anfang der 70er Jahre abgelaufen war, und Europa habe es seitdem nicht geschafft, etwas Vergleichbares an seine Stelle zu setzen. Wie sieht dann die Zukunft einer europäischen Union mit 27 Ländern aus, von denen mindestens zehn als absolut arm zu bezeichnen sind?

Warum sollten wir glauben, Europa werde in den nächsten Jahrzehnten – und Jahrzehnte werden in der Tat für die Integration der ärmeren Länder gebraucht – erfolgreicher sein als in den letzten 30 Jahren? Was hat sich fundamental geändert? Wo sind neue Weichenstellungen? Wo sind die europäischen Führungspersönlichkeiten, die in der Lage sind, vorhandene Defizite zu erkennen und zu bekämpfen? Wo ist ein radikal neuer Ansatz für politische Führung und eine effiziente demokratische Kontrolle?

Es ist folglich nicht der Beitritt der neuen Mitgliedsländer, der die gewaltigen Probleme bereitet, mit denen wir konfrontiert sind, es ist der traurige Zustand des alten Europas, der uns Sorgen machen sollte und der nach dem Beitritt und der jetzigen Krise noch viel stärker zu Tage treten wird. Ein Europa, das 30 Jahre lang nicht in der Lage war, die Arbeitslosigkeit in großem Stil abzubauen und ein angemessenes Wachstum zu erzielen, wird jetzt nicht aus dem Stand zehn oder mehr arme Länder Osteuropas erfolgreich integrieren und ihnen damit eine Chance zum Aufholen geben können. Das Beispiel der deutschen Vereinigung zeigt, wie dramatisch selbst innerhalb einer funktionierenden politischen Einheit die wirtschaftlichen Folgen einer misslungenen Integration sein können.

Wie nahe an der Katastrophe Gesamteuropa ist, zeigen die wirtschaftlichen Desaster in Ungarn, in den baltischen Staaten sowie in Rumänien und Bulgarien, die nach Beginn der Finanzkrise in einen Strudel von Abwertung, tiefer Rezession und steigender Arbeitslosigkeit geraten. Europa hat so wenig ein tragfähiges wirtschaftspolitisches Konzept wie Deutschland.

## Nur die Flucht nach vorn hilft

Wie bei der deutschen Vereinigung gibt es eine Lösung der vielfältigen Probleme nur durch die Flucht nach vorn. Europa muss auf Teufel komm raus Wachstum generieren und Jobs schaffen. Kein Hahn kräht einem nach Polen abgewanderten Arbeitsplatz nach, wenn Vollbeschäftigung zu Hause herrscht, wenn jeder, der von einem polnischen Arbeiter »verdrängt« wird, schnell und ohne soziale Spannungen einen neuen Arbeitsplatz findet. Auf der anderen Seite gilt auch: Kaum jemand wird aus Polen abwandern wollen, wenn er zu Hause gute Aussichten auf Jobs und hohe Einkommenszuwächse hat.

Doch wehe, wenn das nicht der Fall ist! Würde ich glauben, dass die Auguren der »räuberischen Globalisierung« richtig liegen, die Deutschland bedroht sehen von Niedriglohnkonkurrenten, die nichts anderes im Sinne haben, als den deutschen Wohlfahrtsstaat und alle sonstigen liebgewordenen Errungenschaften zu zerstören, die Deutschland Jahrzehnte des Niedergangs vorhersagen – ich würde eine Kampfschrift gegen die Osterweiterung schreiben. Wenn solche Untergangs- und Deflationsszenarien auch nur im Ansatz richtig wären, müsste man dringend von der Erweiterung abraten. Auch wenn es in den Jahren nach der Erweiterung nur bei Stagnation und hoher Arbeitslosigkeit bliebe, dann wäre für die wohlhabenden westeuropäischen Länder ein massiver Zulauf zu politischen Bewegungen zu erwarten, die sich den Ausstieg aus dem Prozess der Globalisierung, der Europäisierung und eine Renationalisierung der Wirtschaft auf ihre Fahnen schreiben.

Die Wahlen in vielen Ländern Europas in den letzten zehn Jahren, aber besonders die in Deutschland und Frankreich, haben in selten zuvor gesehener Klarheit gezeigt, dass die Wähler von ihren Regierungen erwarten, die wirtschaftlichen Probleme zu lösen. Wer auch immer Patentrezepte verspricht, wird gewählt, und wer auch immer als Regierender versagt, wird brutal abgestraft. Stellen wir uns jedoch einmal vor, dass dieses Versagen der nationalen Regierungen der großen europäischen Länder ein Problem des Systems Europa sei, so wie es heute existiert. Will heißen, dass vielleicht weniger die Regierungen versagen als die Rahmenbedingungen, unter denen sie handeln. Konkret: Die europäische Notenbank erstickt mit ihrer Inflationsangst jeden Versuch, dem Beschäftigungsproblem durch Wachstum beizukommen, und drängt die Regierungen zu »Reformen« in Richtung Deflation und Rezession. Der Stabilitätspakt verhindert, dass die Mitgliedsstaaten eine pragmatische Expansionspolitik betreiben, um aus wirtschaftlichen Schwächephasen zu entkommen. Der Europäische Gerichtshof (EuGH) sorgt für eine Angleichung der Löhne via Kapitalverkehrsfreiheit (siehe den Abschnitt: »Gleicher Lohn für gleiche Arbeit am gleichen Ort« in diesem Kapitel). Die panische Angst vor der Globalisierung schließlich lässt Regierungen und Tarifpartner immer hektischer auf die Kostenbremse treten, obwohl das via sinkende Nachfrage am Ende die gesamte Wirtschaft in den Abgrund reißt.

Das Ergebnis ist tragisch und bitter. Eine für sich genommen vernünftige Entwicklung wie die Osterweiterung wird von falschen Weichenstellungen in anderen Bereichen, die nichts mit der Erweiterung zu tun haben, torpediert und das ganze Schiff damit womöglich zum Kentern gebracht. Es gibt hier eine weitgehende Parallele zur deutschen Vereinigung. Hätten die verantwortlichen Politiker und Beamten nach 1990 verstanden, dass sich der Entschluss zur schnellen Vereinigung nachträglich nur durch eine kompromisslose Wachstumspolitik tragbar machen lässt, hätten sie im Bereich der allgemeinen Wirtschaftspolitik anders handeln müssen. Stattdessen haben aber dieselben Leute, die die Weichen für die schnelle Angleichung der Lebensbedingungen setzen wollten, hinterher mit ihren wirtschaftspolitischen Entscheidungen alles zerschlagen.

In Europa droht das Gleiche und sogar Schlimmeres. Weil es hier nicht um eine volle politische Vereinigung geht, sondern zunächst nur um einen Zweckzusammenschluss, ist das Nichterreichen des Zweckes tödlich für den Zusammenschluss. Bisher konnte einiges an politischem und wirtschaftlichem Versagen in Europa kaschiert werden durch die Aussicht auf eine helle Zukunft, durch die Hoffnung auf einen wirtschaftlichen Durchbruch, wenn nur genug Länder mit genug Wachstumspotenzial in der EU vereint sein würden. Diese Hoffnung wird nicht mehr lange tragen. Europa wird in nicht allzu ferner Zukunft den Punkt erreichen, wo es entscheiden muss, ob es lieber einige alte und unsinnige Dogmen über Bord wirft oder in Kauf nimmt, bei neuen und alten Mitgliedern gleichermaßen als Hoffnungsträger ausgedient zu haben.

## Gleicher Lohn für gleiche Arbeit am gleichen Ort

Es gibt ein weiteres großes Problem, das zwar nicht unmittelbar mit den vorherigen Themen verbunden ist, das aber wie kein zweites die Legitimation eines vereinten Europas in Frage stellt. Wenn auch dieses Problem derzeit politisch etwas entschärft ist, so sitzen doch die Leute, die es geschaffen haben, immer noch in den entsprechenden Dienststellen der Europäischen Kommission und warten nur auf eine neue Gelegenheit, es wieder aus dem Waffenschrank zu holen. Hinzu kommt, wie oben erwähnt, dass der Europäische Gerichtshof dazu tendiert, die Kapitalverkehrsfreiheit zu verabsolutieren und damit den Heckenschützen einen Waffenschein auszustellen.

Befürworter von Lohnkostensenkungen in Deutschland (die Sinns sozusagen, nach Hans-Werner Sinn, dem Präsidenten des ifo Instituts für Wirtschaftsforschung und großen Streiter für sinkende Löhne im Wettkampf der Nationen), aber auch die modernen Sozialdemokraten führen regelmäßig die Möglichkeit des Kapitals, in Niedriglohnländer abzuwandern, als den Hauptgrund für ihre Forderung nach Mäßigung in einem reichen Hochlohnland an. Die hiesige Arbeitslosigkeit zeige, sagen sie, dass zu wenig im Inland investiert werde. Das läge daran, dass aufgrund der vergleichsweise hohen Löhne die Rentabilität des Kapitals zu gering sei. Böten sich außerhalb Deutschlands gewinnträchtigere Anlagemöglichkeiten, würden diese auch genutzt, und das Kapital fließe ab. Seit dem Ende des Ost-West-Konflikts und der damit einhergehenden intensiveren Teilnahme ärmerer Volkswirtschaften am Welthandel habe dies eine neue Dynamik erreicht, an die es sich hierzulande anzupassen gelte.

Die ökonomisch Vorgebildeten merken gar an, die Knappheitsverhältnisse der Produktionsfaktoren hätten sich wegen der Globalisierung auch global grundlegend gewandelt: Es stünden eben sehr viel mehr Arbeitskräfte zur Verfügung, zugleich brächten diese aber keinen auch nur annähernd so hohen Kapitalstock mit in die Weltwirtschaft ein wie ihre Kollegen aus den Industrienationen, sodass der Faktor Kapital im Vergleich zur Arbeit viel knapper geworden sei. Diese gestiegene Knappheit mache es notwendig, das Kapital durch niedrigere Löhne hierzulande zum Bleiben zu bewegen, da die Attraktivität der niedrigen Löhne in den aufholenden Volkswirtschaften eine enorme Sogwirkung auf das hiesige Kapital ausübe.[7]

Richtig ist an dieser Sichtweise, dass es für hiesige Unternehmer tatsächlich lohnend sein kann, ihre kapitalintensiven Produktionstechnologien mit den in den aufholenden Volkswirtschaften herrschenden Billiglöhnen zu kombinieren. Das war schon immer eine Möglichkeit, vorübergehende Monopolgewinne zu erzielen, und mag seit 1989 einfacher zu realisieren sein. Auch für Unternehmer in den Billiglohnländern selbst besteht ein großer Anreiz, die westlichen Technologien zu kopieren, das heißt, diese zu importieren, um in Kombination mit den niedrigen heimischen Löhnen dann überdurchschnittliche Gewinne zu erwirtschaften. Denn sofern die Lohnentwicklung im Niedriglohnland der *durchschnittlichen* Produktivitätsentwicklung in der dortigen Gesamtwirtschaft folgt (was, wie oben erwähnt, Flächentarifverträge voraussetzt), können über Jahre und sogar Jahrzehnte hinweg beachtliche Monopolgewinne erwirtschaftet werden, weil das Produktivitätsniveau dort aufgrund des niedrigen Ausgangswertes des Kapitalstocks noch lange unterhalb dessen liegt, was in den reichen Ländern erreicht ist.

Abwegig ist es jedoch, die Kapitalwanderung in Niedriglohnländer für die hiesige Arbeitslosigkeit verantwortlich zu machen. Denn wer die wirtschaftliche Entwicklung der Bundesrepublik nach dem Zweiten Weltkrieg oder etwa die Polens seit dem Fall der Mauer betrachtet, stellt fest, dass Kapitalwanderungen nicht schlagartig und in großem Maßstab, sondern allmählich erfolgen. Wäre dem nicht so, hätte der Aufbau des westdeutschen Kapitalstocks nach dem Krieg viel schneller geschehen müssen. Auch Polen müsste mit seinen Billiglöhnen nach 15 Jahren längst hoch industrialisiert sein, wenn die Nettokapitalbewegung von Hoch- zu Niedriglohnländern so gewaltig wäre, wie dies die Globalisierungspessimisten behaupten.

Das überschaubare Ausmaß von Kapitalverlagerungen erklärt sich einerseits dadurch, dass sie nicht risikolos zu bewerkstelligen sind. Es muss das erforderliche Humankapital im Niedriglohnland vorhanden sein, das heißt, das Know-how auf allen

Ebenen des Produktionsprozesses, und die wirtschaftlichen und politischen Rahmenbedingungen der aufholenden Volkswirtschaft müssen stabil genug sein, um zu langfristigen Investitionen anzureizen. Häufig wechselnde Regierungen mit unterschiedlichen wirtschaftspolitischen Konzepten können auf in- wie ausländische Investoren ebenso abschreckend wirken wie mangelnde Rechts- oder innere Sicherheit.

Gegen die Angst vor massiver Kapitalabwanderung in Niedriglohnländer und drohender Kapitalknappheit in Hochlohnländern spricht jedoch noch ein viel grundlegenderes Argument. Fasst man die wirtschaftliche Entwicklung als einen Prozess auf, *in dessen Verlauf* Gewinne und damit Kapital entstehen, geht es gar nicht in erster Linie um das gegenseitige Ausstechen der Unternehmer, Arbeitnehmer oder Länder beim angeblich nur sehr langsam (via Sparen) vermehrbaren Produktionsfaktor Kapital[8]. Wenn in Niedriglohnländern tatsächlich Gewinnchancen genutzt werden können, vermehrt sich das im Entwicklungsprozess der aufholenden Länder benötigte Kapital durch den Prozess selbst, also auf eine Weise, die die Kapitalbilanz des Niedriglohnlandes nicht belastet und es dem Entwicklungsland erlaubt, mehr Güter als sonst möglich aus den Hochlohnländern zu importieren.

Der Import von Kapital und Know-how ist am Ende sowohl aus der Sicht des Entwicklungslandes als auch aus der Sicht der reichen Länder vorteilhaft. Aus Sicht des Niedriglohnlandes ist zunächst entscheidend, dass das Land wegen seines geringen Kapitalstocks nur mit einer sehr kleinen Palette von Gütern am Weltmarkt konkurrenzfähig ist. Jeder ausländische Investor trägt zum Aufbau des Kapitalstocks und damit der Basis für mehr Einkommen und Wohlstand bei. Selbstverständlich findet auch hier ein Strukturwandel statt und in der Regel ein viel gewaltigerer als in den Hochlohnländern. Denn das Nachahmen von Produktionsprozessen für weltmarktgängige Produkte funktioniert schneller als das Erfinden und Umsetzen neuer Technologien. Entwicklungsländer können beim Aufbau ihres Kapitalstocks Sprünge im technologischen Wandel realisieren, die den hoch entwickelten Volkswirtschaften nicht möglich sind. In China müssen nicht erst die während der 60er Jahre in den westlichen Industrieländern vorherrschenden Technologien angewendet werden. Investoren können sofort die aktuelle Technik einsetzen.

Dass mit dem internationalen Strukturwandel immense Veränderungen für die Bevölkerung des Niedriglohnlandes verbunden sind, der meist kein mit unserem vergleichbares soziales Sicherungsnetz zur Verfügung steht, wird hierzulande oft übersehen. Dennoch stellt die Kombination der niedrigen Löhne mit der Technologie aus Industrieländern die große Chance dar, wirtschaftlich aufzuholen und das Wohlstandsgefälle zu den reichen Ländern zu verringern. Der Standortvorteil in Form von Niedriglöhnen ermöglicht es, technologisches Wissen zu importieren, die Palette weltmarktfähiger Produkte nach und nach auszuweiten und so vom Welthandel zu profitieren.

Durch die Forderung nach Lohnsenkungen in Hochlohnländern wird folglich implizit versucht, die Chancen der Entwicklungsländer zum Aufholen zu schmälern oder sie ihnen gar gänzlich zu nehmen. Diese Position wird üblicherweise von Leuten wie Professor Sinn vertreten, die strikt gegen Protektionismus sind und den ärmeren Ländern alle Chancen dieser Welt versprechen, wenn sie nur ihre Märkte vollständig öffnen. Wenn aber zugleich die Wettbewerbsfähigkeit der Industrieländer auf den Weltmärkten durch lohninduzierte Preissenkungen (»Wir müssen den Gürtel enger schnallen«) zunimmt, werden den sich entwickelnden Volkswirtschaften zugleich die Märkte genommen, weil sie ihre wenigen Produkte noch schlechter international platzieren können. Am Sonntag das Elend dieser Welt zu beklagen und am Montag den Arbeitnehmern hierzulande das Gürtel-enger-Schnallen zu empfehlen, ist entweder heuchlerisch oder dumm.

Hinzu kommt: Wenn sich die deutschen Löhne tendenziell den chinesischen oder indischen angleichen sollten, wird es früher oder später zu Wechselkursänderungen kommen müssen (Aufwertung in Deutschland, Abwertung in China), weil Deutschland dann gegen die zentrale Regel des internationalen Handels- und Kapitalverkehrs verstößt, wonach ein Land keine absoluten Vorteile haben sollte (siehe das folgende Kapitel). Bei weiteren Lohnkostensenkungen in Deutschland wäre also eine weitere drastische Aufwertung des Euro unvermeidlich. Wechselkurse gleichen nun mal (wenn auch bei flexiblen Wechselkursen in nicht befriedigender Art und Weise) tendenziell die internationalen Differenzen bei den Lohnstückkosten aus, aber niemals die absoluten Lohndifferenzen. Anders als viele Ökonomieprofessoren wissen Devisenhändler nämlich, dass es im internationalen Vergleich von Volkswirtschaften auf das Verhältnis von nationalen Löhnen zur nationalen Produktivität ankommt, nicht aber auf die absoluten Differenzen bei den Löhnen, die immer nur die absoluten Differenzen in der Produktivität widerspiegeln können.

Mindestens ebenso gravierend sind jedoch die Folgen der Lohnsenkungsstrategie im Hochlohnland Deutschland für all die Länder, die auf der Industrialisierungsleiter zwischen den Weltmarktführern und den gering entwickelten Ländern stehen, noch dazu, wenn sie dieselbe Währung haben, wie zum Beispiel Italien, Spanien, Portugal oder Griechenland. Versuchen deutsche Unternehmen durch Lohnsenkungen auf den Weltmärkten wettbewerbsfähiger zu werden, trifft das alle diejenigen, die nur etwas niedrigere Löhne haben als wir und den bisherigen Abstand bei der Ausstattung mit Kapital uns gegenüber durch eben diese Lohndifferenz wettgemacht haben. Diese Länder müssen dann unserem Lohnsenkungspfad folgen, wenn sie nicht sämtliche Marktanteile verlieren wollen. Dass dies auf mittlere Sicht unweigerlich zu einer Aufwertung des Euro führt und insofern die Bemühungen der Deutschen, sich dem chinesischen Lohnniveau anzunähern, zunichtemacht, ist ein Glück für die Entwicklungsländer, aber eine Katastrophe für die ärmeren Mitglieder der Währungsunion.

Diese Argumente mögen jene Arbeitnehmer in einem Hochlohnland wenig überzeugen, die ihren Arbeitsplatz wegen der Verlagerung eines Produktionsstandortes ihres bisherigen Arbeitgebers in ein Niedriglohnland verloren haben. Das ist zweifellos eine schwierige Situation für die Betroffenen. Die Gesellschaft muss für diese Fälle ein soziales Sicherungsnetz aufbauen, das den Betroffenen weiterhin eine Teilhabe am allgemeinen Fortschritt garantiert und auch die Möglichkeit bietet, durch zum Beispiel Umschulung in anderen Wirtschaftszweigen wieder Fuß zu fassen.

Trotz dieser Einzelschicksale stellt sich die Situation jedoch gesamtwirtschaftlich ganz anders dar: Deutschland exportiert wesentlich mehr Güter, als es importiert. Das bedeutet, dass der damit einhergehende Mehr-Absatz von Waren im Ausland unsere Wirtschaft stützt und hier per Saldo Arbeitsplätze schafft. Das dürfte in der Regel zwar in anderen Branchen der Fall sein als in denen, die Arbeitsplätze ins Ausland verlagern. Aber in der Summe stellt sich Deutschland durch den internationalen Handel in Sachen Arbeitsplätze besser und eben nicht schlechter.

Der notwendige Anpassungsprozess an den internationalen Strukturwandel muss zweifellos sozial abgefedert werden. Jedoch so zu tun, als ob unsere Gesellschaft insgesamt in Hinblick auf die Arbeitsplätze der Verlierer bei der Globalisierung sei, ist schlicht falsch. Wer bei der Analyse der Ursachen unserer gravierenden Arbeitsmarktprobleme auf die Globalisierung verweist, drischt den falschen Esel, den nämlich, der uns von großem Nutzen ist. Dass Lohnsenkungen im Hochlohnland nicht nur negative Wirkungen für Niedriglohnländer wie China oder Indien haben, liegt an einem anderen Zusammenhang. Das Hochlohnland schadet sich mit einer solchen Strategie durch den Ausfall von Binnennachfrage selbst und verschenkt auf diese Weise eigenes Wachstums- und Einkommenspotenzial. Das ist das zentrale Übel, an dem unser Land seit gut zehn Jahren krankt. Die Therapie der Lohndrücker reproduziert und verschärft die Krankheit, die sie heilen soll.

Was geschieht aber, wenn einzelne oder auch ganze Gruppen von Arbeitnehmern aus den Niedriglohnländern nicht warten wollen, bis ihnen Kapital zur Verfügung steht, sondern sich selbst auf den Weg zum Kapital machen, sprich: in die Hochlohnländer einwandern? Ob das wirklich ein Massenphänomen werden könnte oder aus demografischen Gründen gar sollte und welche rechtlichen Grenzen eine solche Wanderungsbewegung einschränken, soll hier nicht diskutiert werden. Welche ökonomischen Mechanismen laufen aber zwischen den betroffenen Ländern ab und welche ökonomischen Spielregeln sollten gelten, um die Wanderung des Faktors Arbeit für das Herkunfts-, also Niedriglohnland, wie das Einwanderungs-, also Hochlohnland sinnvoll zu gestalten?

Arbeitskräfte aus Niedriglohnländern wandern in Hochlohnländer, weil sie dort mehr Jobs oder einen höheren Lohn oder beides erwarten. Bei normaler Arbeitsmarktsituation im Hochlohnland gilt de facto ein Bestimmungslandprinzip, das heißt, die Zuwanderer verdienen im Hochlohnland bei gleicher Qualifikation den gleichen Lohn wie die einheimischen Arbeitskräfte. Welche wirtschaftlichen Folgen hat das im Hochlohnland? Wenn die zuwandernden Arbeitskräfte reibungslos Arbeitsplätze finden, ist die Zuwanderung kein Problem für das Hochlohnland, sie erhöht sogar sein Wachstumspotenzial.

Herrscht im Hochlohnland jedoch Arbeitslosigkeit, ist die Wahrscheinlichkeit gering, dass Zuwanderer zum herrschenden Lohn Arbeit finden. Denn warum sollte ein Zuwanderer unter sonst gleichen Bedingungen der inländischen Arbeitskraft, die keine Sprachschwierigkeiten und sonstige mögliche Anpassungsprobleme haben dürfte, vorgezogen werden? Finden die Zuwanderer keine Arbeit, beanspruchen sie Leistungen der sozialen Sicherungssysteme. Das aber wird keine Gesellschaft in größerem Umfang tolerieren können. Denn den Mindestlebensstandard, den eine reiche Gesellschaft durch soziale Sicherungssysteme für ihre Mitglieder zu garantieren versucht, um den sozialen Frieden und den Zusammenhalt der eigenen Nation zu sichern, kann sie nicht für den Rest der Welt oder auch nur einen spürbaren Teil davon zur Verfügung stellen. Wäre sie bereit dazu, könnte sie ihre Solidarität viel effektiver über eine Erhöhung der Entwicklungshilfe unter Beweis stellen.

Was aber geschieht, wenn die Zuwanderer bei Arbeitslosigkeit im Hochlohnland bereit sind, dort zu einem wesentlich geringeren Lohn als die heimischen Arbeitskräfte zu arbeiten, und das Gastland bereit ist, das zu tolerieren? Die Zuwanderer erhöhen ja durch diese Bereitschaft die Wahrscheinlichkeit, im Gastland Arbeit zu erhalten. Dass sie sich trotz des niedrigeren Lohnes oft besser stellen als in ihrem Herkunftsland, ist sicher ein zentrales Motiv für die Wanderung. Dass diese Rechnung nicht immer aufgehen muss, weil etwa die Lebenshaltungskosten unterschätzt werden, der Wohnraum knapp und entsprechend teuer ist oder die soziale Integration nicht funktioniert, steht auf einem anderen Blatt. Und welcher inländische Unternehmer wollte diese Gewinnchance (bei gleicher Qualifikation der Arbeitskräfte) nicht nutzen, seinen hoch effizienten Kapitalstock mit nicht der Arbeitsproduktivität entsprechenden niedrigen Löhnen (diesmal im Inland statt im Niedriglohnland) zu kombinieren?

Durch die Außer-Kraft-Setzung des Bestimmungslandprinzips und die Einführung eines Herkunftslandprinzips verdrängen aber die Zuwanderer einheimische Arbeitskräfte. Diese werden entweder arbeitslos und müssen über die sozialen Sicherungssysteme finanziert werden – ein ebenfalls für die Gesellschaft kaum akzeptabler und auf Dauer nicht finanzierbarer Zustand – oder sie passen ihre Löhne nach unten an die der Zuwanderer an.

Gerät auf diesem Wege das Lohnniveau in Deutschland insgesamt ins Rutschen, treten alle oben bereits beschriebenen negativen Folgen ein: Nachfrageausfall im Inland, dadurch sinkende Gewinne der Unternehmen und verschenkte Wachstums- und Wohlstandsmöglichkeiten, verstärkter Verdrängungswettbewerb auf den Weltmärkten und/oder Aufwertung der heimischen Währung. Das heißt, dass auch die Herkunftsländer der Zuwanderer durch die von ihnen ausgelöste Lohnsenkung geschädigt werden. Zwar wird ihr Arbeitsmarkt möglicherweise unmittelbar entlastet, aber durch die Wanderung wird kein zusätzlicher Kapitalstock im Niedriglohnland aufgebaut, wie das im Fall der Kapitalwanderung geschieht. Die zurückbleibende Bevölkerung profitiert nicht von den Abwandernden, das durchschnittliche Produktivitätsniveau steigt nicht und damit auch nicht das durchschnittliche Lohnniveau: Es findet kein Aufholprozess statt. Vielmehr sehen sich die Anbieter aus dem Niedriglohnland noch wettbewerbsfähigeren Anbietern auf dem Weltmarkt gegenüber; denn die Lohnsenkung im Hochlohnland schafft Raum für Weltmarktanteilsgewinne der dortigen Unternehmer mittels Preissenkung. Zwar wird eine Aufwertung der Währung des Hochlohnlandes am Ende diesen Gewinn wieder zunichtemachen, aber die Folgeschäden sind in der Regel enorm. Zudem reißt das Lohndumping all die Länder mit in die Abwärtsspirale, die mit dem Hochlohnland zusammen Mitglied einer Währungsunion sind oder aus sonstigen Gründen ihren Wechselkurs fixieren.

Nur die konsequente Anwendung des Bestimmungslandprinzips auch bei hoher Arbeitslosigkeit im Hochlohnland kann diesen alle schädigenden Teufelskreis verhindern. Für jede einzelne Nation, jede sich kulturell zusammengehörig fühlende Gesellschaft oder jeden Raum der gleichen Entwicklungsstufe, das heißt, ähnlicher Kapitalausstattung, muss das *law of one price* gelten. Der Grundsatz des gleichen Lohns für gleiche Arbeit wird folglich zum Grundsatz des gleichen Lohns für gleiche Arbeit am gleichen Ort.

Wird dieser Grundsatz durchlöchert, dann setzen die empfohlenen Mittel zur Behebung der Krise eine Abwärtsspirale in Gang: Lohnsenkung schwächt die Binnennachfrage, lässt dadurch die Gewinne und mit ihnen die Investitionsbereitschaft im Inland sinken, stärkt zwar vorübergehend die Exporte, aber nie in dem Maße, wie es zur Kompensation des inländischen Nachfrageausfalls notwendig wäre, steigert die Aufwertungswahrscheinlichkeit, die jede Lohnsenkung gegenüber dem Ausland wieder zunichtemacht, erhöht die Arbeitslosigkeit und damit erneut den Druck auf die Löhne.

Zugleich ist der Staat finanziell völlig überfordert, die sozialen Sicherungssysteme wirken zu lassen, die ja in der Tat nicht für dauerhaftes Versagen der Wirtschaftspolitik geschaffen wurden, sondern zur temporären Abfederung des technologischen und des internationalen Strukturwandels. Die falsche Analyse findet hier sofort den nächsten Schuldigen für unsere Misere: Der Staat insgesamt müsse radikal in seine Schranken gewiesen werden, wolle man die Herausforderung der globalisierten Märkte annehmen. Wen wundert es da noch, dass die Bevölkerung sich zunehmend vor der Globalisierung fürchtet und Fremdenfeindlichkeit auf dem Vormarsch ist? Wer die gesamte Gesellschaft in ihren Grundfesten in Frage stellt, sollte sich nicht nur über die wirtschaftlichen, sondern auch die politischen Folgen seiner Ratschläge im Klaren sein.

Dass die EU-Kommission 2005 in einem Entwurf ihrer Dienstleistungsrichtlinie, die dann im Dezember 2006 verabschiedet wurde, ernsthaft diskutierte, ein Herkunftslandprinzip einzuführen, ist ein Skandal ohnegleichen. Mit dieser Richtlinie sollte der freie Güterverkehr auch im Bereich der Dienstleistungen, wo es noch jede Menge nationale Besonderheiten gibt, vereinheitlicht werden. Herkunftslandprinzip heißt, wie oben beschrieben, dass eine Leistung, die zum Beispiel eine polnische Firma in Deutschland erbringt, nach den polnischen Usancen einschließlich der polnischen Löhne abgerechnet werden darf. Dieser Vorstoß zeigt aber leider in erschreckender Weise, wie wenig man in Brüssel von der Ökonomie und der Politik einer Staatengemeinschaft versteht.

Was im Zuge des allgemeinen Kostensenkungswahns überhaupt nicht mehr verstanden wird: Der freie Handel zwischen Staaten mit unterschiedlichen Lohnniveaus kann überhaupt nur reibungslos funktionieren, wenn die Lohnniveaus jederzeit den Produktivitätsniveaus entsprechen. Beginnt ein großes Land in Europa, unter dem Druck einer solchen Dienstleistungsrichtlinie, die Löhne systematisch vom Produktivitätsniveau abzukoppeln, betreibt es Dumping, dem früher oder später alle anderen folgen müssen.

Im Inland sind in der Vergangenheit die Löhne in den Dienstleistungsbereichen den Löhnen in der Industrie weitgehend gefolgt, obwohl die Produktivität dort weniger rasch gestiegen ist. Dadurch sind die Dienstleistungen zwar etwas teurer, als sie sonst sein könnten, aber nur durch die Erhöhung der Löhne, erzwungen im Rahmen eines Flächentarifvertrages, oder durch die Mobilität der Arbeitskräfte kann der Produktivitätsfortschritt bei stabilen Inflationsraten in höhere Realeinkommen umgesetzt werden. Entfällt der Druck zur Erhöhung der Löhne oder der Sozialleistungen, wird der Produktivitätsfortschritt zwar auch verteilt, aber wahrscheinlich bei allgemein sinkenden Preisen, also bei Deflation.

Die hinter dem Bestimmungslandprinzip stehende Logik ist leicht zu verstehen: Die Zunahme des allgemeinen Wohlstandes, sei es in Form von Lohnerhöhungen, von Arbeitszeitverkürzungen oder sozialen Leistungen für die Arbeitnehmer, war in Deutschland immer vom Produktivitätsfortschritt gedeckt. Alle sozialen Errungenschaften sind folglich mit dem hohen Produktivitätsniveau verdient. Ein anderes Land mag, ob aus eigener Schuld oder durch äußere Ereignisse bedingt, weniger erfolgreich gewesen sein. Das ärmere Land kann aber nur dadurch aufholen, dass es seine Produktivität stärker erhöht als das reiche Land. Das gelingt auch sehr häufig, weil es leichter ist, eine schon existierende Technik zu kopieren und mit niedrigen Löhnen zu verbinden, als neue technologische Lösungen zu entwickeln.

Durch das Bestimmungslandprinzip (oder einen Mindestlohn) schützt ein Hochlohnland einerseits seine in langen Jahren erworbene Produktivität und seinen Wohlstand, andererseits gibt es den ärmeren Ländern die Chance, nachzuziehen. Dass alle Menschen im Hochlohnland den der bestehenden Produktivität entsprechenden Lohn erhalten, ist absolut konsequent, weil die Produktivität eine nationale Besonderheit ist. Sie hat sich aufgrund der dort bestehenden Verhältnisse herausgebildet und unterscheidet dieses Land systematisch von anderen Ländern. Ebenso wie ein Land seine Standards in Sachen Kriminalität, in Sachen allgemeiner Moral und sonstiger Werte nicht einfach aufgibt, weil Menschen einwandern oder das Land besuchen, die mit anderen Wertvorstellungen sozialisiert worden sind, so wenig wird und sollte es die Regelungen aufgeben, die seine Produktivität und seinen Lebensstandard schützen.

Immerhin haben einige Parlamentarier aus Deutschland unter dem Druck der Gewerkschaften verstanden, wie gefährlich und unsinnig das Herkunftslandprinzip ist und haben es vorläufig verhindert. Sigrid Skarpelis-Sperk in der SPD, Ulla Lötzer von der Linken und einige grüne Abgeordnete waren dafür maßgeblich. Auch in der Schweiz, wo man eine lange Tradition mit dem Bestimmungslandprinzip hat, ist diese Diskussion in großer Heftigkeit angekommen. Paul Rechsteiner, der Präsident des Schweizerischen Gewerkschaftsbundes, ist hier die zentrale Figur des Widerstandes.

# Kapitel 5
# Das Scheitern an der Globalisierung

## Die große Angst

Die größte wirtschaftliche und politische Bedrohung unserer Gesellschaft geht offenbar von der Globalisierung aus, also der Tatsache, dass die internationalen Märkte heute größer sind und weit enger verflochten als noch vor dem Fall der Berliner Mauer. Ökonomen wie Nicht-Ökonomen, Arbeitgebervertreter wie Gewerkschafter, besonders aber wohlmeinende Philsophen und kritische Intellektuelle sehen das Land einem Gegenstrom der Globalisierung ausgesetzt, der die liebgewordenen Annehmlichkeiten des Wohlfahrtsstaates unweigerlich hinwegspülen wird. Gerhard Schröder, der dritte sozialdemokratische Kanzler der Nachkriegszeit, trug die Globalisierung vor sich her wie eine Monstranz nach dem Motto: Seht her, ich bin modern, ich weiß, was die Stunde geschlagen hat, ich weiß, wie bedroht wir sind, nur ich verbinde soziales Denken mit wirtschaftlicher Vernunft. Wer wollte da widerstehen? Nur Ewiggestrige und blinde Isolationisten verweigern in den Augen des modernen Sozialdemokraten noch die Einsicht in die historische Notwendigkeit, unseren Lebensstandard radikal in Frage zu stellen.

Der verwirrte Bürger allerdings fürchtet sich vor der Globalisierung und verliert jede Orientierung. Was ist geschehen? Ist die soziale Marktwirtschaft am Ende, weil ein paar mehr arme Länder dieser Erde aktiv am Welthandel teilnehmen? Überrennen Millionen Chinesen die Grenzen der reichen Länder und erzwingen mit Gewalt ihre Teilhabe am vorhandenen Wohlstand?

Viele fragen nach den unbestreitbaren Erfolgen Deutschlands in den letzten Jahren allerdings auch: Warum sollte Deutschland von den Auswirkungen der Globalisierung besonders betroffen sein? Wieso hat kein anderes reiches Land der Erde den Absatz seiner Güter in China rascher erhöhen können als Deutschland? Wieso konnten noch reichere Länder wie die USA ihren Wohlstand in den ersten Jahrzehnten der Globalisierung schneller als zuvor steigern und die Arbeitslosigkeit niedrig halten, obwohl ihre Märkte weit mehr Menschen und mehr Güter aus den armen Regionen aufnehmen?

Solche Fragen muss man in Deutschland nicht beantworten, wenn man nur den Untergangspropheten der Globalisierung gibt. Es genügt der herrschenden Lehre in der Ökonomie und denen, die zwar ökonomisch nicht bis drei zählen können, aber die Globalisierung analysieren, die entscheidenden Stichworte in den Raum zu werfen – und schon ist der verhängnisvolle Kreislauf von Gürtel-enger-Schnallen und Über-die-Verhältnisse-Leben in Gang gesetzt, der immer und regelmäßig auch bei sozialdemokratischen Regierungen im Schleifen des Wohlfahrtsstaates endet. Typisch dafür ist bespielsweise der Soziologe Ulrich Beck, dem lange Zeit großer Einfluss auf die Sozialdemokratie zugesprochen wurde und der 1999 in der *Süddeutschen Zeitung* einfach so schrieb: »Ohne Abbau der Sozialkosten und der Lohn(neben)kosten steigen (im Zeitalter der Globalisierung) die Arbeitslosenzahlen«.

Nur wer absolut nichts von Ökonomie versteht und nichts über die Geschichte des Wirtschaftens weiß, kann zu einem so absurden Urteil kommen. Niemand zwingt reiche westliche Staaten, auf den einmal erreichten Lebensstandard zu verzichten und die Entwicklungsländer wollen keineswegs ausschließlich zu Lasten anderer aufholen, sie wollen aber überhaupt die Lebenssituation ihrer Bürger verbessern. Was zwingend ist, ist die Einsicht in die

Notwendigkeit, die gesamten heimischen Arbeitskosten und den Lebensstandard an die eigene Produktivität anzupassen. Das aber ist so alt wie die Lehre von der Wirtschaft selbst, und gilt mit und ohne Globalisierung. Eine Globalisierung in diesem Sinne gab es spätestens seit Beginn der Industrialisierung, was die Handelszahlen seit über 200 Jahren auch zum Ausdruck bringen. Dafür, dass der Sozialstaat bei offenen Märkten zum Bankrott, zur Inflation und zum Zusammenbruch der Währungen geführt hätte, spricht offenbar nichts. Zwischen dem »Abbau« der Sozialkosten und internationalem Handel besteht zunächst überhaupt kein Zusammenhang und alle anderen Herausforderungen der Globalisierung hat der Sozialstaat längst hervorragend bewältigt.

Was verlangt *die* Globalisierung? Nun, die zentrale Regel für das friedvolle Zusammenleben der Nationen auf wirtschaftlichem Gebiet kann nur darauf hinauslaufen, dass sich jeder an seine Verhältnisse anzupassen hat, also nicht über seinen Verhältnissen leben darf. Mehr kann einfach kein Land von einem anderen einfordern und mehr kann keine globale Regelung von einzelnen Ländern erzwingen. Alles andere würde ja bedeuten, dass man von dem einen fordert, bewusst *unter* seinen Verhältnissen zu leben, was logischerweise bedeutet, dass man einen anderen zwingt, *über* seinen Verhältnissen zu leben, denn alle zusammen können (anders als Frau Merkel glaubt, die in ihrer Neujahrsansprache für das Jahr 2009 sagte, »die Welt habe über ihre Verhältnisse gelebt«), weder unter noch über ihren Verhältnissen wirtschaften.

In Deutschland verdiente ein Arbeiter im Jahr 2000 etwa 25 000 Euro, ein chinesischer Arbeiter umgerechnet etwa 1100 Euro. Wie können zwei Länder miteinander Handel treiben, deren Lohnniveaus so weit auseinanderliegen? Müssten nicht sämtliche Produkte in China hergestellt werden und müsste nicht Deutschland alles von dort importieren? Nein, entscheidend für die Wettbewerbsfähigkeit eines Produktes am Weltmarkt ist – neben der Qualität – sein Preis, und dieser wird nicht vom absoluten Niveau der Löhne bestimmt, mit dem es produziert wird, sondern von den Löhnen im Verhältnis zur Produktivität, also den Lohnstückkosten. Wie viel Lohn in einem Produkt, einem »Stück«, steckt, hängt von der Höhe des Kapitalstocks ab, mit dessen Hilfe es hergestellt wird. Besteht das Gut zum Beispiel nur aus Handarbeit und wird es an einem Tag von einem Handwerker produziert, so betragen die Lohnstückkosten genau den Tageslohn des entsprechenden Handwerkers. Wird das Gut jedoch mit einer Maschine produziert, die ein Arbeiter bedient, und kann der mittels dieser Maschine zehn Stück am Tag herstellen, dann betragen die Lohnstückkosten genau ein Zehntel seines Tageslohns. Verdient dieser Arbeiter zum Beispiel das Fünffache des Handwerkers, kann er ein einzelnes Stück immer noch preiswerter anbieten als der Handwerker.

Die im internationalen Vergleich immer noch hohen absoluten Lohnkosten in Deutschland sind also so wenig vom Himmel gefallen wie die niedrigen chinesischen. Beide haben sich in kleinen Schritten aus der Vergangenheit heraus entwickelt. Sie sind der Spiegel der Produktivität, die wiederum auf dem erwirtschafteten Kapitalstock eines Landes beruht. Wer den aktuellen Stand der Lohnstückkosten hierzulande für generell zu hoch erklärt, ignoriert die historische Entwicklung von Produktivität und Kapitalstock oder behauptet, der (west-)deutsche Kapitalstock sei wegen der allmählich stärkeren Öffnung der Märkte seit dem Ende des Ost-West-Konflikts schlagartig obsolet geworden, entwertet durch die zunehmende Globalisierung. Diese Vorstellung ist angesichts der Spitzenstellung vieler deutscher Exporteure auf den Weltmärkten und speziell in Niedriglohnländern offensichtlich absurd.

Das bedeutet: Jedes Land muss seine Einkommensansprüche immer genau an seine eigene Produktivität anpassen. Auf der Ebene der Haushalte und Unternehmen ist diese Regel unmittelbar einleuchtend: Auf Dauer kann ein Wirtschaftssubjekt nicht mehr ausgeben, als es einnimmt, das heißt, jeder muss das, was er zum Leben beansprucht, auch erarbeiten. Gibt er mehr aus, lebt er über seinen Verhältnissen und verschuldet sich also. Er muss einen Gläubiger finden, jemanden, der ihm glaubt, dass er seine Schulden eines Tages zurückzahlen kann und seine Produktivität ausreicht, um das in Anspruch Genommene zu begleichen.

In der anderen Richtung gilt das Gleiche: Auf Dauer kann man nicht weniger ausgeben, als man verdient. Wer sparen, das heißt, also Gläubiger werden will, muss andere finden, die sich verschulden. Und nur wenn die anderen etwas Produktives mit dem Ersparten anfangen, kann es auch Zinsen dafür geben. Und noch viel wichtiger: Wenn niemand bereit ist, sich in Höhe dessen zu verschulden, was ein anderer sparen möchte, gibt es auch keinen Abnehmer für das, was dieser andere quasi über seine eigenen gegenwärtigen Wünsche hinaus produzieren will. Dann fehlt ihm die Nachfrage, die er für seine Einkommenserzielung benötigt, und der Sparplan scheitert.

Diese einfache Gleichung müsste man ebenfalls unserer Bundeskanzlerin vorlegen, die vor der Erkenntnis über die »Welt« als solche im Dezember 2008 auf dem CDU-Parteitag in Stuttgart eine schwäbische Hausfrau nach den Ursachen der Finanzkrise befragte und zur Antwort erhielt, ja man könne eben nicht auf Dauer über seinen Verhältnissen leben. »So einfach ist das«, sagte Frau Merkel. Ja, so einfach ist das, Frau Merkel: Man kann auf Dauer nicht unter seinen Verhältnissen leben, ohne dass andere über ihren Verhältnissen leben müssen. Wer ist dann schuld, die einen oder die anderen?

Was bedeutet die Regel, sich an seine Produktivität, an seine eigenen Verhältnisse anzupassen, für den internationalen Handel? Von diesem Handel und von der internationalen Arbeitsteilung können auf Dauer alle nur dann profitieren, wenn kein Land seine Wettbewerbsfähigkeit durch Protektionismus oder andere Maßnahmen auf Kosten anderer Länder steigert. Alle können nur gleichberechtigt Handel miteinander treiben, wenn kein Land auf Dauer über seine Verhältnisse lebt und keines darunter. So einfach ist das.

Das Tolle an der Geschichte aber ist, dass unsere Politiker nicht nur den freien Handel über alles lieben. Sie wollen auch immer mehr als andere davon profitieren. Es genügt ihnen nicht, dass alle Partner auf der Erde Vorteile von einem freien Handel haben sollen. Nein, wir wollen mehr, wir wollen unsere Wettbewerbsfähigkeit kräftig verbessern, Exportweltmeister sein, dauerhaft Marktanteile gewinnen und hohe Überschüsse im Außenhandel haben. Was das für die anderen bedeutet, ist ihnen ganz gleich. Dass ein Land, das dauerhaft Marktanteile verliert, früher oder später Staatsbankrott anmelden muss, nehmen sie nicht zur Kenntnis. Deutsche Wirtschaftspolitik besteht seit 30 Jahren aus nichts anderem als aus dem Versuch, die eigene Wettbewerbsfähigkeit zu Lasten anderer zu erhöhen. Das musste immer wieder zu einem Kollaps der Wirtschaftsbeziehungen führen, weil die anderen immer wieder sozusagen Konkurs anmelden und ihre Währungen abwerten müssen, bevor sie eine Chance haben, wieder beim Freihandel mitzumachen. Die Krise von 2008/2009 ist in dieser Hinsicht nicht die erste, aber die größte.

Statt wie die Bundeskanzlerin über das amerikanische Über-die-Verhältnisse-Leben und die Niedrigzinsphase dort zu klagen, müssen wir fragen: Warum ist die Niedrigzinsphase nach 2001 nicht stärker seriösen Sachinvestoren zugutegekommen als unseriösen Konsumentenkrediten? Ein Teil der Antwort steckt, wie oben schon angemerkt, zweifellos in der mangelhaften Finanzmarktregulierung in den Vereinigten Staaten, die zu unseriöser Kreditvergabe und Weiterveräußerung dieser »faulen« Produkte, die alle ihre vermeintlich gute Rendite aus der Hauspreisblase saugten, einlud. Ein entscheidender Teil der Antwort steckt aber in einem realwirtschaftlichen Zusammenhang, der bis heute von Seiten derer, die ihn wirtschaftspolitisch gefordert und gefördert haben, glatt geleugnet wird. Es handelt sich um die globalen Handelsungleichgewichte, aus denen die immensen Gläubiger-Schuldner-Beziehungen zwischen ganzen Volkswirtschaften stammen. Sie sind nicht Folge einer fehlgeleiteten amerikanischen Geldpolitik, sondern Teil der Ursache für die Unwirksamkeit der amerikanischen Geldpolitik in den USA selbst.

Auf den Weltmärkten waren nämlich amerikanische Anbieter mit Unternehmen aus Lohndumpingländern wie Deutschland oder den Niederlanden und aus Ländern mit unterbewerteter Währung wie Japan, der Schweiz sowie China und anderen Schwellenländern konfrontiert (Letztere haben allerdings in Notwehr gehandelt, weil sie nach ihren jeweiligen Finanzkrisen an einer Unterbewertung ihrer Währungen festhalten mussten, da ihnen die Weltgemeinschaft keine funktionierende Währungsordnung angeboten hat). Deren überlegene preisliche Wettbewerbsfähigkeit lenkte die unter anderem durch die spekulative Immobilienpreisblase geschürte kreditfinanzierte Kauflust der amerikanischen Verbraucher zu einem erheblichen Teil auf ausländische Waren und ließ so die Auslastung des amerikanischen Sachkapitalstocks nicht in dem Maße steigen, wie es der konjunkturellen geldpolitischen Stimulierung entsprochen hätte. Das machte Sachinvestitionen in den USA tendenziell unattraktiver. Wäre mehr amerikanische Nachfrage in den USA geblieben, wäre dort mehr investiert worden. Dann wäre das unvermeidliche Platzen der Preisblase am amerikanischen Immobilienmarkt wenigstens etwas abgefedert gewesen, und zwar über steigende Arbeitseinkommen aufgrund eines größeren produktiven Sachkapitalstocks in den USA. Auf diese Weise wären viele der faulen Kredite in den USA verblieben, sodass heute nicht rund um den Globus Gläubiger auf amerikanischen Schrottpapieren säßen.

Das große Problem der USA liegt darin, dass die »Ersparnis« einiger wichtiger Gläubigerländer, darunter vor allem Deutschland, auf gesamtwirtschaftlichem Gürtel-enger-Schnallen beruht, das heißt, Ergebnis einer durch Preisdumping verursachten Umverteilung von Weltmarktanteilen ist. In einer solchen Konstellation haben Defizitländer keine guten Aussichten, ihre Schulden seriös zu begleichen (das ist wieder das Transferproblem, das ich in Kapitel 2 ausführlich angesprochen habe). Sie können sich von ihrem Schuldenberg nur durch Abwertung ihrer Währung befreien oder selbst den Weg des Lohndumpings einschlagen. Ersteres bringt Wechselkursturbulenzen und Finanzkrisen mit sich, letzteres birgt deflationäre Gefahren.

Dass am 15. November 2008 alle Staaten der G 20 in ihrem Kommuniqué empfohlen haben, jetzt die sogenannte Doha-Handelsrunde (wo versucht wird, den internationalen Handel unter Einbeziehung der Entwicklungsländer weiter zu liberalisieren) zu Ende zu bringen, um gegen die rezessiven Kräfte der Finanzkrise vorzugehen, und die deutsche Regierung das ganzherzig unterstützt, zeigt die Naivität der Politik besser als irgendetwas anderes. Gegen die Finanzkrise mit einer Handelsliberalisierungsrunde vorgehen zu wollen, ist so, als wenn jemand, nachdem ein Tsunami über sein Haus hinweggefegt ist, sagt, er müsse jetzt dringend das Bücherbord abstauben.

Werden also durch massive Eingriffe der Staaten in die Jeder-muss-nach-seinen-Verhältnissen-leben-Regel langfristig riesige Gläubiger- und Schuldnerpositionen aufgebaut, kommt es zwischen souveränen Staaten über kurz oder lang zu Anpassungen der Wechselkurse oder eben zu solchen Prozessen, wie wir sie seit Sommer 2007 erleben: Weil die Schuldner unsolide gewirtschaftet haben, leiden die Gläubiger wie bei jedem Privatkonkurs mit, wenn die Spekulationsblase platzt. Verliert ein Land durch eine ständig anwachsende Schuldnerposition an Kreditwürdigkeit, wird meist seine Währung abgewertet, und es wird schlimmstenfalls zahlungsunfähig. Umgekehrt muss ein Land mit einer immensen Gläubigerposition über kurz oder lang seine Währung aufwerten, das heißt, seine Guthaben im Ausland entwerten. Dieses Wechselkursventil, obwohl es in vieler Hinsicht problematisch ist und bei Wechselkursen, die auf dem freien Devisenmarkt bestimmt werden, nur sehr schlecht funktioniert, ist quasi der Beweis dafür, dass probatere Mittel zum Ausgleich der unterschiedlichen wirtschaftlicher Leistungsfähigkeit von Nationen versagt haben.

Weil Länder keine Wirtschaftssubjekte sind, sondern aus einer Vielzahl einzelner Wirtschaftssubjekte bestehen, kann ohne das Notventil des Wechselkurses nur durch nationale Disziplin dafür gesorgt werden, dass jeder sich langfristig an seine Produktivität anpasst. Das bedeutet, dass das durchschnittliche reale Pro-Kopf-Einkommen im gleichen Tempo wachsen muss wie die durchschnittliche (reale) Produktivität. Dies wird logischerweise – und durch vielfältige empirische Erfahrung bestätigt – am besten dadurch erreicht, dass die Nominallöhne im Durchschnitt der Volkswirtschaft um die Summe aus erwarteter durchschnittlicher Produktivitätssteigerung und Zielinflationsrate der Notenbank wachsen.

Diese einfache Lohnregel bedeutet zum einen, dass nicht nur die Beschäftigten, der »Faktor Arbeit«, sondern auch die Kapitalseite angemessen an der wirtschaftlichen Entwicklung beteiligt wird. Zum anderen erlaubt sie eine stabile Inflationsrate, weil der Abstand zwischen Nominallohnsteigerungen und Produktivitätssteigerung (die Entwicklung der sogenannten Lohnstückkosten) die entscheidende Determinante der gesamten Kostenentwicklung ist, die wiederum die Preisentwicklung dominiert (Vergleiche dazu ausführlich H. Flassbeck: *Das Ende der Massenarbeitslosigkeit* S. 68 folgende). Es ist also gerade die Teilhabe der breiten Masse der Bevölkerung an der Produktivitätsentwicklung via Lohnkostenzuwachs, der mit der Regel für die internationale Arbeitsteilung vollständig harmoniert. Dagegen führt eine Strategie des Unter-den-eigenen-Verhältnissen-Lebens, also der Versuch, die breite Masse über Jahre hinweg nicht teilhaben zu lassen, mit Sicherheit in eine nationale und in eine internationale Sackgasse. Deutschland steckt seit Jahren in beiden, weil es der Globalisierung dadurch begegnen wollte, dass es selbst den Gürtel enger schnallte und damit darauf setzte, dass andere bereit waren, eine immer höhere internationale Verschuldung zu akzeptieren.

Wieder bleibt es vollkommen unverständlich, dass ausgerechnet Sozialdemokraten nicht verstehen, wie der Wohlstand in allen Ländern der Welt auch von den Arbeitern erwirtschaftet wurde, und dass er ihnen natürlich in gleichem Maße zusteht wie den Unternehmern. Warum sollte die Globalisierung daran etwas ändern?

## Sozialstandards: Wo die Linke irrt

Trotz der unbestreitbaren Erfolge Deutschlands in der Globalisierung wird hierzulande die Frage, ob man für »fairen« internationalen Wettbewerb nicht auch in den Entwicklungsländern auskömmliche Sozial- und Umweltstandards brauche, wieder einmal in den Vordergrund gespielt. Wird also von Arbeitgeberseite und den modernen Sozialdemokraten natürlich mit dem Argument zunehmenden Konkurrenzdrucks auf dem Weltmarkt eine Verringerung der Sozialstandards in den Industrieländern gefordert, haben sich die Linken in der Sozialdemokratie und in anderen Parteien sowie die Gewerkschaftsseite die Verbesserung der Sozialstandards in den Entwicklungsländern auf die Fahne geschrieben.

Vergessen oder »übersehen« wird dabei ein einfacher ökonomischer Zusammenhang: Sozial- und Umweltstandards sind unter Kostengesichtspunkten nichts anderes als Lohnsubstitute. Vollkommen eindeutig ist das bei Sozialstandards: Jede Gesellschaft kann sich entscheiden, soziale Absicherung und Partizipation am Produktionsergebnis stärker über soziale Regelwerke wie die Renten-, Gesundheits- und Arbeitslosenversicherung oder über rein individuelle Versorgungsmaßnahmen zu betreiben. Das heißt, auf welche Weise die Arbeitskosten in Sozialstandards und Lohnhöhe umgesetzt werden, spielt weder aus Unternehmer- noch aus Arbeitnehmersicht eine entscheidende Rolle. Immer gilt, dass in keiner Periode mehr verteilt werden kann, als erwirtschaftet worden ist. Wird mehr Umweltschutz durchgesetzt, steht weniger Einkommen für andere Zwecke zur Verfügung.

Souveräne Nationen, also auch die Entwicklungsländer, müssen selbst entscheiden, welche Verteilungsregeln in ihren Grenzen gelten sollen und welchen Teil des Gesamteinkommens der Staat für die Produktion öffentlicher Güter beansprucht. Andere können bestenfalls beratend tätig werden, Nachteile bestimmter Lösungen aufzeigen, auf die Wechselwirkungen von Verteilungsregeln und Wachstum – gerade im Zusammenhang mit der Globalisierung – aufmerksam machen und Alternativen anbieten.

Sollten die Verteilungsmechanismen in den aufholenden Ländern oder in den Hochlohnländern Lohnanpassungen deutlich unterhalb des Produktivitätswachstums erzwingen oder möglich machen und so die Unternehmen einzelner Länder und mit ihnen die dortigen Arbeitnehmer unter Dumpingdruck geraten, oder sollten andere Tatbestände vorliegen, die gegen allgemein anerkannte Regeln in den Industrieländern verstoßen, dann mögen Handelssanktionen sinnvoll sein, um die Verhaltensweisen zu verändern. Es gibt aber keinerlei Hinweis darauf, dass gegen solche ungeschriebenen Regeln in den Entwicklungsländern öfter verstoßen wird als in Industrieländern.

Entsprechend den Regeln des Zusammenlebens zwischen Bürgern und sozialen Gruppen in einem demokratischen Rechtsstaat werden Nationen höchstens dann politischen, wirtschaftlichen oder militärischen Druck auf eine andere Nation ausüben, wenn diese gegen allgemein akzeptierte Verhaltensregeln verstößt. Solch eine Regel ist die Einhaltung der Menschenrechte. Ob der Druck der Gemeinschaft auf einzelne oder andere

Gemeinschaften allerdings etwas bewirkt, schlicht verpufft oder die Lage sogar verschärft, kann nicht allgemein, sondern nur nach Lage der Dinge im Einzelfall beurteilt werden.

Wer generell für richtig hält, dass bei der Verletzung von Menschenrechten Druck auf andere Nationen ausgeübt wird, muss das für alle Arten von Menschenrechtsverletzungen vertreten. Wirtschaftlicher Druck im Sinne von negativen Sanktionen ist das Mittel, mit dem jedoch häufig gerade weniger die andere Nation im Ganzen, sondern bestimmte soziale Gruppen getroffen werden, denn fast immer ist es vielen unmittelbar Betroffenen möglich, die Sanktionslasten auf andere abzuwälzen.

Sozial- und Umweltschutzstandards, die die westlichen Industrieländer unter dem Druck von Handelssanktionen einfordern wollen, werden aber auch von den Gewerkschaften in den Entwicklungsländern abgelehnt. Die Gewerkschaften dort kämpfen zwar wie die Gewerkschaften in den Industrieländern um höhere Löhne und eine Verbesserung der sozialen Leistungen der Unternehmen oder des Staates. Wegen der zwingenden Logik, dass nicht mehr verteilt werden kann, als erarbeitet wird, kann man aber mit Druck von Seiten der Industrieländer lediglich versuchen, die Verteilungssituation in den Entwicklungsländern zugunsten der Arbeitnehmer zu beeinflussen. Wie das in jedem Fall sachgerecht zu bewerkstelligen wäre, kann angesichts völlig unterschiedlicher Voraussetzungen in diesen Ländern nicht allgemein entschieden werden. Es ist durchaus möglich, dass Handelssanktionen letztlich sogar zu einer Verschlechterung der Situation der Arbeitnehmer führen, weil durch Absatzeinbußen die Lohnstückkosten möglicherweise stark steigen. Je nach Macht- und Marktkonstellation können die Arbeitgeber diese Kostenentwicklung entweder in den Preisen weitergeben und so inflationäre Prozesse in Gang setzen, oder es entsteht unmittelbar Arbeitslosigkeit.

In Anbetracht der Tatsache, dass viele Länder der westlichen Hemisphäre versuchen, über einen Abbau der sozialen Standards

(Senkung der Lohnnebenkosten zum Beispiel) und massiven Druck auf die Löhne »wettbewerbsfähig« zu bleiben oder zu werden, ist es kein Wunder, wenn die armen Länder einen wie auch immer gearteten Druck der reichen Länder, die sozialen Standards in den armen Ländern auszubauen, als eine neue Variante des Kampfes der Reichen um Weltmarktanteile ansehen. Glaubwürdig wären Forderungen der Industrieländer zum beschleunigten Aufbau sozialer Absicherung, des Verbots der Kinderarbeit oder der Einhaltung von Umweltschutzstandards nur, wenn diese Länder für die Einhaltung dieser globalen Standards zahlen. Das heißt: Die westlichen Länder haben ihren heutigen Wohlstand im Hinblick auf Konsumgüter zu einem erheblichen Teil der Ausbeutung von Menschen und der Umwelt in der Vergangenheit zu verdanken. Wer den armen Ländern diesen Weg nehmen will, muss bereit sein, sich für den Gewinn an globalem Nutzen, der damit verbunden ist, finanziell in Anspruch nehmen zu lassen. Tut er das nicht, ist er nur zynisch und verliert seine Glaubwürdigkeit. Forderungen zur Einhaltung sozialer Standards oder von Umweltstandards gehören daher vor die Internationale Arbeitsorganisation (ILO), die UNO, die UNESCO oder sollten in der Welthandels- und Entwicklungskonferenz (UNCTAD) diskutiert werden; sie dürfen aber nicht in die Verhandlungen der Welthandelsorganisation (WTO) Eingang finden.

Insgesamt gesehen führt die Diskussion in den Industrieländern um die Einhaltung von Menschenrechten sowie um Sozial- und Umweltstandards in den Entwicklungsländern in Verbindung mit internationalem Handel nicht weiter. Die Einhaltung von Menschenrechten sollte immer wieder angemahnt und auf die Vorteile dieser Einhaltung auch und gerade unter wirtschaftlichen Gesichtspunkten verwiesen werden. Menschenrechte gleich welcher Art durch wirtschaftlichen Druck durchzusetzen, ist moralisch fragwürdig, höchstwahrscheinlich wenig effizient und verleitet zum Missbrauch. Die sozialen Standards werden sich in den Entwicklungsländern mit der Zunahme der Produktivität letztlich verbessern, selbst wenn der Weg dorthin langwierig und steinig ist. Untersuchungen internationaler Organisationen zeigen aber, dass in den erfolgreichen Schwellenländern – wie früher in den Industrieländern – die Reallöhne in der Regel im Einklang mit der Produktivität steigen. Das ist genau das, was notwendig ist. Die westlichen Länder oder die westlichen Gewerkschaften können die Entwicklungsländer beraten, welcher konkrete Weg der sozialen Absicherung und der Erhöhung des Lebensstandards sinnvoll ist, wenn Realeinkommenspotenziale durch Produktivitätssteigerung zur Verfügung stehen. Entscheiden müssen diese allein.

## Die chinesische Gefahr

Ich habe auf meinen vielen Reisen nach China in den letzten acht Jahren viele unterschiedliche Erfahrungen gemacht und viele unterschiedliche Menschen getroffen und Meinungen gehört. Nichts, aber auch gar nichts davon rechtfertigt die Angst vor der chinesischen Gefahr, die man in Europa und Deutschland in den letzten Jahren beobachten kann.

Der chinesische Drache ist aufgewacht und droht die halbe Welt zu verschlingen. So oder ähnlich könnte man die Mehrzahl der Beiträge auf einen Nenner bringen, die in der westlichen Welt dem Thema China gewidmet werden. Buchstäblich alles in China läuft falsch – zumindest wenn man den Chefkommentatoren der europäischen Medien glaubt: Demokratie Fehlanzeige, Menschenrechte nicht gewährleistet, Umweltschutz ungenügend, Außenhandel unfair, Wechselkurs manipuliert. Ja aus Deutschland wurde im Frühjahr 2008 sogar allen Ernstes die Gefahr beschworen, die chinesische Regierung werde die Olympischen Spiele »zu perfekt« organisieren und damit die Schwächen des Systems übertünchen.

Dass es in China keinerlei demokratische Tradition gibt, dass die ganze Gesellschaft seit Jahrtausenden streng hierarchisch organisiert ist, dass die Liberalität im Innern trotz aller Mängel enorm zugenommen hat, dass es in einem Jahrzehnt gelungen ist, ein paar hundert Millionen Menschen aus schlimmster Armut zu befreien, dass es auch in den Großstädten Chinas keine gewaltigen Slums gibt, dass man große Anstrengungen im Umweltschutz unternimmt – all das wird schnell unter den Teppich gekehrt, um das große Bedrohungsszenario aufrechterhalten zu können.

Dennoch bleibt die wirtschaftliche Entwicklung Chinas eine Erfolgsgeschichte, für die man ohne Weiteres den in Deutschland so beliebten Begriff des Wunders verwenden kann. Waren nicht auch in Deutschland nach 20 Jahren Wirtschaftswunder die Flüsse verdreckt und der Himmel über der Ruhr schwarz? Waren nicht auch in Deutschland die Neureichen wie Pilze aus dem Boden geschossen und war das viel beschworene Wunder nicht doch an vielen vorbeigegangen? Mittlerweile beginnt man in China – und das gilt in der Tat auch für viele, die politische Verantwortung tragen – zu verstehen, dass ohne Umweltschutz und ohne bessere soziale Absicherung der Ärmsten das Wachstum schnell an natürliche und politische Grenzen stoßen kann. Gerade weil das Land so viele Menschen ernähren und versorgen muss, wird es früher als andere gezwungen sein, sein explosives Wachstum nach vielen Seiten abzusichern.

Am unheimlichsten scheint für Deutsche die Vorstellung zu sein, dass die kommunistische Partei noch immer die Fäden der Macht in Händen hält und das Land dennoch das größte Wirtschaftswunder aller Zeiten zustandegebracht hat. Das gilt offenbar als Beweis dafür, dass etwas nicht mit rechten Dingen zugehen kann. Wozu feiert man in Deutschland die »Befreiung« durch Ludwig Erhard, wenn ein offiziell kommunistisches Regime ohne Weiteres das Gleiche schafft?

In der Tat, der wirtschaftliche Erfolg der letzten Jahrzehnte ist mehr als beeindruckend. 1990 lag das chinesische Einkommen pro Kopf bei etwa einem Drittel des Einkommens anderer Entwicklungsländer und bei nur 1,6 Prozent des durchschnittlichen Einkommens in den größten sieben Industrieländern. Im vergangenen Jahr hatte China die anderen Entwicklungsländer fast eingeholt und erreichte schon über 6 Prozent des Einkommens der reichen Nationen. In den letzten 15 Jahren lag die chinesische Wachstumsrate bei 10 Prozent pro Jahr und das Exportwachstum schlug alle Rekorde. Chinas Anteil am Welthandel mit verarbeitenden Produkten ist von 3,3 Prozent Mitte der 90er Jahre auf mittlerweile 11 Prozent angestiegen.

Was Deutschland am meisten verstört: In absoluten Werten haben die chinesischen Exporte fast das deutsche Niveau erreicht, was tatsächlich den Titel des »Exportweltmeisters« für Deutschland gefährdet. Nichts illustriert die Chinaphobie besser als dieser absurde Vergleich. Sollte China tatsächlich den absoluten deutschen Wert im Jahr 2009 erreichen, wird jeder Chinese ein Exportvolumen von 1 000 Dollar »sein Eigen« nennen können, jeder Deutsche aber immer noch 16 000 Dollar.

Was meist völlig vernachlässigt wird, ist die Tatsache, dass ein großes aufholendes Land wie China ein unvergleichliches wirtschaftliches Potenzial für viele Länder der Welt bietet. Das gilt zum einen für direkte Exporte dorthin. Der Anteil der Importe Chinas am weltweiten Importvolumen hat sich in den vergangenen zehn Jahren fast verdreifacht und liegt mittlerweile bei rund 7 Prozent. Unter anderem durch die chinesische Nachfrage induzierte Rohstoffpreissteigerungen haben viele Produzenten dieser Produkte in Entwicklungsländern zum ersten Mal seit Jahrzehnten positive Außenhandelsdaten beschert.

Die Industrieländer profitieren vor allem durch eigene Investitionen in diesem Land. China hat mehr ausländische Direktinvestitionen angezogen als irgendeine andere sich entwickelnde Region. In den vergangenen Jahren kamen 60 bis 70 Prozent aller chinesischen Exporte von Firmen, die in der Hand westlicher Muttergesellschaften sind. Das sieht man in China selbst durchaus mit gemischten Gefühlen, weil das, was ein Entwicklungsland am dringendsten braucht, nämlich technologisches Wissen, dabei oft nicht in einer Weise an das Gastland weitergegeben wird, wie das vor dem Hintergrund der dringenden Entwicklungsbedürfnisse wünschenswert wäre. Wenn dann die ausländischen Investoren noch heftig darüber klagen, dass das Gastland sich erdreistet, Technologien und Produkte zu kopieren, darf man nicht auf großes Verständnis der Gastgeber hoffen. Aufholen bedeutet nun einmal in erster Linie zu kopieren, was es schon gibt, anstatt das Rad ständig neu zu erfinden.

Weil China so große Sprünge in seiner Technologie und in seiner Produktivität machen konnte, haben seine Bewohner auch große Sprünge in ihrem Konsum machen können. Der private Verbrauch ist in China zwischen 1995 und 2006 preisbereinigt um 7 Prozent pro Jahr gestiegen, weil auch die Löhne massiv zugelegt haben. Es ist also nichts dran an dem Vorwurf, China beute seine Arbeiter systematisch aus und lasse keine Lohnerhöhungen zu. Inzwischen ziehen sich einige westliche Firmen schon wieder aus China zurück, weil ihnen der Standort zu teuer geworden ist. Dass das Lohnniveau gleichwohl immer noch weit unter dem in den am höchsten entwickelten Ländern liegt, versteht sich von selbst und spiegelt lediglich das Niveau der Produktivität, das, trotz vieler Fortschritte im Einzelnen, in der Gesamtwirtschaft auch noch sehr niedrig ist.

Insgesamt gesehen gibt es keinen Grund, wegen des chinesischen Aufholens in Panik zu verfallen. Es ist genau umgekehrt: Solange das Land rasch aufholt, bietet es seiner Bevölkerung im eigenen Land Entwicklungsperspektiven und zwingt kaum jemanden, das Glück außerhalb der eigenen Grenzen zu suchen. Für viele andere Länder wird China auf lange Zeit der wichtigste Markt werden. Anders als uns viele Panikpropheten weismachen wollen, stehen folglich die 700 Millionen arbeitsfähigen Chinesen keineswegs bereit, um unseren Arbeitsmarkt zu überfluten und unsere Löhne gegen null zu drücken. Die Menschen bleiben selbst bei großen absoluten Unterschieden in den Lebensverhältnissen gerne in ihrer Heimat, wenn sie einen Arbeitsplatz haben und ihr Einkommen kräftig steigt. Die chinesische Regierung wird mit steigendem Wohlstand mehr Demokratie zulassen müssen und die Menschenrechte werden den ihnen angemessenen Platz erhalten, so wie das auch in anderen sich entwickelnden Regionen der Fall war, man denke nur an die anderen erfolgreichen asiatischen Staaten oder Lateinamerika, wo eine solche Entwicklung, wenngleich mit vielen Rückschlägen, immer wieder zu beobachten war. Es ist vermessen und sinnlos, aus sicherer Entfernung anzumahnen, dass das quasi über Nacht zu geschehen habe.

Bei einem Abendessen im Jahr 2007 hat der Bürgermeister von Shanghai stolz berichtet, dass in seiner Stadt 13 Millionen Menschen dauerhaft leben und schätzungsweise 18 Millionen sich tagtäglich aufhalten, um ihren Lebensunterhalt zu verdienen. Dennoch gibt es kein gravierendes Wohnungsproblem, außer dem, dass in einigen besonders hervorgehobenen Lagen am Fluss die Bodenpreise ins schier Unermessliche steigen. Die Arbeitslosigkeit liegt bei deutlich unter 5 Prozent. Das Realeinkommen der Arbeitnehmer hat sich im Durchschnitt in den vergangenen zehn Jahren weit mehr als verdoppelt.

Weil China so dramatisch schnell wächst und damit neue und immer mehr Arbeitsplätze schafft, passiert genau das Gegenteil dessen, was die Untergangspropheten vorhersagen: Die chinesischen Arbeitskräfte treffen nicht auf eine stagnierende Arbeitsnachfrage, was die Löhne drücken würde, sondern die industrielle Aktivierung immer neuer Millionen von früher meist in der Landwirtschaft beschäftigten Menschen ist Folge des wirtschaftlichen Booms im eigenen Land. Dieser Boom bringt zugleich eine äußerst kräftige Steigerung der Entlohnung von chinesischer Arbeit mit sich und keineswegs einen Druck auf die Löhne.

Mit ziemlicher Sicherheit kann man sogar sagen, dass China

mit seiner schnell wachsenden Wirtschaft inzwischen weit mehr Deutschen einen Arbeitsplatz verschafft oder sichert als die stagnierende deutsche Wirtschaft chinesischen Arbeitskräften, was die Weltsicht so mancher hiesiger Politiker oder Journalisten auf den Kopf stellt. Es ist sicher kein Zufall, dass man in Shanghai an jeder dritten Ecke einen original bayrischen Biergarten entdeckt, der bayrisches Bier und Schweinshaxen mit Kraut anbietet. Und es ist auch kein Zufall, wenn mich eine chinesische Mitarbeiterin auf einer Fahrt durch Peking darauf hinweist, dass von den gerade im Radio gehörten Werbespots drei Viertel deutsche Produkte angepriesen haben. In der Tat ist kaum eine andere Volkswirtschaft der Welt in ähnlich intensiver Weise am Aufbau in China beteiligt wie die deutsche.

Auch darüber, dass China einen großen Überschuss der Exporte über die Importe aufweist, mag man in Amerika, wo es genau umgekehrt ist, klagen. Deutschland, das nach China mit nur geringem Abstand für den zweitgrößten Überschuss in der Welt verantwortlich ist, sollte sich mit Kritik an China weise zurückhalten. Angesichts der oben erwähnten Tatsache, dass die Mehrzahl der »chinesischen« Exporte von Tochtergesellschaften ausländischer Firmen stammen, wäre es sicherlich eine interessante Frage, zu untersuchen, welchen Anteil deutsche Firmen neben ihrem eigenen Exportüberschuss auch noch am chinesischen Überschuss haben.

Solange jedenfalls nicht genauso viele chinesische Firmen in Deutschland tätig sind, wie deutsche in China, ist die in den Medien und in der Politik verbreitete Angstmache vor China politisch dumm, wirtschaftlich falsch und – vor dem Hintergrund der viel beschworenen Entwicklungspartnerschaft zwischen den reichen und den ärmeren Nationen – einfach heuchlerisch.

## Wettkampf der Nationen

In der großen Marktrevolution der vergangenen Jahrzehnte ist vieles untergegangen – erstaunlicherweise auch das Verständnis dafür, was unternehmerischer Wettbewerb ist. Zwar reden alle vom Wettbewerb, aber wenn man genauer hinschaut, dann meinen die meisten, es herrsche Wettbewerb, wenn die Unternehmen machen können, was sie wollen, und die Nationalstaaten sich in einem permanenten Wettkampf befinden, der zum Ziel hat, den Unternehmen jeweils bessere Bedingungen als der Nachbar zu bieten. Dass es sich hierbei um die Pervertierung der Idee des Wettbewerbs handelt, weiß heute offensichtlich kaum noch ein Ökonom.

Niemand sollte die Bedeutung des unternehmerischen Wettbewerbs kleinreden. Nicht nur erfolgreiche große Unternehmerpersönlichkeiten wie Werner von Siemens, Robert Bosch oder Gottfried Daimler haben herausragende Leistungen auch für die Gesellschaft erbracht, sondern ebenfalls die vielen engagierten mittelständischen Unternehmer.

Die Marktwirtschaft braucht unternehmerischen Wettbewerb wie der Fisch das Wasser. Die Investitionsdynamik, die damit erzeugt werden kann, braucht allerdings, wie zuerst Joseph Alois Schumpeter herausgearbeitet hat, geeignete gesamtwirtschaftliche Rahmenbedingungen. Heute wird weithin missachtet, dass die unternehmerischen Innovationen immer auch ein klares gesellschaftliches Ziel haben sollten.

Daher ist auch die unkritische Übertragung des Wettbewerbsgedankens auf den Standortwettbewerb von Staaten in der Regel nicht mit dem unternehmerischen Wettbewerb im Schumpeterschen Sinne zu vergleichen, dem es um die Durchsetzung neuer Produkte und Produktionsverfahren ging. Den Unterschied kann man leicht mit einem berühmten Beispiel der britischen Ökonomin Joan Robinson verdeutlichen: Wenn in einem vollbesetzten Kino ein einziger Zuschauer aufsteht, kann er seine

Situation verbessern, weil er mehr sieht. Wenn daraufhin aber alle aufstehen, verbessern sie sich offensichtlich nicht, sondern verschlechtern sogar ihre Lage, weil ihnen bald die Füße wehtun. Dieser erste sich aus seinem Sitz erhebende Zuschauer leistet keine Innovation im Schumpeterschen Sinne. Er prescht lediglich mit dem kümmerlichen, weil letztlich zum Scheitern verurteilten Versuch vor, durch die massive Verletzung einer ungeschriebenen Regel einen kurzfristigen Vorteil herauszuschlagen.

Was ist das zentrale Kriterium für unternehmerischen Wettbewerb? Ein Wettbewerb im Schumpeterschen Sinne ist innovativ und dann erfolgreich, wenn es am Ende einen lachenden Dritten gibt. In der Regel ist das der Konsument, weil der Unternehmer infolge der Innovation sein Produkt günstiger herstellt, aber im Wettbewerb am Ende die Preise senken muss, sodass alle gesellschaftlichen Gruppen von der Innovation profitieren. Wer aber lacht im Kino, wenn einer aufsteht und die anderen zwingt, ebenfalls aufzustehen?

Nehmen wir ein Beispiel aus der unternehmerischen Praxis der letzten Jahre. Wenn ein Unternehmen seine Kosten senkt, indem es die Löhne drückt, mag es kurzfristig seine eigene Situation verbessern. Die Lage der Unternehmen insgesamt aber verbessert sich nicht, weil die Arbeitnehmer weniger Güter als sonst nachfragen, die andere Unternehmen herstellen. Wo ist der lachende Dritte? Das erste Unternehmen kann seine Preise senken, was ihm zusätzliche Aufträge bringt. Dafür haben andere weniger Aufträge. Die Situation der Unternehmen insgesamt verbessert sich nicht. Immer gibt es zumindest ein lachendes und ein weinendes Auge.

Anders ist es, wenn eine Maßnahme des Unternehmens nicht nur platte Kostensenkung, sondern eine wirkliche Innovation zum Ziel hat. Wer etwas kostengünstiger als vorher herstellt, indem er Arbeitsvorgänge vereinfacht oder eine technische Innovation der Produktionsverfahren durchsetzt, stellt ebenfalls am

Ende das gleiche Produkt zu geringeren Kosten her. Jetzt aber nicht wegen des einfachen Weglassens eines Kostenbestandteils, sondern wegen der Idee, mit der die Produktivkräfte effizienter eingesetzt worden sind. Die Produktivität und das Einkommen in der Gesamtwirtschaft sind jetzt gestiegen. Da lacht in der Tat ein Dritter – in der Regel der Konsument, der mehr Güter kaufen kann als vorher, weil die Preise der Produkte des innovierenden Unternehmens gefallen sind. Lachen können aber auch die Arbeiter und Angestellten, sofern ihre Löhne und Gehälter stärker erhöht werden konnten, ohne die Kostensituation des Unternehmens zu verschlechtern.

Kostensenkung ist folglich keineswegs immer innovativ. Kostensenkung ohne Innovation bringt für die Gesellschaft nichts, weil die Kosten des einen immer die Einnahmen des anderen sind. Häufig handelt es sich bei solchen Kostensenkungsaktionen nur um den verzweifelten Versuch eines Einzelnen, seine Haut zu retten. Das ist aus seiner Sicht nicht falsch. Allein, daraus eine wirtschaftspolitische Strategie machen zu wollen, ist ein Irrweg.

Trägt nun der »Wettkampf der Nationen« die Züge des Schumpeterschen Ideenwettbewerbs oder die der platten Kostensenkung? Es wäre allerdings mehr als erstaunlich, wenn Gralshüter der Marktwirtschaft auf einmal den Staaten unternehmerische Fähigkeiten zusprechen würden. Es ist nicht innovativ, wenn im Kino einer aufsteht und damit alle anderen zwingt, das gleiche zu tun. Ist es hingegen innovativ, wenn Staaten sich in einen Steuersenkungswettlauf begeben und dafür denen in der Gesellschaft, die sich am wenigstens wehren können, die Lebensgrundlage entziehen? Ist es innovativ, wenn man Unternehmenssteuern senkt und Investitionen in Infrastruktur und in die Bildung zurückstellt?

Dass der Steuersenkungswettbewerb im Kern ideologisch begründet ist, zeigt sich an der Ungleichbehandlung von staatlicher Steuersenkung und Subventionierung, deren Grenzen in Wirklichkeit fließend sind. Während ein Steuersenkungswettbewerb in den Augen seiner Anhänger keinesfalls zur Überprüfung auf Dumpingpraktiken vor die WTO oder in die entsprechenden Gremien der EU gehört, ist das beim Subventionswettbewerb selbstverständlich notwendig. Bei Letzterem geht es ja auch um die »Gefahr« einer Ausweitung der Staatstätigkeit, bei Ersterem um die aus der Sicht der Standorttheoretiker »immer notwendige« Einschränkung derselben.

So ist es in der Tat der von der deutschen Industrie unter Führung von Hans-Olaf Henkel über Jahrzehnte propagierte »Standortwettbewerb«, der wie nichts anderes vorher und nachher die Grundprinzipien der Marktwirtschaft mit Füßen tritt. Dass die Politik quer durch fast alle Parteien dieser Ideologie der deutschen Exportindustrie willenlos gefolgt ist, kann man als das größte Versagen der deutschen Politik in den letzten 30 Jahren bezeichnen. Es hat nicht einmal im Ansatz den Versuch gegeben, hier gegenzuhalten und eine Balance zwischen Exportinteressen und den Interessen aller anderen Unternehmen und der Arbeitnehmer herzustellen, von einer Rücksichtnahme auf die Handelspartner in und außerhalb des Euroraumes ganz zu schweigen.

## Die globalisierte Wirtschaft braucht globale Regeln

Der entscheidende Fehler der internationalen Politik in den vergangenen Jahrzehnten war die Ignoranz gegenüber der schlichten Einsicht, dass die globalisierte Wirtschaft globale Regeln in allen Bereichen braucht. Dieser Grundsatz, der im Bereich der engeren Regeln für den internationalen Handel noch akzeptiert und verteidigt wird, wurde vollständig im Bereich der Finanzen ausgeblendet und fand keinerlei Anwendung im Bereich der internationalen Währungsordnung, die auch für den Handel von überragender Bedeutung ist. Ein einfaches Beispiel für die

Vermischung vieler unterschiedlicher Fragen war die Finanzkrise in Asien am Ende der 90er Jahre. Die war natürlich in gewisser Weise Folge der Öffnung der asiatischen Kapitalmärkte (Korea etwa um 1993), die unter internationalem Druck zustandekam (Koreas Beitritt zur OECD zum Beispiel). Ohne diese Öffnung hätte es einfach nicht so viel Spekulationskapital gegeben, das in Asien angelegt worden wäre. Andererseits war die asiatische Finanzkrise aber nichts anderes als eine der typischen Finanzkrisen wegen der Fehlbewertung von Währungen, die in Europa und in Lateinamerika einige Male aufgetreten sind, bevor die Ära der Globalisierung überhaupt begonnen hatte. Diese Fehlbewertungen aber hatten mit Lohnentwicklungen zu tun, die – gemessen an der Produktivität – zu weit auseinanderliefen und nicht durch Wechselkursanpassungen ausgeglichen wurden. Obwohl solche Prozesse gravierende Auswirkungen auf den internationalen Handel haben, hat die internationale Gemeinschaft einschließlich Deutschlands davor aber die Augen verschlossen.

Entscheidend für die Art der heutigen Finanzkrise und die größere Häufigkeit von Krisen ist die Tatsache, dass nach 1990 die herrschende Marktideologie in der Volkswirtschaftslehre weltweit viel stärker geworden ist und diese herrschende Ideologie in primitiver neoklassischer Manier darauf setzt, dass die Preise immer richtig sind und die gesamte Wirtschaft von den Sparentscheidungen der mit perfekter Voraussicht ausgestatteten privaten Haushalte (*consumption smoothing* ist in sogenannten neoklassischen Gleichgewichtsmodellen das Stichwort dafür) gesteuert wird. Damit das funktioniert, so die Ideologie, müssen die Märkte, die für die Allokation des Sparkapitals sorgen, vollkommen frei und effizient sein. Und der »entscheidende Beweis« für die Überlegenheit freier Finanzmärkte bei der Verteilung des Kapitals ist der Nachweis »effizienter Märkte«. Es wird einfach behauptet, die Effizienz sei hinreichend nachgewiesen, und nur ein Idiot könne glauben, Finanzmärkte seien nicht effizient, obwohl es dafür etwa im Bereich der Währungsspekulation nicht die Spur eines ernsthaften empirischen Beweises gibt.

Deutschland und die anderen Europäer machen nichts anderes, als dieses Denken, das vorwiegend aus den USA kommt, konsequent in Öffnungs- und Steuerbefreiungspolitik umzusetzen. Über ein neues internationales Finanzsystem, das, ähnlich wie das System von Bretton Woods nach dem Zweiten Weltkrieg, dafür sorgt, dass der internationale Handel nicht durch ungerechtfertigte Manipulationen von Wechselkursen oder durch Spekulation mit Wechselkursen verzerrt und geschädigt wird, redet man inmitten der größten Krise seit einem Jahrhundert zwar wieder (selbst Bundespräsident Köhler, der in seinem früheren Leben nie als Anhänger eines Systems geregelter Wechselkurse aufgefallen war, hat jetzt ein neues Bretton Woods gefordert), dass Taten folgen, ist aber nicht zu erwarten.

Währungsspekulation war einer der wichtigen Punkte, die auf der Agenda standen, die ich mit Oskar Lafontaine in seiner Zeit als Vorsitzender der SPD entwickelt hatte und die nach der Regierungsübernahme 1998 in Form internationaler Initiativen umgesetzt werden sollten. Das war umso drängender, als wir die Hausmacht im Bundesfinanzministerium in einer Zeit übernahmen, in der die Asienkrise gerade überwunden und die Lateinamerikakrise noch voll im Gange war. Und in der Tat gab es in einer Reihe von großen Ländern, die USA sicher ausgenommen, ein enormes Interesse an diesen Fragen. Mehr als erschreckend aber war die heimische Ignoranz und die darin zum Ausdruck kommende Provinzialität in den beiden Regierungsparteien und die geradezu hysterische Reaktion in einigen deutschen »Leitmedien«, die geifernd über jeden Versuch herfielen, von Seiten der deutschen Regierung kritische Fragen über die Rolle der Finanzmärkte in Europa und in globalen Verhandlungen zu stellen.

Heute, im Lichte der größten Finanzkrise, die man sich überhaupt hatte vorstellen können und die ihren Ursprung in dem

Land nahm, das seinen Stolz auf seine wunderbaren, von den Finanzmärkten getriebenen wirtschaftlichen Erfolge gar nicht in Worte fassen konnte, ist alles anders. Jetzt beginnen einige Beobachter und sogar einige Politiker zu begreifen, zu welch irrsinnigen Taten diese Finanzmärkte fähig sind und zum ersten Mal seit dem Louvre Accord von 1987 (das war ein multilaterales Abkommen zur Stabilisierung des Dollarkurses, der Anfang der 80er Jahre extrem stark aufgewertet hatte) war sogar die amerikanische Zentralbank im November 2008 bereit, anderen Zentralbanken in Entwicklungsländern Dollarkredite zur Stützung ihrer Währungen zur Verfügung zu stellen.

# Kapitel 6
# Das Scheitern an der Kasinowirtschaft

## Die Finanzkrise des Jahrhunderts

Es gibt eine lustige Geschichte, die in diesen Tagen Oskar Lafontaine gerne erzählt. Als sich die rot-grüne Regierung 1998 zu formieren begann, kam zum ersten Mal die Diskussion darüber auf, wie man mit der damals tobenden internationalen Finanzkrise (mittlerweile Asienkrise genannt, gefolgt von der Lateinamerikakrise, die mit der Krise in Brasilien genau um die Jahreswende 1998/1999 begann) umgehen wollte. In der gesamten Bundesregierung außerhalb des Finanzministeriums herrschte großes Entsetzen ob der Tatsache, dass der neue Finanzminister tatsächlich den Finanzmärkten Paroli bieten wollte, indem er für feste Wechselkurse oder Wechselkurszielzonen plädierte. Von Joschka Fischer, seines Zeichens ein großer Alleswisser, also auch großer Ökonom, stammt dann die wunderbare Frage: »Wollt ihr etwa Politik gegen die Finanzmärkte machen?« Ja, genau darum ging es, lieber Herr Fischer, Politik gegen den Wahn an den Finanzmärkten zu machen, von denen der Währungsmarkt der gefährlichste ist und damals gerade im Mittelpunkt stand. Ich bin allerdings ganz sicher, dass Herr Fischer das inzwischen auch weiß, weil er eigentlich immer alles weiß, vor allem hinterher.

Ich wurde damals in mehreren Interviews im *Spiegel*, dem Zentralorgan des Widerstandes gegen Lafontaine, hochnotpeinlich vernommen, was wir uns wohl vorstellten mit unseren unausgegorenen Vorschlägen zum internationalen Währungssystem. Es gelang mir aber in langen Diskussionen, schlussendlich die journalistischen Nichts-Versteher so weit mit meiner Argumentation zu beeindrucken, dass sie bereit waren, zur Logik der Währungsspekulation eine kleine Tabelle zu drucken (die sie dann »Lafontaines Welt« nannten und natürlich im Begleittext auf die in diesem Medium übliche Art und Weise schmähten). Diese Tabelle zeigte, wie aus Zinsdifferenzen zwischen Ländern Spekulation entsteht, die die Wechselkurse systematisch in die falsche Richtung, nämlich in eine Über- oder Unterbewertung der betroffenen Währungen treibt. Damit hat der *Spiegel* ungewollt und vermutlich zum ersten und einzigen Mal in seiner Geschichte die Wissenschaft ein Stück weitergebracht. Inzwischen wissen wir nämlich haargenau, dass diese Art von Spekulation, heute *carry trade* genannt, ganze Volkswirtschaften in den Ruin treiben kann und treibt. Derzeit sind Island, Ungarn, die Ukraine, Kasachstan, Russland, Brasilien und Südafrika die prominentesten Opfer.

**Lafontaines Welt**

**Mit einem einfachen Modell erklärt Lafontaines Chefberater Heiner Flassbeck, warum die Devisenmärkte – egal ob mit flexiblen oder mit festen Wechselkursen – ständig aus den Fugen geraten und nur verbindlich vereinbarte Wechselkurs-Zielzonen dieses Problem beseitigen können. In Flassbecks Modell gibt es zwei Länder mit unterschiedlicher Wirtschaftsentwicklung:**

| | LAND A | LAND B |
|---|---|---|
| Inflationsrate | 10 % | 2 % |
| nominaler Zinssatz | 12 % | 4 % |
| realer Zinssatz | 2 % | 2 % |

Die internationalen Anleger wollen hohe Gewinne, also schaffen sie immer mehr Kapital in Land A, wo der nominale Zins (12 % gegenüber 4 %) deutlich höher ist. Daß dort auch die Inflationsrate höher ist, stört die Spekulanten nicht: Sie wollen schließlich in dem Land keine Waren kaufen. Laut Flassbeck sind dann drei Szenarien möglich:

DER SPIEGEL

| | LAND A | LAND B | FOLGE |
|---|---|---|---|
| flexible Wechselkurse | Solange die Zinsen höher sind, strömt kurzfristig Geld nach Land A. Der Kurs der Landeswährung wird immer höher getrieben (nominale und reale Aufwertung). | Es fließt kurzfristig Kapital ins Ausland, die Währung verliert an den Devisenbörsen an Wert (nominale und reale Abwertung). | Die Wechselkurse schießen nach oben (A) bzw. nach unten (B). Sie haben nichts mehr mit den wirklichen Kräfteverhältnissen der Volkswirtschaften zu tun. Es kommt zum außenwirtschaftlichen Ungleichgewicht. |
| feste Wechselkurse | Die Notenbanken legen auf Dauer einen festen nominalen Wechselkurs fest. Doch weil die Preise in Land A (10 % gegenüber 2 %) stärker steigen, werden Produkte auch auf dem Weltmarkt teurer (reale Aufwertung). | Durch die geringere Inflationsrate haben die Waren aus Land B auf dem Weltmarkt immer größere Vorteile (reale Abwertung). Der Handelsbilanzüberschuß wächst. | Die Warenströme auf den Weltmärkten verschieben sich immer mehr, die Länder geraten in ein außenwirtschaftliches Ungleichgewicht, falls sie am festen Kurs festhalten. |
| Zielzonen für Wechselkurse<br>Die Notenbanken beschließen ein bestimmtes Niveau für die Kurse, das aber jährlich überprüft wird. Entscheidendes Kriterium ist die Differenz der Inflationsraten. | Bei einer Inflationsdifferenz von 8 % wie in diesem Fall (Land A: 10 %, Land B: 2 % Preissteigerung) muß die Währung von A jährlich um 8 % abgewertet werden (kontrollierte Abwertung). | Die B-Währung wird durch diese Maßnahme gleichzeitig um jährlich 8 % aufgewertet, entsprechend der geringeren Inflationsrate des Landes (kontrollierte Aufwertung). | Der reale Wechselkurs bleibt konstant. Die Handelsbilanzen der Länder bleiben im Gleichgewicht. Spekulanten haben gegen die Notenbanken, die dieses Wechselkurs-System garantieren, keine Chance. |

© *DER SPIEGEL* 47/1998

Aber warum sind es immer die Finanzmärkte? Warum platzt so selten eine Spekulationsblase am Kartoffelmarkt? Warum verkalkulieren sich Maschinenbauer selten in einer Weise, dass nur noch der Staat helfen kann, weil ansonsten das gesamte marktwirtschaftliche System gefährdet ist? Was treibt scheinbar seriöse Banker und Börsianer dazu, in gewaltigen Scharen so riskante Geschäfte zu machen, dass sie hinterher alle wie dumme Kinder im Brunnen liegen und nach dem Staat um Hilfe schreien?

Nun, die Erklärung ist im Grunde recht einfach. Zunächst muss man zur Kenntnis nehmen, dass das Finanzsystem fundamental anders funktioniert als die normalen Gütermärkte. Der berühmte Liberale Friedrich August von Hayek hat die Überlegenheit des marktwirtschaftlichen Systems (und er meinte die Gütermärkte) damit begründet, dass in einem solchen System Millionen von Marktteilnehmern zusammentreffen, die alle über unterschiedliche und untereinander nicht verbundene Informationen als Anbieter oder Nachfrager verfügen, die der Markt dann in einen einheitlichen Preis für ein bestimmtes Gut verwandelt. Gegen alle planwirtschaftlichen Aspirationen argumentierte Hayek, dass keine Regierung dieser Welt in der Lage ist, für Millionen von Märkten die Informationen zusammenzubringen, die nötig wären, um so effizient produzieren und Handel treiben zu können wie in einer solchen Marktwirtschaft.

An den Kapitalmärkten ist das jedoch anders. Dort kommt bei den »wirklich großen Spielen« um Zinsen, Wechselkurse, Aktien, Hauspreise und Rohstoffe eine Handvoll privilegierter Akteure zusammen, die alle nicht mehr wissen, als jede gut informierte Abteilung eines Ministeriums oder einer Zentralbank wissen kann. Alle sind ferngesteuert von ein paar Informationen, die jeden Tag für alle ersichtlich über die Bildschirme jagen und die von allen Beteiligten in ähnlicher Weise gedeutet werden. Wenn also bestimmte Ereignisse eintreten wie, sagen wir, eine Rohstoffpreishausse, dann springen fast alle Spieler wie eine

Herde Lämmer gleichzeitig auf diesen Zug und versuchen sich eine goldene Nase zu verdienen. Das geht immer genau so lange gut, bis sie den Preis so über den Wert hinausgetrieben haben, den die reale Welt, also die richtigen Menschen, zu zahlen in der Lage sind, dass schließlich das ganze Spielsystem kollabiert. Am Ölmarkt ist genau das im Spätherbst 2008 passiert. Das Gleiche gilt bei Währungen. Auch wenn durch Spekulation der Wechselkurs der Währung einer kleinen Volkswirtschaft so stark aufgewertet wurde, dass das Land nicht mehr exportieren kann und nur noch importiert, bricht die Spekulation auf eine Aufwertung dieser Währung beim geringsten Anlass zusammen, weil es für jedermann offensichtlich geworden ist, dass der Krug nun bald brechen wird.

Dieses Spiel wird dadurch so gefährlich, dass die gierigen Finanzmarktzocker und ihre Banker alle paar Jahre auf die grandiose Idee kommen, man könne die eigenen Gewinne mal dadurch so richtig in die Höhe jubeln, dass man den Großteil der Spekulation mit Schulden finanziert. Man leiht sich also zu dem Geld, das man ohnehin schon in der Tasche hat, noch viel mehr Geld und investiert es in Anlagen, die eine etwas höhere Rendite erbringen als der Zins, den man den anderen Banken oder den braven Anlegern zahlt. Das ist, wie oben erwähnt, der große Hebel (*lever* in englisch), mit dem Banken, Hedge-Fonds oder die sogenannten Private-Equity-Fonds die Rendite auf das Eigenkapital in ungeahnte Höhen treiben können, wenn sie nur genügend Kredit bekommen.

Würden alle Spekulanten mit dem geliehenen Geld lediglich ins Spielkasino gehen, wäre der Spuk schnell zu Ende, weil man innerhalb weniger Stunden feststellen würde, dass dort systematisch mit noch so viel Geld keine gewaltige Rendite zu erzielen ist. Die extrem einfallslose Methode, die Renditen zu hebeln, funktioniert für das gesamte globale Finanzsystem nur, wenn alle Spieler bestimmte Objekte finden, bei denen sie sich mit einer gewissen Plausibilität für eine Weile einreden können, sie würden überdurchschnittlich hohe Renditen bei geringem Risiko bieten. So ein Objekt war zum Beispiel der amerikanische Häusermarkt in den letzten zehn Jahren. In den 20er Jahren des vergangenen Jahrhunderts waren es die Aktien neu aufgekommener Konsumgüterhersteller, in den 90er Jahren Aktien aus dem Bereich der Telekommunikation; sehr oft sind es auch Währungen, bei denen, wie in vielen Ländern Asien zu Ende der 90er Jahre, die Regierungen den Kurs stützen oder die Zinsen hochhalten.

Auch Unternehmen mit hohem Eigenkapitalanteil zu kaufen, ist beliebt, weil man die Rendite allein dadurch hochjubeln kann, dass man Eigenkapital durch Schulden ersetzt. Letzteres ist das Geschäft sogenannter Private-Equity-Firmen (die »Heuschrecken«), also von Unternehmen, die genau das Gegenteil dessen tun, was ihr Name sagt: Sie vermindern nämlich systematisch das Eigenkapital, statt solches zur Verfügung zu stellen. Sobald die Märkte ein solches Objekt der Begierde identifiziert haben, wird eine Art Kettenbriefmechanismus oder Schneeballsystem in Gang gesetzt, bei dem jeder versucht, durch schnellen Kauf und Verkauf an der erwarteten Preissteigerung zu verdienen, bevor das gesamte System zusammenbricht.

So primitiv ist das und doch kurzfristig so profitabel. Solange man willfährige »Wissenschaftler« hat, die den lieben langen Tag nichts anderes tun, als die »unbestreitbare Effizienz der Kapitalmärkte« zu loben, solange man Politiker hat, die vor Hochachtung vor den »Werteschaffern« in den Banken in die Knie gehen, solange man eine Öffentlichkeit hat, die sich gerne einreden lässt, man bräuchte eigentlich nicht mehr zu arbeiten und könne mit einem schnellen Geschäft an den Finanzmärkten quasi ohne Risiko reich werden, solange man eine öffentliche Diskussion in den Medien hinbekommt, die den Leuten weismacht, ihre vom Staat garantierte Rente sei nicht mehr sicher und könnte nur mit dem großen Spiel an den Finanzmärkten sicher gemacht werden, solange wird es immer wieder große Krisen geben.

Was wir nämlich spätestens jetzt endlich zur Kenntnis nehmen müssen: Banken produzieren nichts und sie sind weder produktiv noch innovativ. Die Volksverdummung beginnt schon damit, dass Banken das, was sie ihren Kunden anbieten, als »Produkte« bezeichnen. Das klingt gut und seriös und vor allem klingt es so, als seien Banken ebenso innovativ wie Produktionsunternehmen und würden alle paar Wochen ein wirklich »neues Produkt« auf den Markt werfen. Banken machen aber immer das Gleiche: Sie leihen Geld über relativ kurze Fristen und verleihen es über längere Fristen. Dabei ist Geld zu verdienen, weil die Zinsen für lange Fristen meist höher sind als die für die kurzen. Dabei gehen die Banken aber auch ein Risiko ein, weil die pünktliche Rückzahlung von Krediten über lange Fristen nie so sicher ist wie ihre kurzfristige Verpflichtung gegenüber den Einlegern. Insgesamt ist das durchaus ein Geschäft, aber sicher kein Bombengeschäft, bei dem man systematisch und auf längere Zeit gewaltige Renditen von 20 und mehr Prozent wie noch immer von der größten deutschen Bank angestrebt, erzielen könnte.

Da hat sich ein ganzer Wirtschaftsbereich »modernisiert« und das ist fundamental in die Hose gegangen. Ging man in der guten alten Zeit zu einem Bankschalter, hatte man regelmäßig feuchte Hände. Der gestrenge ältere Mensch hinter dem Tresen, der damals »Bankbeamter« hieß, hatte nämlich keineswegs im Sinn, uns die Freuden des Finanzlebens darzubieten, sondern war nur darauf aus, die Gefahren zu beschwören, die allenthalben lauern. Selbst wenn man Geld anzulegen hatte, war es nicht lustig, weil der »Bankbeamte« uns quasi vorschrieb, was wir denn mit unserer verkürzten Kenntnis der Wirtschaft zu nehmen hätten. »Das ist nichts für Sie«, wären wir denn auch bei allen Anlagen beschieden worden, die in irgendeiner Weise mit den wirklichen Finanzmärkten zu tun hatten. Das Sparbuch war doch so praktisch und sicher. Noch schlimmer natürlich, wenn man Geld wollte. Hochnotpeinlich wurde man über alles und jedes befragt, was in den vergangenen zehn Jahren wirtschaftlich passiert war und in den nächsten 20 passieren könnte; von den Sicherheiten, die man am Ende zu hinterlegen hatte, ganz zu schweigen.

Der Anleger hingegen, der in den letzten Jahren zur Bank ging, begegnete jungen trendigen Damen und Herren, die ihm mit allem Charme der Welt eines ihrer neuesten »Produkte« verkaufen wollten. Sollten es denn 13 Prozent Rendite mit argentinischen Langläufern sein, oder doch vielleicht gleich 23 Prozent mit einem ordentlichen Aktienfonds oder mit Derivaten? Über »Kursziele« von Aktien oder Depots wurde man aufgeklärt oder über die unglaublichen Gewinnchancen, die sich mit der Anlage in amerikanischen Hightech-Werten ergeben. Auch Unternehmen, die Geld brauchten, hatten es bei den modernen Banken viel leichter. Nichts mit hochnotpeinlicher Befragung und Sicherheiten. Das junge Bankteam zauberte für das junge Unternehmen sofort einen maßgeschneiderten Finanzierungsplan herbei – mit dem schnellen Gang zur Börse als Krönung. Hatten uns nicht die Wirtschaftspolitiker über Jahrzehnte gepredigt, dass diesem Land der Mut zum Risiko und damit das Risikokapital fehlt?

Das ist nun zu Ende und das ist gut so. In großen Teilen der Finanzwelt war jedes Gefühl dafür verloren gegangen, dass das »Spiel« mit dem ersparten Geld von Menschen, die nicht verstehen, was auf den Finanzmärkten geschieht, nicht nur moralisch verwerflich ist, sondern auch wirtschaftlich in eine Krise führen muss, sobald die Wetten in großem Stil nicht aufgehen. Das aber ist immer dann der Fall, wenn irgendwo ein Schock ausgelöst wird, wenn sich die Konjunktur zu überhitzen droht und die Zinsen von den Notenbanken hochgezogen werden oder einfach, wie oben gesagt, die reale Welt nicht mehr mitkommt beim finanziellen Roulette.

Was ist zu tun? Die raschen Interventionen der Zentralbanken waren zwar angebracht, weil sonst weit größere Schäden gedroht hätten, aber das darf nicht heißen, dass der Staat, nachdem er wieder einmal Banken und andere Spekulanten vor dem

Schlimmsten bewahrt hat, nun zur Tagesordnung übergeht. Damit provoziert er ja nur die nächste Krise, weil die Spieler im Kasino dann systematisch damit rechnen, dass es schon nicht so schlimm kommen wird. Wer, wie die Deutsche Bank, mit 25 Prozent Rendite protzt, dem muss man auch abverlangen, dass er 25 Prozent Verlust an seinem Kapital hinnimmt, ohne nach dem Staat zu schreien. Schreit er im Verlustfall doch nach dem Staat, kann der dann nicht einfach die Augen zumachen, weil eine erhebliche Ansteckungsgefahr für gesunde Institute droht, muss der Staat dem »Institut« schon lange vorher auf die Finger klopfen, nämlich dann, wenn es mit seinem Renditeziel in aller Öffentlichkeit protzt. Einen kompetenten Finanzminister, der sich trauen würde, den heiligen Kühen in den Banken und Versicherungen vor's Schienbein zu treten, haben wir in Deutschland aber schon lange nicht mehr und werden wir nach Lage der politischen Dinge so schnell auch nicht mehr bekommen.

Zum anderen muss die Politik beginnen zu verstehen, dass die großen Spiele, die da rund um den Globus gespielt werden, für die reale Wirtschaft vollkommen nutzlos sind. Dass die Hypothek eines amerikanischen Häuslebauers noch 23-mal auf den internationalen Finanzmärkten in der Form irgendwelcher »Produkte« weiterverscherbelt wurde, war ja schließlich sogar schädlich für den amerikanischen Immobilienmarkt. Es schien diesen Markt nur eine zeitlang zu beflügeln, weil man die Häuslebauer im Unklaren über ihre Zinsbelastung ließ und die Anleger hinsichtlich der risikolos zu erzielenden Rendite systematisch getäuscht hat.

Kredit für die wirklich investierenden Unternehmen können auch Banken schaffen, die sich solcher Kasinoaktivitäten vollständig enthalten. Man sollte nicht vergessen, dass es zu Zeiten des deutschen Wirtschaftswunders noch selbstverständlich war, das Zinsgebahren der Banken streng zu kontrollieren oder sogar staatlich vorzuschreiben, welche Zinsen sie zu nehmen hatten, es gab eine »Habenzinsbindung«, die erst Mitte der 60er Jahre abgeschafft wurde. Auch ein Land wie China hat sein noch größeres Wirtschaftswunder bei strenger Kontrolle des Staates über Soll- und Habenzinsen geschafft, was leider wiederum nicht in das Weltbild unserer Ludwig-Erhard-Anhänger passt. Begreifen kompetente Wirtschafts- und Finanzpolitiker im Lichte der Krise solche Zusammenhänge wieder, ist es ein Leichtes, die eklatanten regulatorischen Lücken wie die Erlaubnis, risikobehaftete »Vehikel« (also Firmen, für die die Bank zwar geradestehen muss, die aber nicht in den Büchern erscheinen) außerhalb der Bankbilanz zu führen, zu kassieren.

Auch die Lücken in der internationalen Finanzaufsicht sind offensichtlich. Die besten Vorschriften über die Hinterlegung von Bankaktivitäten mit Eigenkapital, wie sie zum Beispiel bei der Bank für Internationalen Zahlungsausgleich BIZ formuliert werden (das berühmte, auch für private Kreditnehmer wichtige, sogenannte Basel II stammt auch von hier), nutzen nichts, wenn die Einschätzung von Risiken allein einer kleinen Gruppe von Rating-Agenturen überlassen wird, die wiederum wegen Unfähigkeit oder Unwissen auch die wildesten Derivat-Konstruktionen mit hohen Qualitätstestaten versehen. Auch hier müssen staatliche Organe national und international selbst Hand anlegen und dafür sorgen, dass solche Ratings im Gegensatz zu den Rating-Agenturen von nicht interessengebundenen Institutionen wie einer Finanzaufsicht kritisch überprüft und nötigenfalls korrigiert werden. Jedes medizinische oder chemische Produkt, das auf den Markt kommt, muss schließlich auch von staatlichen Aufsichtsbehörden genehmigt werden, nur »finanzielle Massenvernichtungswaffen« (so der Multimilliardär und Großspekulant Warren Buffett) darf jeder vertreiben, ohne dass der Staat einschreitet.

Schließlich muss das größte Kasino, dasjenige, in dem internationale Währungen gehandelt werden, schlicht geschlossen werden. Es geht weniger denn je an, dass der wichtigste Preis einer Volkswirtschaft, der Wechselkurs, den kurzfristigen Gewinninteressen internationaler Spekulanten und Finanzhaie überlassen wird. Die Spiele am Devisenmarkt sind in aller Regel unmittelbar und in massiver Weise schädlich für die reale Wirtschaft, weil sie die Handels- und Produktionsstrukturen zwischen Ländern massiv verzerren. Sie sind damit genauso schädlich wie eine sich selbst beschleunigende Inflation oder Deflation.[9] Freilich hat den krassen Widerspruch zwischen der Bedeutung, die wir der Bekämpfung der Inflation zumessen, und der Nonchalance, mit der wir über Wechselkursänderungen hinweggehen, noch niemand in der Wissenschaft zur Kenntnis nehmen wollen. Es wäre ja auch zu unbequem, zugeben zu müssen, dass der Markt unfähig ist, stabile und gleichzeitig flexible Wechselkurse zu garantieren, weil das das gesamte schöne Weltbild von den unabhängigen nationalen Notenbanken in Frage stellen würde.

Insgesamt gesehen ist es einfach: Finanzmärkte braucht man, aber man muss sich darüber im Klaren sein, dass sie massiv reguliert werden müssen. Sie erzeugen gefährliche Spielzeuge, indem sie in ihrer Gier nach kurzfristigem Gewinn auf unverantwortliche Weise mit dem Geld anderer Leute in der Hoffnung spekulieren, dass es genügend Dumme auf der Welt gibt, die nicht merken, wie sie von smarten Bankern über den Tisch gezogen werden. In Zukunft muss jedes Prahlen mit extremen Renditen von der Finanzaufsicht, den Finanzministerien und den Zentralbanken sofort zum Anlass genommen werden zu prüfen, zu wessen Lasten die übermäßigen Gewinne des betreffenden Finanzinstituts gehen. Auch für die Gehälter von Vorständen und Aufsichtsräten müssen staatlicherseits Grenzen gesetzt werden, weil es ja offensichtlich ist, dass diese Vorstände und Aufsichtsräte, entgegen ihrer marktfundamentalistischen Rhetorik, im Fall der Not doch eine Beteiligung des Staates an den Verlusten erwarten. Wäre das nicht so, würden sie viel gründlicher prüfen, woher ihre Gewinne kommen und mit welchen

Risiken sie behaftet sind. Übrigens, dass man so eine Aussage im Dezember 2008 in einem Kommentar des *Handelsblattes* nachlesen kann, ist wirklicher Fortschritt – oder?

## Herr Ackermann will 25 Prozent

Nichts zeigt das Versagen der Politik bei den Finanzmärkten besser als ihr jahrelanges Schweigen zu einem unglaublich unverschämten Angriff auf unser Gemeinwesen und die soziale Marktwirtschaft, ja auf die Marktwirtschaft im Allgemeinen. Josef Ackermann, der Vorstandsvorsitzende der Deutschen Bank, hatte sich ein Ziel gesetzt. Im Februar 2005 verkündete er, die Vorsteuerrendite von 17 auf 25 Prozent steigern zu wollen. 25 Prozent Rendite auf das eingesetzte Kapital müssten es schon sein, wenn man weltweit mithalten wolle, sagte er und wenn es Arbeitsplätze koste, sei das leider ein unvermeidlicher Kollateralschaden. Die deutsche Politik aber, einschließlich der Sozialdemokraten, die damals noch den Bundeskanzler stellten, schwieg.

In der Bevölkerung war die Aufregung schon groß. Unmoralisch sei das, sagten die einen. Das sei eben der Markt und der sei nun mal keine moralische Instanz, sagten die anderen. Auf welche Weise man eigentlich seine Rendite dramatisch erhöhen kann in einer Wirtschaft, die damals nur um 1 Prozent wuchs, fragte kaum einer. Von zentraler Bedeutung ist aber die Beantwortung der eigentlichen wirtschaftlichen und moralischen Frage: Verdient man plötzlich sehr viel mehr, weil man sehr viel mehr als andere zum gesamtwirtschaftlichen Wachstum beiträgt, oder verdient man mehr, weil man besonders gut darin ist, andere zu täuschen oder Beschäftigte zu Lasten des Staates auf die Straße zu setzen?

Es ist sicher nicht unmoralisch, seine Rendite massiv zu steigern, wenn man ein besonders gefragtes neues Produkt entwickelt oder wenn man eine Erfindung macht, mit der vorhandene Produkte viel billiger hergestellt werden können. Unser ganzes Wirtschaftssystem basiert darauf, dass es Menschen gibt, die Ideen haben und den Mut, sie umzusetzen. Die erfolgreiche Innovation ist der einzige Mechanismus, der die Lebensumstände aller Menschen verbessern kann.

Das Standardbeispiel: Bill Gates ist ein reicher Mann. Er hat fast immer eine viel höhere Rendite erzielt als die läppischen 25 Prozent von Ackermann. Trotzdem ist es schwer, ihm Unmoral vorzuwerfen. Er hat es geschafft, vorübergehend fast jeden Erdenbürger zu seinem Kunden zu machen. Wer heute eine Erfindung machen würde, die es erlaubte, in kurzer Zeit den Ausstoß von Kohlendioxyd zu halbieren, ohne dass die Menschheit auf den gewohnten Komfort verzichten müsste, dürfte weit mehr als einen Sprung von 17 auf 25 Prozent Rendite erwarten.

Freilich, ob die Deutsche Bank in diese Kategorie von Unternehmen gehört, ist mehr als fraglich. Wenn jemand nichts erfindet und erfolgreich vermarktet, also nicht überproportional zum gesamtwirtschaftlichen Ergebnis beiträgt und doch eine weit höhere Zuwachsrate anstrebt als das 1 Prozent mehr, das für alle da ist, dann muss er anderen etwas wegnehmen, um auf den angestrebten Einkommenszuwachs zu kommen. Wie macht man das?

Nun, in erster Linie durch Kostensenkung. Kosten senkt ein Unternehmen, indem es Vorleistungen kappt oder verbilligt, Arbeitskräfte entlässt oder den individuellen Lohn seiner Angestellten senkt. Wenn ein Unternehmen allerdings aufgrund von Marktmacht seine Lieferanten zwingt, Vorprodukte billiger anzubieten, und dadurch viele dieser Zulieferer zur Geschäftsaufgabe zwingt, hat das mit dem alten Wettbewerbsideal schon nichts mehr zu tun. Wenn ein Unternehmen ein Zehntel der Belegschaft auf die Straße setzt und seine restlichen Mitarbeiter zwingt, ein Zehntel mehr pro Stunde zum gleichen Lohn zu arbeiten, ist der Traum vom »Wettbewerb als Entdeckungsverfahren« (Friedrich August von Hayek) endgültig ausgeträumt.

Wohlgemerkt, ein Unternehmen in einer kritischen Lage muss Arbeitskräfte entlassen können, um sich vor dem Bankrott zu retten. Wenn man wegen schlechten Managements zu lange zu viele Arbeitskräfte mitgeschleppt hat oder die Geschäftslage sich aus anderen Gründen dramatisch verschlechtert, passt man durch die Entlassung die Kostenlage wieder den Marktverhältnissen an. Mit einem willkürlich gesetzten Renditesprung hat das nichts zu tun.

Wer Arbeitskräfte »freisetzt«, die eigentlich produktiv gearbeitet haben, oder Vorleistungsunternehmen in die Knie zwingt, die eigentlich rentabel gewesen sind, kann das nur tun, weil er über Marktmacht verfügt. Das lässt sich leicht erklären. Ein gut funktionierendes und gut ausgelastetes Unternehmen, das die Zahl seiner Mitarbeiter deutlich verringert, spart normalerweise kaum Geld und kann weder seine Gewinne noch seine Rendite kräftig erhöhen, weil Mitarbeiter, die nicht mehr im Unternehmen sind, auch keine Wertschöpfung erzielen. Nur wenn es dem Unternehmen gleichzeitig gelingt, aus den verbleibenden Mitarbeitern wesentlich mehr Leistung pro Stunde herauszuquetschen oder eine Arbeitszeitverlängerung ohne Lohnausgleich zu erzwingen, hat die Entlassung von Arbeitskräften einen markanten Einfluss auf die Gewinnentwicklung.

Letzteres aber setzt Marktmacht voraus beziehungsweise die Angst der Arbeitnehmer vor dem Arbeitsplatzverlust, was eben Marktmacht in Zeiten hoher und steigender Arbeitslosigkeit ist. Das heißt, die moderne Form der Renditesteigerung durch Marktmacht ist gerade keine unternehmerische Leistung. Hinzu kommt, dass diese Form der »Sanierung« sogar auf den Staat angewiesen ist, um erfolgreich zu sein. Kostensenkung kann für die Unternehmen insgesamt nur funktionieren, wenn der Staat das Einkommen der Arbeitskräfte, die entlassen werden, durch höhere Defizite stabilisiert. Ohne den Staat und die soziale Absicherung hätten diese keinerlei Einkommen und würden damit auch vollständig als Nachfrager für die Produkte aller Unternehmen ausfallen. Dann könnte keine noch so drastische Sanierungsaktion die Lage der Unternehmen insgesamt verbessern, weil jeder Euro, den ein Unternehmen einspart, den Gewinn eines anderen Unternehmens vermindert. Nur wenn der Staat höhere Defizite akzeptiert, ist der Kostensenkungsversuch nicht zu 100 Prozent eine reine Umverteilungsaktion innerhalb des Unternehmerlagers.

Es ist allerdings mehr als seltsam, wenn sich solche Politiker wie die modernen Sozialdemokraten zur Moral von Managern kritisch äußern, die mit Hartz IV nichts anderes getan haben, als die Marktmacht eben dieser Manager zu erhöhen, indem sie die Angst der Arbeitnehmer vor Arbeitslosigkeit vergrößerten. Kaum zu glauben ist auch, dass Manager und Unternehmensverbände wie BDI und BDA regelmäßig staatliche Finanzierungsdefizite kritisieren, die aber genau diese Defizite brauchen, um ihre eigenen Kostensenkungsaktionen erfolgreich durchzuziehen.

Die Kehrseite von Ackermanns Renditechuzpe können wir uns an einem ganz einfachen Rechenexempel verdeutlichen. Betrachten wir einmal das gesamtwirtschaftliche Einkommen, das Bruttoinlandsprodukt, in Form einer absoluten Größe, beispielsweise 2 Billionen Euro. Das ist der Jahresertrag (die nationale Dividende, wie die klassischen Ökonomen sagten) für die beiden Produktionsfaktoren Arbeit (A) und Kapital (K), auf die, sagen wir der Einfachheit halber, jeweils 1 Billion entfallen. Die Wachstumsrate des BIP entspricht also dem zusätzlichen Einkommen, das aus der Zusammenarbeit von A und K beziehungsweise dem Humankapitalstock und dem physischen Kapitalstock entsteht.

Wenn wir die Zahlen etwas kleiner machen, wird der Fall noch klarer. Wenn ich bisher 100 Euro Einkommen hatte und im nächsten Jahr 103 Euro haben will, muss ich – egal, ob ich Arbeits- oder Kapitalanbieter bin (und unabhängig davon, ob die Ausgangsverteilung 50:50 oder anders ist) – darauf setzen, dass das BIP genau um diese 3 Prozent steigt. Arbeiter und Angestellte nennen den Zuwachs dann Lohnzuwachs (es ist aber auch die

»Verzinsung« des Humankapitals), Kapitalanbieter nennen ihn Zins (es ist aber auch die Entlohnung des Kapitaleinsatzes). Etwas anderes gibt es nicht.

Steigt das gesamtwirtschaftliche Einkommen weniger als 3 Prozent, kann eine Seite nur den gleichen Zuwachs bekommen, wenn die andere weniger bekommt. Das ist dann eine gesamtwirtschaftliche Umverteilung (bei der funktionalen Verteilung). Bekommen aber beide Seiten gleich viel, kann ein Einzelner auf jeder Seite nur mehr bekommen, wenn andere auf seiner Seite weniger bekommen (interne Umverteilung bei Arbeit oder Kapital). Auf welche andere Größe (etwa das Eigenkapital) ein einzelner Kapitalist seinen Zuwachs bezieht, um andere Erfolgsindikatoren zu kreieren (etwa die Eigenkapitalrendite), ist uninteressant, weil vollkommen beliebig.

Wenn aber ein einzelner Kapitalist (wie der berühmte Herr Ackermann) so tut, als könne er ohne besondere Anstrengung zur Produktivitätssteigerung des Ganzen und ohne besonderes Risiko auf lange Sicht 25 statt 3 Prozent Einkommenszuwachs (berechnet auf einer aussagekräftigen Basis) pro Jahr erzielen, dann ist das Dummheit oder Demagogie.

## Mindestlohn und Maximalgehalt

Manchmal finden auch in Deutschland interessante wirtschaftliche Debatten statt – aber fast immer nur dann, wenn es sich um so etwas Konkretes wie die absolute Höhe von Löhnen oder Gehältern dreht. In letzter Zeit ging es offenbar um zwei Seiten derselben Medaille: Auf der einen Seite wird heftig diskutiert, ob sich Deutschland einen Mindestlohn leisten kann, auf der anderen stehen die nach Meinung der meisten Beobachter weit überzogenen Gehälter vieler Vorstandsmitglieder, im Zeichen der Finanzkrise natürlich vor allem die der Banker, in der öffentlichen Kritik.

Merkwürdig hilflos sind in dieser Diskussion wieder einmal die deutschen Ökonomen. Während die Mehrheit, wie Professor Franz aus Mannheim oder Professor Zimmermann aus Berlin, beim Mindestlohn die traditionelle Ablehnungsfront noch nicht verlassen hat, weil man ja weiter fest daran glaubt, dass der Mindestlohn Arbeitsplätze kostet, tun sie sich bei den Spitzengehältern viel schwerer. Da hilft in der Regel nur das Argument, die Eigentümer könnten schließlich über die Gehälter ihrer Angestellten entscheiden, wie sie wollen. Aber wenn es einen Markt gibt, der alles gut regelt, dann müsste der Markt doch immer richtig liegen, ganz gleich, um welche Entlohnung es geht, und dann müsste man doch nicht bei den Managergehältern die Entscheidungsfreiheit der Eigentümer bemühen.

Die herrschende Lehre vom Mindestlohn unterstellt, dass sich der Lohn der Arbeitnehmer im Grunde immer danach bestimmt, wie viel sie an der »Grenze«, also sozusagen in der letzten Stunde ihrer Arbeitszeit, zum Gesamtergebnis beitragen. Das bedeutet, dass der Unternehmer sie nur genau so lange beschäftigt, bis die Arbeitsleistung pro Stunde unter den ausgezahlten Lohn fällt.

Das aber gibt es in der marktwirtschaftlichen Wirklichkeit nicht, weil sich niemand die – unglaublich große – Mühe macht, die Produktivität in komplexen Produktionsprozessen für jeden einzelnen Arbeitnehmer oder auch nur für jede einzelne Qualifikation auszurechnen. In rein standardisierten Abläufen wie am Fließband mag man noch eine gewisse Ahnung davon haben, wie viel jeder Beschäftigte zum Gesamtergebnis beiträgt, bei jedem komplexeren Ablauf, wo Teams zusammenarbeiten, gibt es so etwas wie individualisierte Produktivität nicht.

Und wenn es das schon im einzelnen Betrieb nicht gibt, dann kann es das erst recht gesamtwirtschaftlich nicht geben, denn die Information über den richtigen Lohn könnte sich, wenn sie überhaupt existieren würde, ja nur aus den vielen Einzelinformationen der Betriebe speisen. Folglich zahlen die Betriebe einen marktüblichen Lohn, dessen Höhe sich einzig und allein aus der

Tatsache ergibt, dass eine bestimmte Qualifikation am Markt besonders knapp, also besonders gefragt, ist und dass sich das über die Jahre in den Tarifverträgen niedergeschlagen hat. Alles andere ist Ausdruck von Marktmacht oder Zufall.

Das Gleiche gilt für die hohen Gehälter. Auch hier gibt es keine geheimnisvolle Kraft oder höhere Philosophie, die für das richtige Salär sorgt, sondern der Aufsichtsrat einer Aktiengesellschaft entscheidet für die Eigentümer anhand der Gewinnsituation, was man sich leisten kann und will. Dass man dabei heute – im Verhältnis zu dem Gehalt des durchschnittlichen Angestellten – viel höher greift als noch vor 20 Jahren, liegt sicher nicht an der gestiegenen Knappheit der deutschen Manager, sondern vor allem an der wiederum von der Zunft der Ökonomen und der von ahnungslosen Politikern verbreiteten Wahnvorstellung, man habe es im Zeitalter der Globalisierung mit einem ganz neuen Kapitalismus zu tun, bei dem sich die Kapitalseite alles leisten kann, der Arbeiter aber nichts.

Wer sich wie die rot-grüne Regierung unter Schröder mit seinem Finanzminister Eichel auf die CDU-Parolen von der »Leistungsbereitschaft unserer Eliten« einlässt und mit diesem Fantasieprodukt eine Jarhundertsteuersenkung nach der anderen beschließt, kann nicht mehr ernsthaft dagegenhalten, wenn es um Managergehälter geht. Wenn aber selbst der Staat – und zudem unter sozialdemokratischer Führung – den Eindruck verbreitet, die »Eliten« würden in zu geringem Maße entlohnt oder erhielten zu geringe Anreize, warum sollte sich da in einer guten konjunkturellen Situation irgendjemand zurückhalten?

Was man bei all dem Geschwätz über den Aufstieg der Eliten auf der einen Seite und den Abstieg der gering Qualifizierten auf der anderen Seite vollkommen aus dem Auge verliert, ist die einfache Erkenntnis, dass in einer Gesellschaft, deren Erfolg auf Arbeitsteilung beruht, alle Arbeitenden in einer Weise an dem Ergebnis dieser Arbeitsteilung teilhaben müssen, dass ihnen ein vernünftiges Leben ohne staatliche Hilfe ermöglicht wird. Verbessert sich das Ergebnis der arbeitsteiligen Gesellschaft fortlaufend, was man an der ständig steigenden Produktivität erkennen kann, müssen alle in gleicher Weise an diesem Produktivitätsfortschritt beteiligt werden, will man die Arbeitsteilung nicht fundamental in Frage stellen. Können die Gewerkschaften das nicht mehr sicherstellen, muss ein sich automatisch an die Produktivität anpassender Mindestlohn her.

Sind alle Arbeitnehmer (übrigens auch die, die beim Staat und in sonstigen nicht direkt unternehmerischen Einrichtungen arbeiten) in dieser Weise am Fortschritt beteiligt, bleibt immer wieder ein Gewinn für einzelne Unternehmen und deren Anteilseigner übrig, der zeitweise über die Entlohnung entsprechend der Produktivität hinausgehen kann. Wollen die Kapitaleigentümer diesen risikobehafteten Gewinn mit ihren Managern teilen, ist dagegen nichts zu sagen.

Der Skandal sind nicht solche Prämien, sondern die Tatsache, dass in Deutschland seit mehr als einem Jahrzehnt die Mehrheit der Arbeitnehmer nicht nur nicht mehr am Produktivitätsfortschritt beteiligt wurde, sondern einige Gruppen sogar absolut zurückgefallen sind. Ein noch größerer Skandal ist freilich, dass der Staat, statt der Ungleichheit entgegenzuwirken, sie mit seiner Steuerpolitik gefördert hat. Es ist heuchlerisch, wenn diejenigen, und das sind zeitweise alle im Bundestag vertretenen Parteien gewesen, die sich gegenseitig überboten haben im Senken des Spitzensteuersatzes, jetzt beklagen, dass die von ihnen über all die Jahre gehätschelten »Leistungsträger« sich auch ohne Staat ordentlich einen einschenken.

## Provinzpossen statt globaler Politik

Mit dem Beginn der großen Koalition im Herbst 2005 wurden alle Probleme ganz klein – und die Problemlösungen gleich dazu. Monatelang diskutierte man über die Gesundheitspolitik auf eine Weise, dass man glauben konnte, es ginge dabei wirklich um die Gesundheit der ganzen Gesellschaft. Hätte es nicht im Sommer 2006 die noch viel wichtigere Fußballweltmeisterschaft gegeben, man hätte annehmen müssen, es ginge dabei um Leben oder Tod. Dass mit der »Reform« in diesem Zweig der Sozialversicherung allerhöchstens an einer klitzekleinen Stellschraube in einem riesigen Getriebe gedreht wurde, war jedermann vollkommen aus dem Blick geraten. Ob Fondsmodell, ob Bürgerversicherung oder Kopfpauschale – man mag ja jede dieser Varianten je nach politischem Standort gut oder unerträglich finden. Aber zu glauben, wie das offenbar fast alle politisch Verantwortlichen taten, die Lösung dieses Problems werde Deutschland ein gutes Stück voranbringen auf dem Weg zu höherem Wachstum und mehr Jobs, war blanker Unsinn.

Den deutschen Provinzpolitikern entging dabei, welche dramatischen Ereignisse sich im Rest der Welt abspielten. Es war schon damals klar, dass die früher oder später nach Deutschland hereinschwappen und die deutsche Wirtschaft nachhaltiger erschüttern würden als alles, was sich ein deutscher Politiker an Reformen ausdenken kann. Ich schrieb im Juli 2006 in der Zeitschrift *Wirtschaft und Markt*:

»Dass die Börsen weltweit einbrechen, mag man ja noch als eine der üblichen Spekulationswellen verdrängen, dass aber vieles dafür spricht, dass das diesmal, wie schon Anfang des Jahrtausends, der Vorbote eines herben wirtschaftlichen Rückschlages der Weltwirtschaft sein könnte, sollte man als verantwortlicher Politiker in einem Land, das wie kaum ein anderes von einer florierenden Weltwirtschaft abhängt, allmählich zur Kenntnis nehmen [...] Neben der Börsenblase gibt es in vielen bisher prosperierenden Ländern aber noch eine quantitativ viel bedeutsamere Hauspreisblase, die wegen der steigenden Zinsen jetzt zu platzen droht und den Konsum, von dem deutsche Exporte massiv profitieren, endgültig in den Keller ziehen könnte.«

Das war aber bei Weitem noch nicht das Ende der Bedrohungen. Das globale Zahlungsbilanzungleichgewicht – die amerikanische Leistungsbilanz ist immer noch dramatisch im Minus, die deutsche, japanische und chinesische sind massiv im Plus – harrte weiter einer Lösung. Es war sonnenklar: Würden die Überschussländer nicht bald für mehr Importe sorgen, also mehr für ihre Binnenwirtschaft tun oder ihre Währungen aufwerten, würde die amerikanische Regierung die Spekulation gegen den Dollar anheizen, was vor allem die Deutschen und Japaner erhebliche treffen müsste.

Doch mit solchen Kleinigkeiten gab man sich in Berlin nicht ab. Es gab in der ganzen Bundesregierung niemanden, der ein offenes Auge für die weltweiten Verwerfungen hatte, der rechtzeitig gewarnt und sich und seinesgleichen aufgefordert hätte, mit allen verfügbaren Mitteln gegenzusteuern, einschließlich des Einsatzes in Brüssel für eine europäisch abgestimmte Reaktion auf solche Ereignisse. Stattdessen hielt die Bundeskanzlerin jedes Mal und ohne eine Sekunde nachzudenken heftig dagegen, wenn sich jemand wie der französische Präsident Sarkozy erdreistete, die EZB zu kritisieren und eine europäische Wirtschaftsregierung anzumahnen.

Jede Art von aktueller Wirtschaftsbeobachtung als Voraussetzung für erfolgreiche Wirtschaftspolitik ist in Berlin aus der Mode gekommen. Der moderne Wirtschaftspolitiker hat Wichtigeres zu tun. Er konzentriert all seine Kraft darauf, ganz dicke Bretter zu bohren, also eine Jahrhundertlösung für das Gesundheitssystem zu finden, die Rente für das Jahr 2050 ein für allemal sicher zu machen und die Lohnnebenkosten für alle Zeiten unter 20 Prozent der Bruttolöhne zu halten.

Das ist etwa so, als hätte Jürgen Klinsmann zur Weltmeisterschaft in Deutschland nur solche Fußballer in die Nationalmannschaft geholt, die in der Lage sind, die Marathonstrecke deutlich unter drei Stunden zu laufen. Das hätte er analog zur herrschenden wirtschaftspolitischen Ideologie leicht so begründen können: Weil wir ins Endspiel kommen wollen, kann ich nur solche Spieler gebrauchen, die auch nach sechs Spielen noch so topfit wie im ersten Spiel sind. Auf den Einwurf, man müsse aber auch schon in den ersten Spielen gut Fußball spielen, Tore schießen und nicht nur rennen, um sich überhaupt bis ins Endspiel vorzukämpfen, hätte Klinsmann locker erwidert, das sei dummes und überholtes Kurzfristdenken, es komme nur darauf an, das Endziel im Auge zu behalten und dafür gerüstet zu sein.

So kutschiert der moderne Politiker vor sich hin: immer den weiten Horizont fest im Blick, die Fährnisse am Wege nicht weiter beachtend. Kein Sturm, kein Hindernis kann ihn von seinem festen Weg abbringen. Er lacht über die Angsthasen, die allen Ernstes versuchen, den optimalen statt den geraden Weg in die Zukunft zu finden; er verhöhnt die Weichlinge, die Wettervorhersagen hören, um nicht im Schlamm stecken zu bleiben; er lehnt empört jede Hilfe von denen ab, die den nächsten Kilometer genau kennen. Nein, das alles braucht der allein auf die lange Frist hinarbeitende weitsichtige Politiker nicht.

2050 aber, wenn unsere Enkel feststellen, dass aus der Nähe betrachtet, der Horizont ganz anders aussieht, als es sich die heutige Politikergeneration vorgestellt hat, wer fragt dann noch, was den Großvater geritten hat, die Kutsche schon vor 2010 in den Abgrund zu fahren?

## Sinnlose Gipfel

Drei Themen hatten sich die Großen Acht bei ihrer Tagung in Heiligendamm im Juni 2007 auf die Tagesordnung geschrieben: Klima, Afrika und globale Ungleichgewichte. Zu allen dreien haben wir nichts Neues gelernt. Das wäre vielleicht verkraftbar. Ärgerlich ist, dass man wiederum so getan hat, als würde man etwas tun wollen, und dass viele es tatsächlich glaubten. Das wird dazu führen, dass man auch beim nächsten Treffen wieder ähnlich aktiv sein kann und alles immer so weiter geht wie bisher.

Wo liegt das Problem? Nun, es liegt vor allem darin, dass sich die Spitzenpolitiker der führenden Wirtschaftsmächte mehrere hochkomplexe Themen auf die Tagesordnung setzen und so tun, als seien sie in der Lage, innerhalb von ein paar Stunden die Weichen bei all diesen Themen in die richtige Richtung zu stellen. Als man mit solchen Gipfeln begann, war das noch anders. Damals ging es darum, ob Deutschland und Japan wegen ihrer Leistungsbilanzüberschüsse gegenüber dem US-Dollar aufwerten sollten und wie man das von Seiten der Regierungen am besten managt. Das war überschaubar und die Signale, die von den Gipfeln ausgingen, waren klar und beeinflussten die Märkte unmittelbar.

Heute – das muss man sich einmal vorstellen – reden die Spitzenpolitiker darüber, ob sie sich darauf einigen können, die globale Temperatur im Jahr 2050 um 2 Grad Celsius im Vergleich zu einem Modell zu senken, das in sich selbst hoch komplex und hoch unsicher ist, aber vorhersagt, die Erwärmung werde 2050 um 4 Grad steigen, wenn man nichts tut. Was erwartet man angesichts dieser Ausgangslage anderes als vage Erklärungen, Absichtsbekundungen und den immerwährenden Versuch, den jeweils anderen die Hauptverantwortung zuzuschieben? Sobald es konkret wird, wird geblockt, weil keiner weiß, ob die Maßnahmen, die er unter Umständen ins Auge fasst, nicht von einem anderen Gipfelkollegen unterlaufen werden – von denen, die nicht am Tisch sitzen, gar nicht zu reden.

Man nehme nur die wunderbare deutsche Art zu rechnen, wie die Klimakiller zwischen 1990 und 2020 deutlich reduziert werden sollen. Warum um Himmels Willen beginnt man mit 1990 (in der Tat war es wohl so, dass die Deutschen und solche Nationen schon in Kyoto auf 1990 beharrten, die sich vom Wegbrechen der Industrie im Osten schon hohe positive Effekte versprachen)? Warum nicht ab heute? Weil, wie inzwischen fast jeder weiß, die deutschen Emissionen mit dem Niedergang der Industrie in Ostdeutschland ganz ungeheuer sanken, und das wollen wir uns doch als gewaltige Umweltschutzanstrengung nicht nehmen lassen, ganz gleich, ob das heute noch irgendeine konkrete Bedeutung für den Klimawandel hat.

Oder Afrika. Der Kontinent besteht aus mehr als 50 souveränen Staaten, die sich erstens nicht ohne Weiteres in ihre inneren Verhältnisse hineinreden lassen wollen und zweitens völlig unterschiedliche Ausgangslagen und strukturelle Bedingungen aufweisen. Da gibt es Rohstoffexporteure, denen nichts Besseres hätte passieren können, als dass der globale Boom weitergegangen wäre, weil sie sich auf diese Weise selbst hätten helfen können. Da gibt es aber auch Staaten, die abhängig von teurem Öl sind und selbst nur landwirtschaftliche Produkte auf den Weltmärkten anzubieten haben, die vielleicht nicht einmal dann wettbewerbsfähig produziert werden könnten, wenn Europa seine Agrarsubventionen massiv verringern würde. Da ist es schwer, einfache Rezepte zu finden.

Oder die globalen Ungleichgewichte im Handel. Heute sind sich zum einen nicht einmal die Ökonomen halbwegs darüber einig, ob das Defizit in der Leistungsbilanz der USA und die Überschüsse Chinas, Japans und Deutschlands überhaupt ein Problem sind. Zum anderen gibt es, anders als in den 80er Jahren, einen gewaltigen Streit innerhalb der verschiedenen akademischen Richtungen der Ökonomie darum, mit welchen Mitteln man solche Ungleichgewichte angehen müsste, wenn sie denn ein Problem wären. Der Internationale Währungsfond (IWF) sucht seit Jahren erfolglos nach einem Mechanismus, mit dem man auch hier die total unterschiedlichen Interessen wenigstens an einen Tisch bekommt. Wie sollten da die Regierungschefs auch nur die Andeutung einer Lösung finden?

Oder die Hedge-Fonds. Keine Rede davon, dass es irgendwo eine einfache Lösung dafür gäbe, wie man mit diesen Monstern des internationalen Finanzbetriebes umgehen sollte, von den

Interessen der Länder einmal ganz abgesehen, die sich besonders viele davon in ihr Land geholt haben. Selbst darüber, ob diese Fonds eine gute (Risikostreuung) oder böse Rolle (Kapitalfehlleitung durch Kurzfristinteresse) spielen, gibt es keine klare Meinung, nirgendwo.

Was bleibt? Es bleibt das Bohren dicker Bretter in den internationalen Organisationen, die repräsentativer für die gesamte Welt sind als die medialen Großereignisse irgendwelcher G8-, G9-, G20- oder G-sonstwas-Gipfel. Es bleiben also vor allem die Vereinten Nationen. Kein Gipfel kann gerade in der globalisierten Wirtschaft die Auseinandersetzung mit den Vorstellungen und Interessen auch kleiner und kleinster Staaten ersetzen. Das ist äußerst mühsam, wäre aber einfacher, wenn nicht gerade die großen Nationen die Vereinten Nationen so häufig blockieren würden, um der Weltorganisation dann prompt Tatenlosigkeit vorzuwerfen.

Darüber hinaus bleibt die Fortsetzung der Auseinandersetzung in den verschiedenen Wissenschaften zur Klärung der Sachfragen der einzige Weg, um die Politiker unter Druck zu setzen, in den richtigen Gremien die richtigen und wichtigen Entscheidungen zu treffen. Das ist vielleicht das Entscheidende, wird aber doch massiv unterschätzt. Schaut man sich die Stellungnahmen von Nichtregierungsorganisationen oder den übrigen Protestierern in Heiligendamm an, dann muss man feststellen, dass in diesen Organisationen ein manchmal naiver Glaube an die »Demokratisierung« besteht. Würde man nur alles irgendwie demokratischer machen, wäre fast alles gut. Dem ist aber nicht so. Nichts spricht dafür, dass demokratisch gewählte Regierungen oder demokratisch organisierte Institutionen keine Fehler machen, also zum Beispiel nicht an die herrschende Lehre in der Ökonomie glauben oder nicht Einflüsterungen von Lobbygruppen unterliegen. Das ist zwar traurig, aber verflucht wahr.

# Kapitel 7
# Das Scheitern der Reformen

## Deutschland, das Schlusslicht

Als die Sozialdemokraten Ende der 90er Jahre an die Macht kamen, war die deutsche Wirtschaft nicht mehr das, was sie einst gewesen war. Wachstumswunderknabe war sie in den 50er Jahren, Beschäftigungschampion in den 60ern, Stabilitätsweltmeister in den 70ern und Leistungsbilanzüberschussweltmeister in den 80ern – nur Exportweltmeister war sie eigentlich immer. Das Land mit der harten Mark und den tüchtigen Menschen. 1998 war davon fast nichts mehr übrig. Die Arbeitslosigkeit war hoch, das Wachstum schwach und die D-Mark gerade weg. Selbst die deutsche Vereinigung, politische Krönung der Erfolgsstory, war wirtschaftlich vollständig in die Hose gegangen und wurde von vielen als ein entscheidender Grund für den allgemeinen Niedergang angesehen.

In der Tat, in Sachen Preisstabilität hatte die halbe Welt mittlerweile den deutschen Standard erreicht. Andere Währungen und sogar der Dollar waren härter als die D-Mark und deren Nachfolger Euro. Der gewaltige Leistungsbilanzüberschuss, für viele Jahre der Ausweis des wirtschaftlichen Erfolges, war im Zuge der deutschen Vereinigung untergegangen. Bei der Arbeitslosigkeit, bis Ende der 80er Jahre noch eine Erfolgsgeschichte im internationalen und insbesondere im europäischen Vergleich, hatte sich Deutschland nicht nur den USA, sondern auch vielen kleinen Ländern geschlagen geben müssen. Beim Wachstum gar, dem Lebenselixier der Marktwirtschaft, war Deutschland nicht nur im Mittelfeld gelandet, nein, es hatte in Europa als Letzter die rote Laterne nehmen müssen. Selbst der »Erzrivale« Frankreich wuchs seit Mitte der 90er Jahre deutlich schneller als die Berliner Republik.

Doch wer wie ich geglaubt hatte, das alles würde eine sozialdemokratische Partei, die sich anschickte, die Regierung der nächsten Jahre oder gar Jahrzehnte zu führen (wenn auch zusammen mit einer in ökonomischen Fragen mehr als dilettantisch agierenden und argumentierenden grünen Partei), veranlassen, ernsthaft und intensiv über die Fehler und Versäumnisse der Regierung Kohl nachzudenken und einen dicken Strich unter die schwarze Vergangenheit zu ziehen, wurde tief enttäuscht. Außer dem Vorsitzenden, damals noch Oskar Lafontaine, der sich zu jenem Zeitpunkt schon viele Jahre ernsthaft und intensiv mit der Wirtschafts- und Finanzpolitik im nationalen und im internationalen Rahmen auseinandergesetzt hatte, gab es an der Spitze der Partei niemanden, der in der Lage gewesen wäre, ein Amt wie das des Wirtschafts- oder Finanzministers inhaltlich zu füllen und ernsthaft mitzudiskutieren. Weiter so! – das war denn auch außerhalb des Bundesfinanzministeriums die Parole, weiter mit dem Kohlschen Personal und weiter mit der unternehmerfreundlichen Politik.

Nur so kann man erklären, dass es die modernen Sozialdemokraten unmittelbar nach der Regierungsübernahme 1998 schafften, nach langem Hin und Her einen bis dato weitgehend unbekannten Unternehmer namens Jost Stollmann für das Amt des Bundeswirtschaftsministers zu nominieren und, nachdem Stollmann sich durch viele schräge Äußerungen selbst diskreditiert hatte, einen Werner Müller nachzuschieben, der sich seine einschlägigen Meriten zuvor bei der RWE, bei der VEBA und als selbstständiger Industrieberater verdient hatte. Über Letzteren muss man eigentlich nicht viel sagen, bemerkenswert war aber immerhin, dass es das Bundeswirtschaftsministerium unter seiner Regie fertigbrachte, im Sommer 1999 in eine offizielle Verlautbarung zu schreiben, man müsse nun dem »schleichenden Sozialismus der Regierung Kohl« ein Ende bereiten.

Besonders zu denken hätte der Vorsprung Frankreichs geben müssen, weil es in vieler Hinsicht das Land ist, mit dem man Deutschland am ehesten vergleichen kann. Die USA sind zu groß, zu eigenständig und zu wenig in die Weltwirtschaft eingebunden, um für einen seriösen Vergleich zur Verfügung zu stehen. Kleine erfolgreiche Länder wie die Niederlande, Finnland, Dänemark oder gar Irland eignen sich für einen Vergleich von vornherein nicht (obwohl gerade diese Länder später von rot-grünen Regierungsmitgliedern besonders gern als »Vorbilder« ins Feld geführt wurden). Diese Länder können nämlich Dinge tun, die ein großes Land niemals tun könnte. Viele der »Kleinen« haben zum Beispiel innerhalb der Währungsunion ihre relative Größe ausgenutzt, um den Großen über Lohnzurückhaltung und eine Unterbewertung Marktanteile auf dem Weltmarkt abzujagen. Andere wie Schweden und Großbritannien haben sich in den 90er Jahren über massive Abwertung ihrer Währungen gegenüber der D-Mark Vorteile verschafft, die Deutschland nicht nutzen konnte – zunächst jedenfalls. Das hat den Kleinen viel gebracht, die Großen aber so wenig gestört, wie einen Sechzehnjährigen ein Tritt ans Bein von seinem fünfjährigen Bruder. Umgekehrt wäre das offenbar anders.

Frankreich ist nicht nur in vieler Hinsicht ähnlich, sondern schielte selbst vier Jahrzehnte lang über den Rhein, um es dem Wirtschaftswunderknaben zumindest gleichzutun. Deutschland war das Land mit der Leitwährung in Europa. Deutschland diktierte nach dem Ende der Dollarordnung von Bretton Woods die monetären Bedingungen der Nachbarstaaten und diese folgten, um nicht für immer mit einer schwachen Währung und Finanzkrisen geschlagen zu sein. Deutschland ging durch die Ölkrisen, ohne dauerhaften Schaden an der Stabilität der D-Mark zu nehmen, und heimste mehr Wachstum und Wohlstand als die anderen ein. Und, das war die letzte noch schwärende Wunde, Deutschland, in Form von Herrn Tietmeyer, sagte den anderen, wie das europäische Währungssystem zu funktionieren hatte. Schließlich erklärte es ihnen, wie viel Disziplin man braucht, um am Ende mit dem Musterschüler in die gleiche Klasse, Währungsunion genannt, gehen zu dürfen. Politisch krönte Deutschland seine Position mit der Vereinigung, wurde das mit Abstand größte Land und schien uneinholbar für die nächsten 100 Jahre.

Dass es anders kam, ließ nicht nur bei manch einem in Europa die klammheimliche Freude so heftig aufwallen, dass er sie nicht mehr verbergen konnte. Es traf auch Deutschland ins Mark, das um seine gern selbstreklamierte Führungsrolle fürchten musste, wenn es sich nun alle paar Monate vom finnischen oder irischen Finanzminister sagen lassen musste, doch nun gefälligst seine »Hausaufgaben« in Sachen »Arbeitsmarktflexibilität« oder Haushaltsdefizit zu machen, weil es sonst blaue Briefe oder noch heftigere Strafen setzen würde.

Warum aber ist Deutschland in den 90ern zurückgefallen? Um diese 100 000-Dollar-Frage hätte man ernsthaft streiten müssen in der Regierung nach 1998 und man hätte sich entscheiden müssen, welcher Art von Ökonomie man sich befleißigen wollte und welche zu einem sozialdemokratischen Weltbild gepasst hätte: Unternehmerlogik oder gesamtwirtschaftliche Logik. Das wäre vielleicht ganz einfach gewesen, wenn man sich die Zeit genommen hätte, diese Frage im Führungskreis der Regierung zu diskutieren, und wenn alle Beteiligten ihren gesunden Menschenverstand zu Hilfe genommen hätten. Es gab aber trotz meines Drängens niemals eine ernsthafte wirtschaftpolitische Diskussion der Menschen, die nach 1998 zusammen regieren wollten, und ihrer jeweiligen Berater. Wer die ideologischen Bretter vorm Kopf einmal für kurze Zeit abgenommen hätte, wäre der Lösung nämlich sehr schnell nähergekommen.

Es sind ausgerechnet die drei gängigsten Thesen über die wirtschaftliche Misere Deutschlands, die am wenigsten überzeugen.

Erstens, die missglückte deutsche Einigung sei schuld, hörte man häufig, weil dadurch die staatlichen Abgaben zu hoch und die Leistungsanreize zu gering seien. Die Abgaben waren in Deutschland aber nicht höher als etwa in den 80er Jahren, als man bei Wachstum und Beschäftigung viel besser als damals und Weltspitze zugleich war. Das Gegenteil ist eher richtig, die Abgaben der Unternehmen waren noch nie so niedrig wie 1998 und waren auch im internationalen Vergleich höchstens mittelmäßig. Die Lasten der deutschen Einheit hatte man – wie oben gezeigt – längst bei denen abgeladen, die in irgendeiner Weise vom Staat abhängig sind, weil die Transfers inzwischen weitgehend über den Abbau des sozialen Netzes finanziert worden waren.

Damit erledigte sich auch die zweite These, die da lautete, das soziale Netz und die Überregulierung hindere die Wachstumskräfte an der Entfaltung. Stattdessen gab es seit den 60er Jahren nicht mehr so wenig soziale Absicherung wie nach der sozialdemokratischen Regierungsübernahme und auch hier lieferte der internationale Vergleich in Wirklichkeit keine argumentative Munition. Frankreich etwa war mindestens so stark reguliert wie Deutschland und wurde dafür regelmäßig auch von den Gralshütern der reinen marktwirtschaftlichen Lehre bei der OECD und beim IWF getadelt, solange sein Wachstum nicht höher als das Deutschlands war.

Die dritte These war und ist noch immer besonders im Schwange. Sie sagte, der verkrustete Arbeitsmarkt und die Gewerkschaftsmacht seien das Haupthindernis für größere Wachstumsdynamik in Deutschland. Das war aber per se keine ernsthafte Erklärung, weil, wie Friederike Spiecker und ich in *Das Ende der Massenarbeitslosigkeit* gezeigt haben, der Arbeitsmarkt dem Wachstum folgt und nicht umgekehrt. Diese törichte These – und das ist ein weiterer der unfassbaren Fehler der Sozialdemokratie – wurde gerade in den beiden Jahren nach der Regierungsübernahme besonders laut vertreten. Die scheinbar »unflexible« deutsche Wirtschaft hatte sich immerhin von einem weltweiten Wachstumsschub anregen lassen, kräftig zu expandieren (um über 3 Prozent im Jahr 2000). Der Arbeitsmarkt reagierte darauf sofort heftig mit einem Abbau der Arbeitslosigkeit. Kurz darauf aber (2001 also, am Ende der berühmten dot.com-Blase in der Weltwirtschaft und nach dem 11. September) ließ die Arbeitsmarktdynamik nach, weil die Weltkonjunktur einbrach. Für jeden Menschen, der noch seine fünf Sinne beisammen hatte, hätte klar sein müssen, dass in einer solchen Konstellation nicht der Arbeitsmarkt der Engpass war, sondern eindeutig das Wachstum.

Dass eine rot-grüne Regierung unmittelbar danach – ohne einen Aufschrei der Empörung in den eigenen Reihen – ein Kaninchen namens Peter Hartz aus dem Hut ziehen konnte, zeigt, auf welch erbärmlichem Niveau sich die wirtschaftspolitische Debatte bewegte und wie unglaublich ignorant die regierende rot-grüne Regierung war.

Eine einfache Erklärung für das Zurückbleiben Deutschlands hätte man ohne Weiteres den einschlägigen volkswirtschaftlichen Gesamtrechnungen entnehmen können. So zeigt sich bei einem Vergleich mit Frankreich, den USA, Japan und Großbritannien, dass Deutschland beim Export immer ganz vorn mitspielt und auch bei den Investitionen nicht schlecht liegt. Insbesondere in der zweiten Hälfte der 90er Jahre fiel Deutschland aber beim privaten Verbrauch entscheidend zurück. Der Wachstumsbeitrag (also der Anteil der gesamten Wachstumsrate, der von einem bestimmten Teilbereich direkt beigesteuert wird) des privaten Verbrauchs lag zwischen 1996 und 2001 in den USA bei 2,9, in Großbritannien bei 2,6 und in Frankreich noch bei 1,1 Prozent. In Deutschland betrug er nur 0,9 Prozent, was lediglich von Japan mit 0,5 Prozent unterboten wurde.

Ein Vergleich des Instituts für Makroökonomie und Konjunkturforschung (IMK)[10] zwischen Deutschland und Frankreich aus dem Jahr 2008 zeigt das gleiche Bild: Den Unterschied machte der private Verbrauch in der ersten Phase und erst später holte

Deutschland wegen exorbitanter Exporterfolge auf. Das verfügbare Einkommen der privaten Haushalte stieg zwischen 1996 und 2000 in den USA jährlich um 3,4 Prozent, in Großbritannien um 2,8 Prozent, in Frankreich um 2,1 Prozent und in Deutschland um 1,3 Prozent. Nur Japan war schlechter mit 0,7 Prozent. Ist das ein Zufall? Ist es Zufall, dass in den beiden Ländern, die mit Abstand die Wachstumsschlusslichter bildeten, die privaten Haushalte am wenigsten in der Lage waren, Geld auszugeben?

So einfach ist das aber nicht, wird hier der moderne Sozialdemokrat einwerfen: Wenn das Einkommen so wenig gestiegen ist, dann kann das nur daran liegen, dass die Löhne in Japan und Deutschland zu stark gestiegen sind und die Beschäftigung daraufhin gefallen ist. Schade nur, dass sich die Wirklichkeit nicht an diese Theorie hält: Gerade in dem betrachteten Zeitraum sind in Deutschland und Japan die Löhne pro Kopf weniger gestiegen als in den anderen Ländern, gleichzeitig hat aber auch die Beschäftigung weniger zugenommen.

Das Ergebnis ist weniger verblüffend, als es im Lichte der herrschenden Konfusion aussieht. Deutschland hat seine eigene Tugend, nämlich besser und stabiler sein zu wollen als die anderen, genau in dem Augenblick zu einer Untugend gemacht, als die anderen aufgeholt hatten. In den 60er Jahren durften die Löhne hierzulande noch mit 8 bis 10 Prozent jährlich steigen, ohne dass die Welt unterging. In den 80ern waren es immerhin noch gut 4 bis 5 Prozent, und das galt genau bis 1996 auch weiter für Westdeutschland. Ab dann einigte man sich im Bündnis für Arbeit darauf, den Gürtel gründlich enger zu schnallen, und halbierte die nominalen Lohnzuwächse. Die Folge war, dass an zusätzlicher Kaufkraft praktisch nichts mehr übrig blieb. Bei stagnierenden Reallöhnen stagnierte aber auch der inländische Absatz der Unternehmen, die daraufhin folglich keine Leute mehr einstellten.

Nimmt man hinzu, dass zunächst der christ-soziale und später der sozialdemokratische Finanzminister kräftig sparte und die

Geldpolitik in Europa viel lieber bremste als Gas gab, ist das deutsche Schlusslicht gut zu erklären. Diese einfache Erkenntnis hätte man nur noch in Politik umsetzen müssen, sollte man meinen. Doch so einfach will es sich der deutsche Politiker nicht machen. Selbstständig denken? Wo kämen wir da hin?

## Reformieren, reformieren, bloß nicht denken

Das Versagen in der Wirtschaftspolitik setzte sich auch nach der knapp gewonnenen Bundestagswahl im Jahr 2002 bruchlos fort. Kaum war die zweite rot-grüne Regierung im Amt, ging sie schon in Schulden unter. Weil bei schwachem Wachstum gewaltige Finanzierungslücken auftauchten, entschloss sie sich zu einem Mix aus Einsparungen und Steuererhöhungen, der vielen gewaltig aufstieß. Statt der allgemein angemahnten »durchgreifenden Reformen« war zunächst Erbsenzählen angesagt. Das konnte nicht gut gehen, auch, weil sich die Medien nun auf Rot-Grün einschossen. Die Auguren des Reformstaus verkündeten schon das rasche Ende dieser Regierung, weil sie unfähig zu wirklichen »Reformen« sei.

Nachdem Schröder noch 2001 die »Politik der ruhigen Hand« ausgerufen hatte, ohne damit irgendwelche namhaften Ergebnisse vorweisen zu können, wurde nun immer mehr deutlich, dass mit »Klein-Klein« nichts mehr zu machen war. Die Medien verlangten einen »Ruck«, und Schröder lieferte. Seit Jahren hatte eine wachsende Gemeinde von »Reformern« gepredigt, dass Deutschland nichts dringender als Reformen brauche. Nicht die Erkenntnis sei das Problem, hatte der frühere Bundespräsident und Jurist (!) Roman Herzog schon knapp anderthalb Jahre zuvor verkündet, sondern allein die Durchsetzung des als richtig Erkannten. Wenn die große Politik sich nur trauen würde, so der Tenor seiner berühmten Berliner Rede von 1997, dann ginge endlich ein »Ruck« durch das Land, nach dem dann die

Wirtschaft wie geschmiert von allein laufen und Arbeitsplätze in Hülle und Fülle schaffen würde.

Auf die Frage, welche Reformen es denn nun bitte schön sein dürften, gab es damals wie heute die gleiche Antworten: Die Steuern sind natürlich immer zu kompliziert und zu hoch, die Sozialleistungen zu üppig, die Gesundheit ist zu teuer, die Rente nicht sicher, und die Bürokratie hat sich mit der Regulierung aller Lebensbereiche wie Mehltau übers Land gelegt. So einfach ist das also. Natürlich, weil es ja gar nicht anders sein kann.

Mit solchen schlichten Parolen werden das Unternehmerdenken und die Unternehmerpolitik auf fahrlässige Weise auf die Volkswirtschaft und die gesamte Gesellschaft übertragen. Was tut ein Unternehmensvorstand, wenn die Geschäfte nicht so optimal laufen? Es arbeitet daran, den Gürtel enger zu schnallen. Bei Schwierigkeiten müssen Arbeitskräfte entlassen, in Auftrag gegebene Maschinen abbestellt, außertarifliche Leistungen gekürzt – kurz und schlecht: Kosten gesenkt werden. Und wenn es einem ganzen Land nicht so gut geht? Dann muss eben, in derselben Logik, der Gürtel kollektiv enger geschnallt werden, weil sich das ganze Land zu viel geleistet, also über seine Verhältnisse gelebt hat. Es gibt ja scheinbar nur diese eine Logik, und weil diese Logik für jedermann verständlich ist, plappert sie auch jedermann daher.

Eine andere Sicht der Dinge ist politisch gegen die Meinungsmacht der Medien kaum durchzuhalten und sie wäre es von ebenso aufgeklärten wie aufrechten Politikern wohl auch nur dann, wenn wenigstens die etatmäßige Wissenschaft ernsthafte Beiträge leisten würde. In Deutschland haben sich aber – anders als in fast allen anderen Ländern der Welt – die Volkswirte schon vor langer Zeit zu einer Gemeinde zusammengeschlossen, die dieses laienhafte, betriebswirtschaftliche Verständnis von Wirtschaft jeden Tag bestätigt. Sie haben sich in den 70er Jahren ohne jeden äußeren Zwang dazu entschlossen, das gesamtwirtschaftliche Denken über Bord zu werfen. Mikroökonomie war angesagt und wurde, gründlich wie man in Deutschland ist, nicht als Ergänzung, sondern gleich als Ersatz für die ungeliebte Makroökonomie betrachtet. Spielte doch beim makroökonomischen Denken tatsächlich der Staat eine Rolle, den man allzu gerne ganz aus der Betrachtung der sich selbst regulierenden Märkte verbannen wollte.

Kann man aber tatsächlich das gesamtwirtschaftliche Denken verbannen, ohne gewaltige Fehler zu machen? Kann man eine Überlegung wie die folgende als belanglos ansehen, ohne den Kern dessen zu verfehlen, um das es bei Wirtschaftspolitik, im Gegensatz zu Unternehmenspolitik, geht? Stellen wir uns vor, ein Unternehmen schreibt rote Zahlen und will nun alles dafür tun, wieder in die Gewinnzone zu kommen. Parole: Gürtel enger schnallen. Es entlässt Arbeitskräfte und streicht eine geplante Investition, storniert dazu eine schon bestellte Maschine. Was passiert in der Gesamtwirtschaft? Die freigesetzten Arbeiter gehen in einer Situation wie der derzeitigen, in der sie nicht sofort einen neuen Job finden, zum Arbeitsamt und erhalten dort 65 Prozent ihres Lohnes als Arbeitslosengeld. Nun sind es die Arbeitslosen, denen nichts anderes übrig bleibt, als ihren Gürtel enger zu schnallen. Sie kaufen also etwa 35 Prozent Güter weniger, weil sie ihre Ersparnisse nicht angreifen wollen, sofern es sie überhaupt gibt. Das aber vermindert unmittelbar den Umsatz der Unternehmen, die diese Güter hergestellt haben. Das Arbeitslosengeld muss der Staat bezahlen, der aber keine höheren Schulden machen will und deswegen die Beamtengehälter kürzt oder öffentliche Investitionen streicht. Die Folge ist, dass auch dies zu sinkender Nachfrage nach Gütern oder Bauleistungen führt, was wiederum die Lage von Unternehmen verschlechtert. Das Gleiche gilt natürlich unmittelbar bei der Stornierung einer Maschine, mit deren Lieferung ein anderes Unternehmen schon fest gerechnet hat.

Wo auch immer etwas gekürzt und gestrichen wird, am Ende ist es die Lage der Unternehmen, die sich dabei verschlechtert.

Unser Ausgangsunternehmen mag seine eigene Lage durch seine Kürzungsaktionen verbessert haben, die Unternehmen insgesamt verbessern ihre Lage dadurch nicht. Das ist der entscheidende Unterschied zwischen einer einzelwirtschaftlichen und einer gesamtwirtschaftlichen Betrachtung: Gesamtwirtschaftlich sind die Kosten des einen immer die Erträge des anderen und umgekehrt. Wer den Gürtel enger schnallt, malträtiert nicht nur sich selbst, sondern im gleichen Augenblick auch alle seine Unternehmerkollegen. Das Gleiche gilt selbstverständlich auch für alle anderen Arten der Kostensenkung, seien es der Abbau der berühmten Lohnnebenkosten, die beliebten staatlichen Subventionskürzungen oder der Sozialabbau. Immer sind es die Gewinne der Unternehmen, die den Gegenpart bilden für die Erfolge beim Sparen. Sparen und Kostensenkung, die große Wunderwaffe der politischen Laienspieler und der Unternehmensberater, ist – aus gesamtwirtschaftlicher Sicht – zwingend ein Rohrkrepierer. Die spannende politische Frage aber ist: Wenn kein vernünftiger Mensch eine solche Logik bestreiten kann, wie gelingt es dann der unheiligen Allianz von unwissenden Politikern und Ideologen, die im Gewand der Wissenschaft daherkommen, alle vernünftigen Menschen unterzubuttern? Die Antwort: Da man mit solchem Denken die Lufthoheit über die Stammtische sowieso hat (denn das Einzelwirtschaftliche, nur auf sich bezogene Denken, ist ja genau das, was wir mit »Stammtisch« umschreiben wollen), muss man nur noch die Medien gewinnen, was die Verleger sowieso, aber auch die »Wissenschaft« sicherstellen und schon gibt es ein anderes Denken, ein Denken in Alternativen, nicht mehr. Taucht es dennoch einmal kurz auf, belegt man es mit Ausdrücken wie »altes Denken«, »Keynesianismus« oder »Schuldenmacherei« – und schon ist es wieder verschwunden.

Auf diese Weise sind gesamtwirtschaftliche Überlegungen vollkommen aus der »modernen« deutschen Ökonomie und der ihr folgenden »modernen« Wirtschaftspolitik verdrängt worden.

Steuern senkt man zwar mit dem Ziel, die Gewinne, die Investitionen und die Arbeitsplätze in den Unternehmen zu erhöhen. Man kürzt aber gleichzeitig die Staatsausgaben, um die selbst herbeigeführten Steuerausfälle »gegenzufinanzieren«, und endet zum eigenen Erstaunen im Nichts, weil sich die erhofften Wirkungen nicht einstellen.

Das Tolle ist: Der Lehre, die unsere Wirtschaftspolitik dominiert, geht es gar nicht um konkrete Gewinne, sondern lediglich um die »Anreize« für Unternehmen und Arbeitnehmer, mehr zu arbeiten oder mehr zu investieren, indem die »Grenzsteuerbelastung«, also die Belastung des letzten verdienten Euro mit Steuern und Abgaben, gesenkt wird. Gewinne – in dem Sinne, wie sie sich jeder Mensch ohne Ökonomiestudium vorstellt – gibt es in dieser Vorstellungswelt schlicht nicht. Es gibt keinen Vorsprung, den ein Unternehmen vor seinen Konkurrenten erzielen kann, keine temporären Monopolsituationen, keine Marktführerschaft, keine Innovationen, mit denen man anderen Marktanteile abnehmen kann, und folglich, und das ist das Entscheidende, auch einfach keine wirtschaftliche Entwicklung, sondern nur Stillstand oder bestenfalls ein vom Himmel fallendes stetiges Wachstum, das niemand erklären und niemand beeinflussen kann.

Politisch muss man sich das auf der Zunge zergehen lassen: Die zentrale Idee, mit der die modernen Wirtschaftspolitiker und die modernen Sozialdemokraten in Deutschland hantieren und in der sie von den Unternehmerverbänden heftig unterstützt werden, sieht die Existenz von richtigen Unternehmern überhaupt nicht vor. Damit erklärt sich nun auch ohne Weiteres das Versagen dieser Politik. Nichts belegt das besser als die unendliche Geschichte der Steuerreformen. Keine Regierung, die nicht in den vergangenen 30 Jahren an einer »Jahrhundertsteuerreform« herumgebastelt hätte. Und idiotischerweise hat auch die rot-grüne Regierung nach 1998 sich von aufgeheizten Medien dazu drängen lassen, eine solche »Jahrhundertreform«

durchzuhecheln, die nach zwei Jahren von einer neuen »Jahrhundertreform« noch überboten wurde. Das Resultat für Investitionen und Arbeitsplätze ist verheerend. Geleitet von dem Anreizgedanken und ohne Rücksicht auf die konkrete wirtschaftliche Situation von Unternehmen und Haushalten wurden die Steuersätze für Unternehmen und vermögende Haushalte in den vergangenen 20 Jahren zwar massiv gesenkt und bewegen sich mittlerweile in ganz Europa Richtung null, die Investitionstätigkeit ist heute aber weder stabiler noch dynamischer als zuvor.

Die andauernde Steuerentlastung hat sich im Verhalten der Unternehmen in einer Krisenphase wie der jetzigen in keiner Weise niedergeschlagen. Anfang der 80er Jahre hatte man sich ernsthaft erhofft, die Investitionsneigung der Betriebe ließe sich mit solchen Steuervergünstigungen verstetigen. Das Auf und Ab der Konjunktur würde gebremst, insbesondere durch den Verzicht auf die ertragsunabhängigen Steuern, die »Substanzsteuern«, wie die Vermögenssteuer und die Gewerbekapitalsteuer. Die inländische Wirtschaft, so die Erwartung, würde auch ein Stück unabhängiger werden von der internationalen Entwicklung, wenn man die Betriebe vom staatlichen Joch befreite. Nichts dergleichen ist eingetreten. Im derzeitigen Abschwung der Weltkonjunktur reagieren die deutschen Unternehmen eher mit stärkeren Einschnitten in die Investitionstätigkeit als früher. Arbeitsplätze werden mindestens im gleichen Tempo wie früher abgebaut, die Klage über schrumpfende Gewinne und schlechte unternehmerische Perspektiven ist genauso laut, wie sie immer gewesen ist.

Reformen im Bereich der Steuern also gab es in einem Ausmaß, das man sich Anfang der 80er Jahre nicht hätte vorstellen können. Trotzdem war aber alles vergebliche Liebesmüh. Die Gründe dafür will keiner hören. Weil jede Steuersenkung von Ausgabenkürzungen oder Einnahmeerhöhungen an anderer Stelle begleitet war, konnten die Steuerentlastungen nicht auf die Gewinne der Unternehmen durchschlagen, und selbst dann, wenn sie auf die Verteilung durchschlugen (die massive Umverteilung seit der Jahrtausendwende zeigt das), brachte es nichts, weil gleichzeitig die Nachfrage der privaten Haushalte schrumpfte.

Alle Reformen verpufften, weil die Unternehmen in schlechten Zeiten keine Anreize brauchen, sondern eine handfeste Verbesserung ihrer Lage, sprich Nachfrage. Das gilt im Prinzip auch für die Entlastung der privaten Haushalte insgesamt: Erhöht der Staat die Nettolöhne durch reduzierte Abgaben, wirkt das per Saldo keineswegs positiv, wenn gleichzeitig die Transfers für die Haushalte an anderer Stelle gekürzt werden oder Arbeitsplätze auf dem Spiel stehen, weil Subventionen für Betriebe zur Finanzierung herangezogen werden. Das Einzige, was netto etwas gebracht hätte, wären Steuersenkungen »auf Pump« gewesen, also eine höhere Verschuldung des Staates, um die Steuerentlastung zu finanzieren. Das aber war, wie man an dem schönen Namen schon erkennen kann, in Deutschland verpönt. So konnte auch der Ansatz der zweiten Regierung Schröder, die staatlichen Ausgaben trotz Flaute herunterzufahren, einige Steuern zu erhöhen und einige Privilegien zu beschneiden, genauso wenig bringen, wie es die angemahnten »durchgreifenden Reformen« getan hätten.

## Die schreckliche Geschichte der Rente

Kurze Zeit, nachdem ich mich im Herbst 1998 im Finanzministerium etabliert hatte, bat ein Kollege Staatssekretär aus dem Arbeitsministerium um ein Gespräch über die Zukunft der Rente. Als es schließlich dazu kam, versuchte er mir darzulegen, dass nur eine vollständige Umstellung des Rentensystems Deutschlands demografische Probleme würde lösen können. Wohl in der Annahme, dass ich mich noch nie mit Rentenfragen befasst hätte, erklärte er mir umständlich und wie einem kleinen Kind, warum das alte System nicht mehr tauge und nur ein kapitalgedecktes System zukunftsfähig sei. Der gute Mann konnte nicht wissen, dass ich gerade als Berater der Regierung von Kasachstan die Absurdität einer solchen (von der Weltbank und vom IWF initiierten) Umstellung in allen Details mitverfolgt hatte. Also komplimentierte ich den Kollegen ganz schnell wieder aus meinem Büro, indem ich ihm klar machte, er brauche nicht im Traum daran zu denken, dass ich den Finanzminister überzeugen würde, den Gedanken an ein neues Rentensystem auch nur zu erwägen.

Wenig mehr als ein Jahr, nachdem Lafontaine und ich das Finanzministerium verlassen hatten, war es schon so weit: Deutschland wurde auch bei der Rente »modern«. Eine sozialdemokratisch geführte Bundesregierung veranstaltete unter der Federführung des ehemaligen Gewerkschaftsführers und damaligen Arbeitsministers Walter Riester eine »Jahrhundertreform« bei der Rente und bestätigte damit, was schon seit Jahren von Interessenvertretern und interessierten Wissenschaftlern in die Welt gesetzt worden war, dass nämlich die gesetzliche Rente nicht mehr sicher sei. Es waren also ausgerechnet die Sozialdemokraten, die die Schmähung der völlig richtigen Aussage, die gesetzliche Rente sei sicher, mit der Norbert Blüm, der Arbeitsminister unter Helmut Kohl, berühmt/berüchtigt geworden war, in offizielle Politik umsetzten.

Die Regierung Schröder entschloss sich also zu einem einschneidenden Systemwechsel. Zum ersten Mal wurde die private Vorsorge Teil der Alterssicherung in Deutschland. Ausgangspunkt einer solchen Reform ob in Kasachstan oder in Deutschland, ist immer der gleiche Befund. Weil abzusehen ist, so die Argumentation, dass die Deutschen immer älter werden, sei das in den 50er Jahren eingeführte Umlageverfahren, der Generationenvertrag also, bei dem immer die heutige arbeitende Generation für die Älteren aufkommt, nicht mehr haltbar. In diesem System würden die Rentenbeiträge spätestens 2030 bei 26 Prozent liegen, und das sei weder den Arbeitnehmern noch den Unternehmen zuzumuten.

Im alten Umlageverfahren, sagte man, müsste der durchschnittliche Arbeitnehmer 13 Prozent seines Einkommens für Rentenbeiträge aufwenden – im Vergleich zu den fast 10 Prozent, die es heute sind. Das war offenbar die Katastrophe, die man verhindern wollte. Der durchschnittliche Arbeitnehmer, der Anfang des neuen Jahrtausends etwa 2000 Euro brutto im Monat verdiente, würde im Jahre 2030, wenn die deutsche Wirtschaft nur mit 2 Prozent real wüchse, etwa 7200 Euro – zu Preisen von 2000 – verdienen. Bei 10 Prozent Rentenbeitrag verblieben ihm dann für alles Übrige 6500 Euro, bei 13 Prozent noch 5900 Euro im Monat. Woran gemessen wäre das eine Katastrophe? Könnten nicht auch die deutschen Unternehmen bei doppelter Produktivität und verdoppelten Gewinnen die fehlenden 2 Prozent tragen?

Nein, sagte die sozialdemokratische Regierung (natürlich unter heftigem Beifall der Grünen, die Sparen immer gut finden und Vorsorge sowieso), die Lohnnebenkosten sind ohnehin zu hoch und dürfen auf keinen Fall über 22 Prozent steigen, folglich müssen im alten System die Renten sinken. Wer eine unveränderte Rente haben will, soll eben privat vorsorgen. Also bietet man ihm schon jetzt an, die 4 Prozent, die zwischen 22 und 26 Prozent fehlen, – freiwillig (und steuerlich gefördert) anzusparen, wobei man die Arbeitgeber von vornherein von der Zahlung ausschließt.

Genau da wurde die Rentenpolitik in Deutschland zum wirtschaftspolitisch gefährlichen Unfug. Es gab und gibt nämlich keinerlei Beleg dafür, dass die Lohnnebenkosten in Deutschland zu hoch sind (dazu mehr im nächsten Abschnitt). Und, noch wichtiger, im Gegensatz zum einzelnen Hausvater können alle Arbeitnehmer einer Volkswirtschaft überhaupt nicht für die Zukunft ansparen. Hinzu kommt, wenn die Arbeitnehmer ihre Ausgaben für die Rente auf 15 Prozent erhöhen, ist das für den

Einzelnen exakt das Gleiche wie eine Erhöhung der Abgaben, weil auch das Ansparen für eine private Rente Konsumverzicht bedeutet.

Entscheidend aber ist, dass die Grundvorstellung einer Kapitaldeckung fundamental falsch ist. Deswegen haben aber auch viele Gegner dieser Kapitaldeckung wie etwa mein Freund und Mitstreiter Albrecht Müller (www.nachdenkseiten.de) oder auch Norbert Blüm den taktischen Fehler gemacht, sich auf viele Detailfragen einer solchen Rentenumstellung einzulassen, anstatt immer wieder auf die Grundfrage zu kommen: Kann man erspartes Kapital (Geldkapital oder Geldvermögen, also den Saldo aus Einnahmen und Ausgaben jedes Haushaltes oder Unternehmens) in die Zukunft transportieren? Eindeutige Antwort: nein, niemals. Das Geldvermögen der Welt ist immer, in jeder Sekunde also, genau gleich null.

Aber es ist noch schlimmer: Bei der Kapitaldeckung verzichtet der Arbeitnehmer nämlich schon in der Gegenwart auf mehr Konsum, um in 30 Jahren trotz der Alterung der Bevölkerung eine gleich hohe Rente zu erhalten. Er gibt daher sein Geld einer Bank oder einem Fonds. Was aber geschieht dann damit? Der Fonds leiht das Geld einem anonymen Schuldner. Der investiert das Geld in Sachanlagen und verspricht, in Zukunft Zinsen zu zahlen. Nur – und das ist der Knackpunkt – muss der Investor auch heute Gewinne machen, will er überleben und soll er später Zinsen zahlen können. Versucht eine große Gruppe der Volkswirtschaft heute jedoch, mehr zu sparen als vorher, sinkt die Chance aller Investoren, ordentliche Gewinne zu machen.

Kapitaldeckung fördert folglich nicht, sondern behindert die einzige Form des »Sparens«, die es für eine Volkswirtschaft insgesamt gibt, nämlich das Investieren in Sachkapital. Gelingt die Kapitaldeckung und steigt die Sparquote der Arbeitnehmer bei dem Versuch, Eigenvorsorge zu betreiben, sinken die Gewinne der Unternehmen, also deren »Sparleistung«. Das kostet unmittelbar Investitionen und Arbeitsplätze. Bleibt dagegen die Sparquote der Arbeitnehmer konstant, subventioniert man mit den staatlichen Hilfen lediglich einen Teil des bisherigen Sparens. Eine größere Vorsorge gibt es dann nicht einmal der (falschen) Idee nach.

Ich schrieb im Jahr 2000 in einem Artikel zur Rente in der *Financial Times Deutschland*:

»Der Konsens in der deutschen Rentenreformdebatte ist nah. Alle sind sich mit dem Arbeitsminister einig, dass mehr private Vorsorge betrieben werden muss, soll die Rente auch in Zukunft sicher sein. Der Finanzminister ist bereit, mit Milliardensummen privates Sparen zu subventionieren. 4 Prozent ihres Ein kommens sollen die Arbeitnehmer in Zukunft zusätzlich zu den Rentenbeiträgen zurücklegen, um für ihre Alterssicherung angemessen vorzusorgen. Erstaunlicherweise spricht aber niemand davon, wie viel der durchschnittliche Arbeitnehmer am Ende insgesamt sparen müsste, um dem Vorsorgegedanken Rechnung zu tragen. Wenn die ganze Philosophie des Ansparens einen Sinn machen soll, dann darf es Finanz- und Arbeitsminister doch auf keinen Fall gleichgültig sein, ob die Arbeitnehmer in Zukunft 10 Prozent ihres Einkommens sparen oder 14 Prozent – einschließlich der subventionierten 4 Prozent natürlich. Die schon bisher ohne Subventionen realisierte Sparquote der privaten Haushalte aber ist ein bewegliches Ziel. Wer jetzt nicht sagt, welche Sparquote er am Ende erreichen will, sagt in Wirklichkeit gar nichts.

Anfang der 90er Jahre lag die freiwillig realisierte Ersparnis aller privaten Haushalte bei 13 Prozent des Einkommens. Die Haushalte der Selbstständigen mit höherem Einkommen dürften eher 20 Prozent auf die hohe Kante gelegt haben, die Arbeitnehmer im Durchschnitt kaum über zehn Prozent. Die Sparquote insgesamt ist aber keine Naturkonstante. Von 13 Prozent im Jahre 1991 sank die private freiwillige Ersparnis Jahr für Jahr und wird im Jahr 2000 nur noch bei knapp 10 Prozent des Einkommens liegen. Über die Verteilung dieser Veränderung auf Arbeitnehmer und Selbstständige gibt es zwar keine exakten Statistiken, vieles spricht aber dafür, dass gerade die Arbeitnehmer angesichts stagnierender oder sogar sinkender Nettorealeinkommen ihren privaten Verbrauch mit Hilfe einer geringeren Ersparnis aufrechterhalten haben. In der Philosophie der Rentenreformer heißt das, dass allein im letzten Jahrzehnt die private Vorsorge um drei Prozentpunkte abgebaut wurde. Bei den Arbeitnehmern allein sind es mit Sicherheit mehr als vier Punkte gewesen.

Wenn der Arbeitsminister den Finanzminister nun davon überzeugt, 4 Prozent der Ersparnis der Arbeitnehmer hoch zu subventionieren, was meint er damit und was will er erreichen? Sollen die Arbeitnehmer ihre Sparquote wieder auf das Niveau von 1991 anheben? Was wäre damit gewonnen? Wieso bietet die Rückkehr zum freiwillig und ohne jede Subvention realisierten Niveau der Ersparnis von 1991 eine angemessene Vorsorge gegen die Überalterung in 2030. Das wäre jedoch noch der beste Fall. Was aber tut der Arbeitsminister, wenn die Arbeitnehmer die Sparquote auf dem jetzigen niedrigen Niveau von 10 Prozent halten und lediglich vier Prozentpunkte davon als zu subventionierende Ersparnis deklarieren? Dann gibt es keinerlei Vorsorge, aber eine sinnlose Subvention. Doch selbst den schlimmsten Fall kann man mit der derzeit vorgesehenen Konstruktion nicht verhindern: Stellen wir uns einmal vor, die Sparquote sinkt im gleichen Tempo weiter wie in den letzten zehn Jahren. Dann liegt sie 2010 nur noch bei 6 Prozent, wovon vier Prozentpunkte subventioniert werden als ›Vorsorge gegen die 2030 drohende Überalterung der Gesellschaft‹.

Arme zukünftige Generationen, weniger Vorsorge war nie, aber die Subventionen für die Vorsorge, die sie mit ihren Steuern bezahlen, fließen kräftig. ›Mitnahmeeffekte‹ nennt man das in anderen Bereichen üblicherweise und hat sich alles Mögliche ausgedacht, um diese Art Missbrauch von Subventionen zu vermeiden. Vollständig gelingen kann das zwar niemals, aber so leicht wie bei der Rentenreform wurde es ›Mitnehmern‹ der Subventionen bisher noch nie gemacht. Da wird der Rechnungshof in ein paar Jahrzehnten ganz schön ins Schwitzen kommen, um den Erfolg oder die Unbedenklichkeit der Subvention zu bescheinigen. In anderen Bereichen würde schon heute Zeter und Mordio geschrien. Man stelle sich einmal vor, der Landwirtschaftsminister wollte den Weizenanbau zur Sicherung der Ernährung der Bevölkerung durch Zuschüsse fördern, weil die Produktion von Weizen ständig zurückgeht. Die einzige Auflage aber, die er den Weizenbauern machte, wäre die Verpflichtung, in Zukunft 5 Prozent ›mehr‹ Weizen anzubauen, ohne zu sagen, an welcher Produktionsmenge gemessen die 5 Prozent zu errechnen sind.«

Tatsächlich ist die Sparquote der privaten Haushalte nicht ausreichend gestiegen, um dem Riesterschen Vorsorgegedanken Rechnung zu tragen. Auch 2008 lag die Sparquote noch etwas über 11 Prozent. In der politischen Debatte aber fragt niemand, was mit dem öffentlichen Geld geschehen ist. Es ist ein Skandal ohnegleichen.

Mögen Interessenvertreter und/oder ihre professoralen Herolde auch gebetsmühlenartig das Gegenteil verkünden, es bleibt eine unumstößliche Wahrheit, dass eine Volkswirtschaft als Ganzes nicht wie ein Eichhörnchen sparen kann. Immer muss jemand hier und heute das angesparte Geld aufnehmen, sich also verschulden, um zu investieren, soll in Zukunft eine Zinszahlung möglich sein. Wenn es in 30 Jahren mehr Alte als Junge gibt, wird die wirtschaftliche Leistungskraft sinken und folglich weniger Zinserträge oder Rentenbeiträge hergeben. In Zukunft müssen daher in jedem System die Renten geringer oder der dann zu zahlende Rentenbeitrag größer sein. Heute mehr zu sparen, führt uns daran nicht vorbei. Es mindert sogar unsere Chance, die Belastung mit einem hohen Einkommen erträglich machen zu können.

Heute zusätzlich gespartes Geld verdirbt das Geschäft aller Unternehmer dieser Welt. Jeder Euro, den wir heute für Güter, die Unternehmen produzieren, nicht ausgeben, mindert den Gewinn aller Unternehmen unmittelbar um genau diesen Euro.

Die Anhänger der Kapitaldeckung wenden dagegen ein, dass sich Unternehmen unseren Euro nun aber günstiger von der Bank ausleihen können, weil die Zinsen gesunken sind. Doch, selbst wenn das richtig wäre, was bedeutet das im Vergleich zum Nicht-Sparen? Es bedeutet, dass der Unternehmer nun Zinsen für den Euro bezahlen muss, den er umsonst bekommen hätte, wenn wir ihn ausgegeben und nicht gespart hätten. Investieren ist also teurer geworden. Der Anreiz zu investieren, hat abgenommen.

Was wiederum nur zeigt, dass es in der Ökonomie nichts umsonst gibt. Es wäre das Schlaraffenland mit den gebratenen Tauben, wenn man mehr Geld sparen könnte, also auf Konsum heute verzichtete, und dennoch die Unternehmen fröhlich weiter investierten, als wäre nichts geschehen. Wenn das so wäre, bräuchten wir uns überhaupt keine Gedanken über das Investieren machen, weil die Unternehmen unabhängig von ihrer wirtschaftlichen Situation immer genügend Zukunftsvorsorge betrieben. Bezieht man den Staat mit ein, gilt *grosso modo* das Gleiche. Legen wir unser Geld in Staatsanleihen an, statt es in die Rentenversicherung einzuzahlen, kann der Staat nur dann soviel ausgeben wie vorher, wenn er sich höher verschuldet. Die Kapitaldeckung ist dann nur eine teure Umlage. Gibt der Staat weniger Geld als vorher aus, kommt auch weniger Geld bei den Unternehmen an, mit den gleichen Folgen wie bei höherer Sparquote der Privaten.

Wir sorgen durch das Sparen also gerade nicht für die Zukunft vor, sondern tun das Gegenteil. Das ist übrigens keine Erkenntnis, die der Keynesianismus für sich allein beanspruchen kann. Immer wieder in der Wirtschaftsgeschichte gab es Ökonomen, die diesen absolut zentralen Zusammenhang verstanden hatten, ohne dass sie sich gegen die schlichte Weltsicht des privaten Hausvaters oder des privaten Unternehmers hätten durchsetzen können. Kann man sich heute vorstellen, dass etwa Joseph Alois Schumpeter – ein Mann, der wie kein anderer die enorme Bedeutung der Investierung des Unternehmers für erfolgreiche wirtschaftliche Entwicklung herausgestellt hat – schrieb: »Sparen kann zu einem Störer des wirtschaftlichen Prozesses werden, ja, möglicherweise sogar Zerstörer statt Schöpfer der industriellen Kapazitäten.« (Schumpeter 1954, S. 326, eigene Übersetzung).

Mit dieser Einsicht in das gesamtwirtschaftliche Paradox des Sparens erweist sich die ganze Rentendebatte als Schimäre. Jede Rente ist kapitalgedeckt. Sie ist gedeckt von dem Sachkapital, das genau zu dem Zeitpunkt Erträge abwirft, in dem die Rente oder der Zins auf eine Anlage gezahlt werden soll. Eine andere Kapitaldeckung gibt es nicht. Wenn wir in 30 Jahren sehr viel mehr Rentner als Aktive im Vergleich zu heute haben und die Rentner eine gleich gute Absicherung wie heute genießen sollen, dann müssen wir das auf die eine oder andere Weise bezahlen.

Wir können die daraus entstehenden Lasten nur dadurch relativieren, dass wir heute viel in Sachkapital investieren und folglich in 30 Jahren so reich sind, dass Unternehmen und Arbeitnehmer zusammen 26 Prozent Rentenbeitrag gut verkraften. Wollen wir dennoch dafür nicht aufkommen, müssen wir das mit den zukünftigen Rentnern ausmachen und ihnen erklären, dass sie mit weniger Rente im Vergleich zum Einkommen auskommen müssen als die heutigen Rentner, also trotz größerem Wohlstand relativ arm sein werden. Das ist eine Verteilungsfrage, die – wie alle Verteilungsfragen – schwer zu lösen ist. Heute den Menschen jedoch zu sagen, sie könnten diese Verteilungsfrage umgehen, indem sie ihre Groschen zusammenhalten, ist Scharlatanerie. Dass es gerade Sozialdemokraten waren, die den Arbeitnehmern diesen Humbug unterjubelten, ist typisch, aber auch tragisch, weil es vielleicht der erste und entscheidende Schritt zum Untergang dieser Spezies war.

So ist es am Ende schon wieder ganz einfach: Es gibt ein reales Problem, das für 20 bis 30 Jahre in der Mitte des 21. Jahrhunderts Überalterung heißt. Dessen Lasten kann man auf die eine oder andere Art verteilen. Man kann auch versuchen, das reale

Problem durch reale Maßnahmen zu lösen. Eine reale Lösung wäre zum Beispiel die Zuwanderung von mehr jungen Menschen aus Ländern, die umgekehrte Bevölkerungsverhältnisse haben. Der Königsweg bestünde natürlich in mehr Geburten im Inland. Zu denken ist auch an eine Verlängerung der Lebensarbeitszeit, wie sie derzeit von manchen Ökonomen »gefordert« wird.

Aber alle diese realen Lösungen setzen voraus, dass die Wirtschaftspolitik das Problem der Arbeitslosigkeit in den Griff bekommt. Ohne einen Abbau der Arbeitslosigkeit durch mehr Arbeitsnachfrage kann eine Vergrößerung des Arbeitsangebots nicht verkraftet werden. Darauf und nicht auf die Rente im Jahre 2030 sollten sich unsere Politiker daher schon heute vorwiegend konzentrieren. Es gibt keinen Finanzierungstrick, mit dem man das reale Problem der Überalterung lösen könnte. Mit noch mehr Kapitaldeckung gefährdet man sogar die Chance, einer Situation der Vollbeschäftigung näherzukommen.

Das Kapitel Rente, geschrieben von Riester und seinen Nachfolgern, ist sicher das traurigste der gesamten fast achtjährigen rot-grünen Regierungszeit. Riester wie auch sein indirekter Amtserbe Franz Müntefering, der gegen jeden gesunden Menschenverstand bei hoher Arbeitslosigkeit die Rente mit 67 durch die Institutionen kloppte und damit der SPD die letzte Glaubwürdigkeit (vor allem bei den Gewerkschaften) nahm, sind deswegen so bedauernswerte Figuren, weil sie nicht merkten, wie sie in ihrem Amt sofort zu Sklaven der Beamten oder der Wirtschaftslobbys wurden. Da sie meinten, ohne kritische und unabhängige persönliche Berater auskommen zu können, waren sie nach Übernahmen des Amtes vollständig von der Beamtenschaft ihres Hauses abhängig. Was nutzt es einem Minister, dass er prinzipiell jedem Beamten Weisungen erteilen kann, wenn er die Sache, um die es geht, nicht durchschaut? Ich kann mir lebhaft vorstellen, dass dieselben Beamten, die mich von der Kapitaldeckung zu überzeugen versuchten, mit ihrem neuen Minister

Riester leichtes Spiel hatten. Da ihm gesamtwirtschaftliches Denken vollkommen fremd ist, hatte er keinerlei Gegenargument parat, sondern exekutierte, was vorgedacht war – und das fiel umso leichter, als auch die gesamte Wirtschaft inklusive der Finanzbranche und der Versicherungswirtschaft hinter der Sache stand.

Schlimmer noch als das Versagen der Politiker aber ist das Versagen der von der Bundesregierung offiziell bestellten oder als Experten bezahlten »wissenschaftlichen« Berater. Bert Rürup etwa war für einige Zeit Teil unseres Beratungsteams in Kasachstan und weiß genau, dass man Geldvermögen nicht in die Zukunft transferieren kann (wenn ich mit ihm diskutierte, griff er immer nur auf das Argument zurück, man könne Geldvermögen aber in Form von Leistungsbilanzüberschüssen ins Ausland transferieren). Selbst wenn er bis zuletzt an diese Variante der Kapitaldeckung geglaubt hätte, müsste er spätestens jetzt, nach der größten Krise bei der Verwaltung von Geldvermögen im Ausland, die überhaupt denkbar ist, doch in aller Öffentlichkeit erklären, dass die gesamte Idee der Riester-Rente und der privaten Vorsorge im Allgemeinen gescheitert ist. Dass das nicht der Fall ist, sagt alles über die Glaubwürdigkeit und die wissenschaftliche Redlichkeit dieser »Experten«.

## Weiß-blaue Pensionsfantasien

Es gibt Geschichten, die könnte sich kein Kabarettist so gut ausdenken, wie sie wirklich sind. Dem normalen Menschen fehlt die Fantasie, sich vorzustellen, auf welch aberwitzige Ideen ideologisch verblendete Geister kommen. Die bei Weitem beste dieser Geschichten, die mir seit der Subventionierung der Riester-Rente durch den Staat untergekommen ist, erzählte die *Süddeutsche Zeitung* unter dem Titel »Weiß-blauer Staatsfonds« im Frühjahr 2008.

Der Freistaat Bayern zahlt nämlich – nach einem Vorbild, das in Rheinland-Pfalz (ein gewisser Kurt Beck ist bekanntlich dort Ministerpräsident) schon 1996 eingeführt wurde – künftig monatlich 500 Euro für jeden neu eingestellten Beamten in einen Pensionsfonds ein, um die stetig steigenden Pensionslasten »aufzufangen«. Schwierig, sagt man, sei vor allem die Phase des Fondsaufbaus, weil das Land einerseits die laufenden Pensionen finanzieren und außerdem die Fonds speisen muss. Später, so die Erwartung, werde dann der Staatshaushalt entlastet, weil der Fonds die Pensionen zahlt und nicht mehr der Steuerzahler.

Was aber passiert mit dem Geld, das das Land sich mühsam erspart, um den Fonds aufzubauen? Nun, Bayern gibt das Geld der Deutschen Bundesbank zur Aufbewahrung und die investiert das Geld »gebührenfrei« in sicheren Anlagen. Was aber sind sichere Anlagen? Die Bundesbank verfolgt, wie die *SZ* zitiert, ein ›passives‹ Anlagekonzept, das zu 80 Prozent aus festverzinslichen Wertpapieren besteht, weil man »keine Risiken eingehen will«. Festverzinsliche Wertpapiere ohne Risiken sind in diesen Zeiten der Weltfinanzkrise aber nur Staatsanleihen und am sichersten sind sicherlich die vom Freistaat Bayern ausgegebenen.

Das geht dann also folgendermaßen: Der bayrische Staat, statt durch hohe Pensionsverpflichtungen Lasten für die Zukunft anzuhäufen, gibt schon heute mehr Geld als sonst aus (genau 500 Euro pro neuem Beamten pro Monat), um einen Pensionsfonds aufzubauen. Dieses Geld schickt er an die Bundesbank. Die wiederum kauft mit dem Geld Anleihen des bayrischen Staates. Der muss ja auch mehr Geld als sonst am Kapitalmarkt aufnehmen, weil er ja zusätzlich zur Finanzierung seiner sonstigen Aufgaben die monatlichen Pensionszahlungen aufbringen muss. Wenn man das 30 Jahre lang macht, sind die Pensionslasten 2038 wesentlich geringer als heute. Allerdings, der kleine Haken bei der Geschichte, die Staatsverschuldung ist 2038 genau um den Eurobetrag höher, um den die Pensionslasten abgenommen haben.

Wie sinnvoll! Der Freistaat hat das Geld aus seiner rechten Tasche genommen und in die linke geschoben und das Ganze als Zukunftsvorsorge verkauft. Allerdings mussten für 30 Jahre 25 Beamte (oder sind es 250?) bei der Bundesbank bezahlt werden, die nichts anderes getan haben, als dem Freistaat – verkleidet als Anleihe – das Geld wiederzugeben, was er kurz vorher zur Bundesbank geschickt hat.

Das ist aber noch der harmlosere Fall. Stellen wir uns vor, Bayern würde, um eine höhere Staatsverschuldung zu vermeiden, die 500 Euro pro Monat pro neuem Beamten konsequent bei den laufenden Ausgaben, sagen wir bei den öffentlichen Investitionen oder bei den Konsumausgaben, einsparen. Dann hätten allerdings alle bayrischen Unternehmen jeden Monat für 30 Jahre genau die Summe weniger in der Tasche, die der Staat sonst ausgegeben hätte, und werden selbst auch entsprechend weniger in die Zukunft investieren. Dann sind zwar 2038 die Pensionslasten im öffentlichen Haushalt geringer, die Leistungsfähigkeit der bayrischen Wirtschaft ist aber ebenfalls geringer und damit die Fähigkeit, die Anleihen zu bedienen, aus deren Erträgen die Pensionen für die heute jungen, dann aber zu pensionierenden Beamten zu bezahlen sind.

Man sieht, der verzweifelte Versuch, den Staat von zukünftigen Pensionszahlungen in der Zukunft zu entlasten, kann nur Schaden anrichten. Entweder man endet in einem Karussellgeschäft, bei dem nichts gespart wird, sondern sinnlose Geldverwaltung bezahlt wird (die übrigens bei privaten Banken noch viel teurer als bei der Bundesbank wäre), oder man schädigt heute direkt die Wirtschaft, in der naiven Hoffnung, sie morgen zu entlasten.

Und die Moral von der Geschicht'? Gesamtwirtschaftlich gibt's kein Sparen nicht. Wann immer einer mehr sparen will, braucht er einen, der sich höher verschulden will. Wenn das der Staat selbst ist, kann er sich die Sparanstrengung vollständig sparen, denn er gibt nur unsinnigerweise Geld aus für die Verwaltung eines Pensionsfonds, der nichts, aber auch gar nichts zur Absicherung der Pensionen oder zur späteren Entlastung des Staates beiträgt.

Wenn der Staat aber zum eigenen Sparen eine höhere Verschuldung anderer Gruppen wie der Unternehmen oder der privaten Haushalte oder des Auslandes braucht, kann er die nicht einfach verordnen. Versucht er aber die anderen sozusagen zur höheren Verschuldung oder zum Entsparen zu zwingen, indem er trotz höherem Pensionssparen seine Verschuldung nicht erhöht, dann erreicht er genau das Gegenteil dessen, was er anstrebt: Dann sinken wegen der sinkenden Nachfrage die Investitionen in Realkapital, also in Maschinen, Ausrüstungen und Bauten, und damit vermindert sich die einzig wirksame Form der Zukunftsvorsorge, nämlich der Aufbau eines Kapitalstocks, der es erlauben würde, in der Zukunft Pensionen direkt aus dem Staatshaushalt oder aus den Erträgen eines Pensionsfonds zu bezahlen.

Was wie eine bayrische Provinzposse aussieht, beinhaltet aber auch eine bedeutende Lehre für die von einer Finanzkrise gebeutelte Weltwirtschaft. Weil an immer mehr Plätzen in der globalen Wirtschaft versucht wird, auf die bayrische Art und Weise Geld in Staatsfonds oder privaten Pensionsfonds anzusparen, scheint das Geschäft mit der Verwaltung dieser Gelder immer attraktiver zu werden. Leider hat man dabei die Rechnung ohne den Wirt gemacht. Die Erträge der Ersparnis müssen nämlich aus dem Ertrag der realen Wirtschaft kommen. Deren Geschäft, also das Geschäft derjenigen, die investieren, leidet aber mit zunehmender Ersparnis, sodass auf Dauer auch die Erträge der Ersparnis deutlich sinken müssen. Gleichzeitig wird aber der Wettbewerb unter den Ersparnisverwaltern zunehmend unseriöser, weil die hohe Erträge für eine Zukunft versprechen, in der die realen Erträge wegen der steigenden Ersparnis ständig sinken werden. Das Ergebnis: Finanzkrisen, in denen der Staat schließlich mit Steuergeld eingreifen muss, um die Ersparnisse zu retten.

Nachdem ich ein Stück in der *Süddeutschen Zeitung* zu dieser

Provinzposse geschrieben hatte, erwiderte Erwin Huber, damals noch Finanzminister des Freistaates Bayern und CSU-Vorsitzender der CSU am 17. März 2008 mit dem folgenden Leserbrief:

## Fondsgeld fließt in die Wirtschaft

Wirtschaftsforum: Weiß-blaue Pensionsphantasien / SZ vom 4. März

Endlich scheint der Schuldige für die weltweite Finanzkrise gefunden zu sein: der bayerische Pensionsfonds, mit dem wir seit dem 1. Januar Vorsorge für die künftigen Pensionszahlungen an die bayerischen Beamten treffen. So jedenfalls sieht es der Volkswirtschaftler Heiner Flassbeck. Er will uns zugleich weismachen, staatliche Vorsorge sei volkswirtschaftlich schädlich und untauglich zur Entlastung künftiger Generationen. Die kühnen Thesen halten jedoch einer kritischen Prüfung nicht stand.

Mit dem Pensionsfonds des Freistaats wird ein Kapitalstock zur Finanzierung künftiger Versorgungsausgaben aufgebaut, um künftige Generationen zu entlasten. Den Handlungsbedarf belegen die Zahlen nachdrücklich: Alleine für die bayerischen Beamten wachsen die Versorgungsausgaben von drei Milliarden Euro im Jahr 2006 nach Prognosen des Finanzministeriums auf mehr als acht Milliarden Euro im Jahr 2050. Ähnliche Entwicklungen sind beim Bund und in den alten Ländern wegen der Ausweitung des öffentlichen Dienstes vor allem in den sechziger bis achtziger Jahren vorgezeichnet.

Der Vorwurf Flassbecks, der Freistaat Bayern nehme für seine Rücklagen mehr Geld auf als sonst und erreiche damit letztlich nichts, ist falsch. Die Angriffe gegen das bayerische Modell sind umso erstaunlicher, als Flassbeck in seinem Gastartikel letztlich einer Schuldenfinanzierung des Versorgungsfonds das Wort redet, um die staatliche Nachfrage zugunsten der Leistungsfähigkeit der Wirtschaft anzukurbeln. Mit einer volkswirtschaftlich fundierten Analyse haben derart widersprüchliche Aussagen leider nichts zu tun.

Anders als von Flassbeck behauptet, darf Geld aus dem Versorgungsfonds auch nur in beschränktem Maße in landeseigene Anleihen fließen. Weit überwiegend wird es in sonstige öffentliche und private Anleihen sowie in Aktien des deutschen und des europäischen Aktienmarktes investiert. Das Geld wird damit dem Wirtschaftskreislauf nicht entzogen, sondern zugeführt.

Nachhaltige Finanzpolitik schafft Gestaltungsräume und ist praktizierte Generationengerechtigkeit. Die Ausführungen Flassbecks dagegen sind geprägt von der gescheiterten Ideologie seines früheren Chefs Oskar Lafontaine. (Anm. d. Red.: Flassbeck war 1998/99 in Lafontaines kurzer Amtszeit als Minister Staatssekretär im Bundesfinanzministerium.)

Erwin Huber, Bayerischer Staatsminister der Finanzen, München

© *Süddeutsche Zeitung*, 17.03.2008

Dieser Brief zeigt besser als alles, was ich noch hätte schreiben können, dass in der Bayrischen Finanzverwaltung überhaupt nicht verstanden wird, worum es geht. Weil es offenbar nur wenige verstehen, will ich versuchen, es noch einmal zu erklären.

Vollkommen richtig beobachtet ist, dass ich einer Schuldenfinanzierung des Versorgungsfonds das Wort rede, obwohl diese, wie ich in dem Artikel versucht habe zu zeigen, besonders offenkundig absurd ist. Ich würde auch den Bürgern von Schilda empfehlen, lieber weiter das Licht in Töpfen zu fangen, als sich die Töpfe gegenseitig auf die Köpfe zu hauen. Das wäre einfache eine pragmatische Vorgehensweise, wenn es mir mit Vernunft nicht gelänge, die Bürger von Schilda von der Unsinnigkeit des Lichtfangens zu überzeugen.

Das ökonomische Problem verbirgt sich in dem Satz: »Das Geld wird damit (also mit dem Kauf von Aktien oder anderen Anleihen) dem Wirtschaftskreislauf nicht entzogen, sondern zugeführt.« Was der bayrische Finanzminister und spätere kurzzeitige Ministerpräsident offenbar nicht verstanden hat: Immer ist er es, der im ersten Schritt über Steuern oder sonstige Abgaben den Unternehmen und den Haushalten Einkommen entzieht. Wenn das nicht so wäre, hätte er ja kein Geld zur Verfügung. Nimmt er das zusätzlich benötigte Geld für den Versorgungsfonds, sagen wir 1 Million Euro pro Jahr, über Schulden auf, fließen alle Steuereinnahmen sofort wieder für Gehälter, für Konsumgüter oder für Investitionen in die Wirtschaft. Die Steuern vermindern dann zwar das für private Güter vorhandene Einkommen, die Million Euro ist aber wieder im Kreislauf, ohne dass die Wirtschaft noch einmal zusätzlich dafür zahlen müsste. Der Staat hat dann wie ein Privatmann oder ein Unternehmen Geld für seine Leistungen verlangt (in Form von Steuern), die aber zum großen Teil von Unternehmen oder Haushalten erbracht wurden oder denen unmittelbar zugutekamen. Der Versorgungsfonds ist dann nur ein Karussellgeschäft, bei dem, wie ich beschrieben habe, die Staatsverschuldung steigt und die Pensionsverpflichtungen abnehmen. Das ist Lichtfangen auf bayrisch, aber sei's drum.

Wenn der Staat aber wegen des Versorgungsfonds spart (also seine Gesamtverschuldung nicht nach oben anpasst), heißt das nichts anderes, als dass Herr Huber sich entschließt, von den vorhandenen Steuereinnahmen 1 Million Euro pro Jahr weniger als sonst in den Kreislauf zurückzugeben, um das Ersparte zunächst zur Bundesbank zu leiten, damit die es verzinslich investiert. Dann ändert sich das Bild fundamental. Dann sinken nämlich der Absatz der Unternehmen und das Einkommen der privaten Haushalte im Vergleich zu der Situation ohne das bayrische Sparen um genau 1 Million Euro. Dann müssten sich die Unternehmen verschulden (Anleihen ausgeben oder mehr Aktien emittieren) und die Haushalte entsparen, damit sie die verlorene Million wiederbekommen.

Das, wird Herr Huber sagen, ist genau, was ich will: Die öffentlichen Haushalte sparen mehr als zuvor, die Unternehmen verschulden sich aber stärker oder die privaten Haushalte sparen weniger als zuvor, dann geht die Rechnung auf. Das kleine Problem ist nur: Wir leben in einer Marktwirtschaft und da kann man weder die höhere Verschuldung der Unternehmen noch das Entsparen der Haushalte einfach als Finanzminister anordnen. Da sich die wirtschaftliche Lage aber verschlechtert hat (bei konstantem Sparen der privaten Haushalte ist der Gewinn der Unternehmen exakt um die vom Staat eingesparte 1 Million Euro gesunken) ist es mehr als unwahrscheinlich, dass die Unternehmen sich genau um die Summe höher verschulden, um die der Gewinn gesunken ist. Dieser unwahrscheinliche Ausgang ist es aber, auf den man setzt, wenn man glaubt, Kapitaldeckung habe keine negative Wirkung auf die Wirtschaft (dass sie eine positive habe, ist sowieso ein Märchen). Mit anderen Worten, man unterstellt, die Unternehmen verschuldeten sich ohne Rücksicht auf ihre wirtschaftliche Lage, obwohl sie nun – bei schlechterer Absatz- und Gewinnlage – Zinsen für das Geld zahlen müssen, das sie ohne staatliches Sparen umsonst bekommen hätten. Das ist schlimmer als Lichtfangen, weil man mit dieser Politik die Wirtschaft am Investieren hindert (also Vorsorge für die Zukunft vermindert) und im Brustton der Überzeugung behauptet, man tue das Gegenteil, nämlich für die Zukunft vorsorgen.

Schließlich die entscheidende Frage: Was hat das mit der Finanzkrise zu tun? Zu tun? Das ist die Finanzkrise! Stellen wir uns einmal vor, in einer Gesellschaft betätigten sich immer mehr Menschen als Lichtfänger und diesen Lichtfängern gelänge es, die Entscheidungsorgane der Gesellschaft davon zu überzeugen, dass Lichtfangen eine besonders produktive und daher besonders gut zu entlohnende Tätigkeit sei. Dann würden sich immer mehr Bürger dem Lichtfangen widmen, weil das viel lukrativer als andere Tätigkeiten wäre. Nun müssten all die vollkommen unproduktiven Lichtfänger von denen bezahlt werden, die wirklich produktiven Tätigkeiten nachgehen. Das würde früher oder später zu einer großen Krise führen, weil die Ansprüche der Lichtfänger einfach nicht mehr erfüllt werden könnten, und die Übrigen irgendwann begreifen würden, dass die Lichtfänger vollkommen zu Unrecht so hoch bezahlt werden. Wenn wir weiter so tun, als könnten alle mehr sparen (über Pensionsfonds oder sonstige Vehikel) und den Staat sogar dazu bringen, das Sparen hoch zu subventionieren (siehe Riester-Rente), ohne zur Kenntnis zu nehmen, dass das vermehrte Sparen die einzig realistische Art der Zukunftsvorsorge, das Investieren nämlich, behindert, sind wir ökonomische Lichtfänger und verdienen es, wie die Bürger von Schilda von zukünftigen Generationen herzlich verlacht zu werden – wenn denen noch zum Lachen zumute ist.

## Das Dogma der Lohnnebenkosten

Woran leidet Deutschland? An zu hohen Kosten? An mangelnder Nachfrage? An zu hoher Regulierungsdichte? An einem inflexiblen Arbeitsmarkt? An zu viel oder an zu wenig Staat? Ich würde, wenn ich einen Strich unter alles, was vorgebracht wird, zu machen hätte, eine ganz andere Antwort geben: Deutschland leidet vor allem an einer gewaltigen Konfusion in wirtschaftlichen Fragen. Man kann ja viele unterschiedliche Positionen mit guten Gründen vertreten, man kann sich für das eine oder das andere stark machen, man kann links oder rechts sein, man kann verschiedene Wertsysteme haben. Niemals aber kann man mit schlichten Verstößen gegen die Logik auf Dauer Erfolg haben. Wer sich fortwährend in Widersprüche verwickelt, muss am Ende scheitern, weil nur Konsistenz im Denkansatz den effizienten Einsatz wirtschaftspolitischer Instrumente erlaubt.

Eines der beeindruckendsten Beispiele für diese Konfusion betrifft die sogenannten Lohnnebenkosten. Das ist der Teil der Arbeitskosten, der nicht direkt dem Portemonnaie des Arbeitnehmers zugutekommt, sondern von ihm selbst und von seinem Arbeitgeber für alle Arten von sozialer Absicherung gezahlt wird. Seit Jahren, eher seit Jahrzehnten sind sich alle Kritiker des deutschen Systems und alle Bundesregierungen darin einig, dass in den »ausufernden« Lohnnebenkosten einer der Hauptübeltäter für Arbeitslosigkeit und Wachstumsschwäche zu sehen ist. Der frühere Ministerpräsident von Niedersachsen und jetzige Umweltminister, Sigmar Gabriel, hat die allgemeine Kritik auf den Punkt gebracht, als er feststellte, die paritätische Finanzierung der Sozialsysteme habe ihre Grenze erreicht, weil die Arbeit sonst zu teuer werde. Deshalb müsse man Schritt für Schritt davon wegkommen. (*Handelsblatt* vom 7.1.2003)

Selbst die Gewerkschaften haben sich dem allgemeinen Lamento über die Belastung des Faktors Arbeit durch sachfremde Leistungen angeschlossen. Auch sie beklagen, dass die Arbeiter und Angestellten über zu wenig Lohn frei verfügen könnten und dass die Lohnnebenkosten einem Abbau der Arbeitslosigkeit im Wege stünden. Gleichzeitig beharren sie aber auf der paritätischen Finanzierung möglichst vieler Sozialleistungen, um auch die Arbeitgeber bei dieser anscheinend solidarischen Aufgabe angemessen in die Pflicht zu nehmen.

Das ist bemerkenswert verquere Logik auf allen Seiten, weil es keinen Hinweis darauf gibt, dass die gesamten Arbeitskosten, von denen die Lohnnebenkosten eine Teilmenge sind, in Deutschland zu hoch sind oder jemals gewesen wären. Der Zuwachs der realen Löhne und der Lohnnebenkosten zusammen hat den realen Verteilungsspielraum, gemessen in Form des Produktivitätsfortschritts, in den letzten 20 Jahren praktisch nie ausgeschöpft. Über den gesamten Zeitraum gesehen sind die Arbeitskosten um fast 15 Prozentpunkte hinter der Produktivität zurückgeblieben, hat sich also die Verteilung der Einkommen zugunsten der Arbeitgeber verbessert. In den USA und in Großbritannien etwa hat sich in diesem Zeitraum die Verteilung fast nicht verändert, sind die Arbeitskosten insgesamt also stärker gestiegen und näher am Produktivitätszuwachs geblieben, obwohl es viel weniger Lohnnebenkosten gibt.

Wieso folgt also aus der Tatsache, dass es eine Aufteilung der Arbeitskosten in Löhne und Lohnnebenkosten gibt, dass Arbeit in Deutschland zu teuer ist? Was ändert sich, wenn in jedem Jahr der Zuwachs der Produktivität in Land A durch die Arbeitgeber vollständig in Form von Löhnen verteilt wird, in Land B aber zum Teil in Löhnen und zum Teil in Beiträgen für die Sozialversicherungen von Seiten der Arbeitgeber? Vielleicht haben die Menschen in Land A andere Präferenzen als die Menschen in Land B. Vielleicht zahlen in Land A die Arbeitnehmer aber auch mit ihren höheren Löhnen höhere Sozialbeiträge selbst, ohne den Umweg über die Unternehmen. Die Kosten der Arbeit und die Wettbewerbsfähigkeit der Volkswirtschaften bleiben davon völlig unberührt.

Um die gewaltige Konfusion bezüglich der Lohnnebenkosten zu beenden, sollte man in Deutschland das System in der Tat radikal ändern. Man sollte die paritätische Finanzierung der Sozialversicherungen total abschaffen und damit den Tatbestand der Lohnnebenkosten schlechthin. Dazu müssten die Arbeitgeber lediglich einmal ihre monatlichen Zahlungen umstellen: Statt an die Sozialversicherungen wird auch der Teil, der jetzt Lohnnebenkosten heißt, direkt an die Arbeitnehmer überwiesen. Die Arbeitnehmer zahlen in der Folge alle ihre Beiträge selbst, die Unternehmensvertreter verschwinden aus den zigtausenden von Aufsichtsräten und Kuratorien der Sozialversicherungen – und das Problem ist ein für allemal gelöst. In Zukunft wird in den Lohnverhandlungen immer nur über die Löhne diskutiert; alle zusätzlichen Belastungen durch Sozialversicherungen sind zwischen dem Staat als Träger der meisten dieser Versicherungen und den Arbeitnehmern auszuhandeln. Die gesamten Kosten der Arbeit spielen dabei keine Rolle.

Die paritätische Finanzierung der Sozialsysteme hat, wie Gabriel zu Recht feststellt, eine Grenze erreicht. Aber nicht, wie er meint, weil dadurch »Arbeit zu teuer würde«, sondern nur deswegen, weil die Konfusion in der Politik und bei den Interessenvertretern zu groß ist. Die Bundesregierung betreibt inzwischen in vielen Bereichen eine vollkommen ineffiziente und unintelligente Reformpolitik, weil jeder Reformschritt unter die Vorbedingung gestellt wird, dass die Lohnnebenkosten auf keinen Fall über 40 Prozent (Arbeitnehmer und Arbeitgeber zusammen) steigen dürfen. Die Arbeitgeber blockieren ihrerseits mit Erfolg viele wichtige Vorhaben, weil sie auf die damit verbundenen Folgen bei den Lohnnebenkosten hinweisen. Die Gewerkschaften schließlich unterstützen indirekt diese Blockadehaltung von Staat und Arbeitgebern, weil sie kompromisslos auf der paritätischen Finanzierung beharren.

Würde der gordische Knoten bei den Lohnnebenkosten mit dieser einfachen Lösung durchtrennt, wäre zwar in Sachen Arbeitslosigkeit und Wachstum noch nichts passiert, der Weg wäre aber frei für eine unideologische Debatte über ein besseres Gesundheitssystem, über den Generationenkonflikt bei der Rente und über die Finanzierung von Sonderlasten wie die aus der deutschen Einigung. Viele öffentliche Aufgaben, die heute – wegen der Schimäre der paritätischen Finanzierung – dem sozialen System auferlegt sind, würden zurückfallen in den allgemeinen Staatshaushalt und müssten über Steuern finanziert werden. Das hätte mehrere positive Effekte: Erstens, es würden auch jene gleichberechtigt zur Solidarität herangezogen, wie vor allem Beamte und Selbstständige, die bisher immer durch die Maschen der paritätischen Finanzierung fallen und dadurch systematisch zu wenig beitragen. Zweitens, der Staat würde bei einer solchen Konstruktion von vornherein nicht mehr in Versuchung kommen, den Sozialversicherungen sachfremde Leistungen aufzuladen, wäre andererseits aber auch weniger in der Pflicht, etwaige Defizite in diesem Bereich durch direkte Zuschüsse auszugleichen. Der Verteilungskampf würde offener geführt und der Staat müsste offensiver die von ihm für richtig gehaltene Umverteilung von Einkommen auch gegen allfällige Steuersenkungswünsche verteidigen.

So ist am Ende vielleicht alles ein großes Missverständnis: Die Unternehmen sind prinzipiell gegen den Staat, weil er ihr natürlicher Widersacher zu sein scheint. Die Unternehmen als Ganzes können aber nicht wissen, dass ihnen in bestimmten Situationen nur der Staat helfen kann, weil ihre Bordmittel systematisch versagen. Wer sich nicht wie Münchhausen am eigenen Schopf aus dem Sumpf ziehen kann, braucht jemanden mit einer langen Rettungsleine. Man mag dann immer noch darauf beharren, dass der Retter nur gebraucht wird, wenn man im Sumpf steckt. Wenn man aber nicht ausschließen kann, dass das eines Tages passiert, dann sollte man den Retter mit der Leine nicht prinzipiell zum Feind erklären und ihn jeder Handlungsfähigkeit berauben.

Schlimm wird es aber erst, wenn auch der potenzielle Retter – und seine wissenschaftlichen Berater – glauben, die vorhandene Leine sei auf jeden Fall zu kurz oder zu schwach, um zu helfen. Dann wird es Opfer geben. Es ist nicht erstaunlich, dass heute wie schon in den 20er und den 30er Jahren die große Mehrheit der Unternehmer, der Wissenschaftler und der Politiker fest von der Richtigkeit ihrer Position überzeugt ist und nur eine Minderheit aus diesem Konsens ausschert. Das einzelwirtschaftliche

Denken ist immer und überall dominant, wenn die Volkswirtschaftslehre als Wissenschaft nicht ein starkes Gegengewicht dazu schafft. Das tut sie aber in der Regel nicht, weil das Dogma des sich selbst regulierenden Marktes stark und der immerwährende Widerstand gegen unternehmerisches Denken sehr schwierig ist.

Wilhelm Lautenbach, der in der 20er und 30er Jahren des vergangenen Jahrhunderts einer der wenigen Ökonomen war, der mindestens so klar wie Keynes die Irrtümer der herrschenden Lehre durchschaute, schrieb 1945: »Es hat des ökonomischen Erdbebens, das 1929 über die ganze wirtschaftliche Welt hereinbrach, bedurft, um wenigstens einige Theoretiker aus dem dogmatischen Schlummer zu wecken, der die ganze ökonomische Wissenschaft fester umfangen hielt als der Zauber, der Dornröschen und seine ganze Umgebung bannte.« (Lautenbach 1952, S. 16) Nun ist das Beben wieder gewaltig, einige dogmatische Schläfer sind aufgewacht. Ob aber der Dornröschenschlaf wirklich beendet ist, steht noch in den Sternen.

Kapitel 8

# Das Scheitern der Agenda

## In Willys Namen

WBH, Willy-Brandt-Haus, stand über dem Papier, das im Frühjahr 2003, unmittelbar nach der Verkündigung der Agenda 2010, den Kreisverbänden der *grand old party* zugeschickt wurde. Es war dazu gedacht, die Funktionäre der unteren Ebenen zu wappnen im Kampf gegen die Abweichler in den eigenen Reihen, jene Linken und Gewerkschafter, die partout nicht verstehen wollten, worum es bei der Agenda 2010 ging. Fein säuberlich wurden in dem Papier vier Gegenargumente der Linken mit Hilfe von Fakten und Argumenten »widerlegt«. Besonders interessant ist die »Widerlegung« von Gegenargument Nummer vier: Die Behauptung der Linken, die Absenkung der Lohnnebenkosten führe nicht zu mehr Beschäftigung, hält die Spitze der SPD für grundfalsch. Schon eine einfache ökonomische Grundregel, so das WBH, spreche dagegen: »Lohnnebenkosten bestimmen als Teil der Arbeitskosten den Preis für Arbeit. Steigende Preise führen immer zu einer rückläufigen Nachfrage.«

Da war es endgültig um die SPD als Alternative zu den Konservativen geschehen. Die SPD-Spitze übernahm damit – spätestens 2003 also und ohne jedes Wenn und Aber – die herrschende neoklassische Auffassung in der Ökonomie. Diese unterstellt Verhältnisse am Arbeitsmarkt, die denen an Gütermärkten bis aufs Haar gleichen sollen. Das kann man tun, man sollte dann aber auch ganz genau wissen, was man tut. Es ist ja nicht so, als ob die Behauptung, der Arbeitsmarkt funktioniere wie ein Kartoffelmarkt, in der Ökonomie unbestritten wäre. Seit der Weltwirtschaftskrise 1929/30, als die neoklassisch ausgerichtete Ökonomie die Welt in eine tiefe Krise geführt hatte, tobt eine heftige Auseinandersetzung um diese Frage. Mit dem Namen Keynes ist seitdem ein alternatives Konzept verbunden, das nicht nur, wie alle zu wissen glauben, mit staatlichem Schuldenmachen zu tun hat, sondern vor allem mit der Frage, ob die heute wieder in Mode gekommenen »tiefen Schnitte« bei staatlichen Ausgaben, bei den Löhnen oder bei den Sozialleistungen die Wirtschaft retten oder in den Abgrund führen.

Doch auch jenseits jeder ökonomischen Theorie war schon der erste Satz der SPD-Spitze schlicht unlogisch. Wieso bestimmt lediglich ein »Teil der Arbeitskosten« die Arbeitskosten insgesamt und damit den Preis für Arbeit? Hat sich der andere Teil, der normale Lohn also, niemals verändert? Und, wenn nein, gibt es keinerlei Beziehung zwischen der Entwicklung von Löhnen und Lohnnebenkosten? Wissen die Arbeitnehmer und ihre Vertreter, die Gewerkschaften, nicht, dass Löhne und Lohnnebenkosten zusammen die Arbeitskosten bilden? Nehmen sie bei den Verhandlungen über den normalen Lohn nicht Rücksicht auf die Entwicklung der Lohnnebenkosten? Sorgen die Tarifparteien nicht dafür, dass beide zusammen nicht stärker als die Produktivität steigen? Wenn es also eine Beziehung zwischen den beiden Bestandteilen der Arbeitskosten gibt, ist der Satz des WBH vollkommen unsinnig, weil die Lohnnebenkosten dann gerade nicht den Preis für Arbeit bestimmen. Dann gibt es, wie oben gezeigt, für die Arbeitnehmer nur die Wahl, ob sie ihren Lohnanspruch in Form des einen oder des anderen Lohnbestandteils ausbezahlt haben wollen, während die Aufteilung für die Unternehmen und den Staat ganz unwichtig ist.

Nicht ganz verstanden hat die Parteizentrale offenbar auch die Sache mit den ausbezahlten Arbeitskosten und den realen Arbeitskosten. Der Preis für Arbeit, da gibt es unter den Fachökonomen nun wirklich ausnahmsweise keinen Streit, ist real definiert. Er beinhaltet also nicht nur die von den Tarifpartnern ausgehandelten Arbeitskosten, sondern berücksichtigt die Überwälzung dieser Kosten in die Preise der Güter. Steigen die Löhne stark, die Preise aber genauso stark, verschlechtert sich die Position der Unternehmen und deren Einstellungsverhalten auch im Rahmen der von der SPD-Zentrale vertretenen Theorie nicht. Selbst böse, starke und monopolistische Gewerkschaften können deswegen den Preis für Arbeit nicht einfach nach oben treiben, ohne dass die Unternehmen sich entsprechend wehren können.

Unbestritten in der ökonomischen Theorie ist auch, dass die realen Arbeitskosten im Rahmen des Anstiegs der Produktivität steigen können, ohne dass daraus Arbeitslosigkeit resultieren muss. Insofern ist zu fragen, ob der Anstieg der Löhne und der Lohnnebenkosten zusammen in Deutschland vom Fortschritt der Produktivität gedeckt war. Das wäre – trotz des verbreiteten Gefasels von den »zu hohen deutschen Löhnen« – auch eine für die SPD-Zentrale leicht zu beantwortende Faktenfrage gewesen: Von 1980 bis 1995 sind die realen Arbeitskosten (inklusive Lohnnebenkosten) in Westdeutschland pro Jahr um 0,9 Prozent gestiegen, die Produktivität aber um 1,6 Prozent. Nach 1996, seitdem die Gewerkschaften in ganz Deutschland bewusst Lohnmoderation betrieben, sind in jedem Jahr die Zuwächse der realen Arbeitskosten noch weiter zurückgegangen und erheblich hinter der Produktivität zurückgeblieben. In den USA und in Großbritannien, den, trotz des jetzigen Rückschlags am Arbeitsmarkt erfolgreichsten Ländern, ist zu keinem Zeitraum eine vergleichbare Zurückhaltung betrieben worden. Der von der SPD-Spitze 2003 geforderte Rückgang der Arbeitskosten hatte also schon damals in ganz massiver Weise stattgefunden, doch die Arbeitslosigkeit war darauf nicht in der von ihr und der Neoklassik erwarteten Weise zurückgegangen.[11]

Trotz dieses eklatanten Misserfolges beharrt die in Deutschland bis zuletzt herrschende neoklassische Lehre auf ihrer Position. Warum ist das so? Eigentlich sind die Unterschiede der Positionen leicht zu verstehen. Keynesianische Ökonomen behaupten, ein Rückgang der Reallöhne im Verhältnis zur Produktivität verbessere die Beschäftigungssituation nicht, weil gleichzeitig die Nachfrage der Unternehmen sinke oder weniger steige, sodass die Kostenentlastung nicht auf die Gewinne und die Beschäftigung durchschlägt. Der Neoklassiker hingegen behauptet, der Rückgang der Kosten für Arbeit sei ausreichend, um Arbeitsplätze entstehen zu lassen, weil in seiner Welt die Nachfrage nach Gütern insgesamt nicht sinkt.

Die neoklassische Welt stützt sich auf die Idee, bei realen Lohnanhebungen unterhalb des Produktivitätsfortschritts entstünden sofort zusätzliche Einkommen bei den Unternehmen und bei den Anteilseignern. Diese Gewinne würden für den Kauf von Investitions- oder Konsumgütern ausgegeben und folglich die ausgefallene Nachfrage der Arbeitnehmer ersetzen. Das ist der Knackpunkt. Taucht das, was als reale Arbeitskosten verschwindet, ohne Weiteres als Gewinn tatsächlich wieder auf? Wird also nur umverteilt zugunsten der Investoren? Das ist das, was alle guten deutschen Arbeitsmarktökonomen wie Professor Zimmermann vom DIW in Berlin oder Professor Franz vom Zentrum für Europäische Wirtschaftsforschung (ZEW) in Mannheim fest glauben; es ist dennoch blanker Unsinn. Von Umverteilung kann man nämlich logischerweise immer nur dann reden, wenn das zu Verteilende schon fest vorgegeben ist. Wieso sollte aber das gesamte, erst in Zukunft zu erwirtschaftende Realeinkommen einer Volkswirtschaft gegeben sein, sodass man es nur umverteilen muss, um zu besseren Ergebnissen zu gelangen?

Bei der keynesianischen Position ist nichts dergleichen gegeben. Die Zukunft ist stets ungewiss und die Unternehmen erhalten im Marktprozess ein mit hohem Risiko behaftetes Resteinkommen, dessen Höhe erst am Ende aller Transaktionen feststeht. Da sieht die Welt ganz anders aus. Wie viel Gewinn ein

Unternehmen macht, weiß es nämlich erst dann, wenn die in Verträgen für die laufende Periode festgelegten Löhne und die Zinsen bezahlt sind und der Umfang der Produktion bekannt ist. In dieser Welt bedeuten sinkende oder weniger steigende Reallöhne als in der Vorperiode zwar eine Kostenentlastung der Unternehmen, exakt zum gleichen Zeitpunkt aber auch eine sinkende Nachfrage, wenn die Arbeitnehmer den Einkommensausfall nicht durch eine Absenkung ihrer Sparquote ausgleichen. Das haben sie in den letzten Jahren nicht getan. Folglich ist der Gewinn der Unternehmen insgesamt trotz der Lohnzurückhaltung nicht gestiegen und die Unternehmen haben auch erst dann investiert und Arbeitsplätze geschaffen, als über die verbesserte deutsche Wettbewerbsfähigkeit die Exportnachfrage extrem stark anzog. Das sind aber schon wieder Tempi passati.

In der Neoklassik und in der gesamten deutschen Politik einschließlich der Agenda-SPD geht es dagegen immer nur um die Umverteilung eines auf geheimnisvolle Weise schon von Anfang an gegebenen gesamtwirtschaftlichen Realeinkommens. Woher dieses Einkommen stammt, wird nicht erklärt. In dieser schlichten Welt sind allerdings die politischen Verhältnisse sonnenklar: Nachfragetheoretiker sind links, weil sie zugunsten der Arbeitnehmer umverteilen wollen, Angebotstheoretiker sind rechts, weil sie zugunsten der Unternehmen umverteilen wollen. Dass es von vornherein gar nicht um Umverteilung geht, sondern um die Stabilisierung einer Wirtschaft und Gesellschaft, die von hoher Unsicherheit über die Zukunft gekennzeichnet sind, kommt, fast 70 Jahre nach Keynes, weder der CDU, noch der FDP oder der SPD und den Grünen noch der Mehrheit der deutschen Ökonomen in den Sinn. Erst in der großen Krise der Jahre 2008/2009 wurden alle wieder zu Keynesianern – freilich wie immer: Ohne zu verstehen, was sie tun. Übrigens, die Minderheit der Keynesianer liebt Schulden, staatliche oder private, keineswegs, sie weiß nur, dass ohne neue Schulden oder geringere

Ersparnis die Gewinne der Unternehmen niemals steigen können und Umverteilungspolitik immer scheitert.

Apropos Mehrheit. Die SPD-Spitze und die Mehrheit der Medien verwiesen damals darauf, dass die Mehrheit der deutschen Wirtschaftswissenschaftler hinter der Agenda stand. Das war sicher richtig. Nur, in Zeiten, wo jede amtierende Regierung seit Kohl die Mehrheit der Ökonomen hinter sich wusste und trotzdem wirtschaftlich alles schieflief, ist das kein sehr überzeugendes Argument. Das war übrigens in den 20er Jahren des letzten Jahrhunderts genauso. Dass die letzte von der SPD geführte Regierung der Weimarer Republik auch gescheitert ist, weil sie die allseits geforderten »Reformen« nicht durchgesetzt hat, ist nicht zu bestreiten. Dass sie aber noch kläglicher gescheitert wäre, wenn ihr – wie der bürgerlichen Brüning-Regierung danach – das brutale Gürtel-enger-Schnallen gelungen wäre, wird allzu leicht übersehen.

## Konjunktur für Arbeitsplätze

Der deutsche Export war im letzten Aufschwung eine Wucht. Nach drei extrem guten Jahren war 2007 das vierte Jahr in Folge, in dem der deutsche Export mit einer fast zweistelligen Rate wuchs, und auch 2008 endete er noch mit einer positiven Zuwachsrate trotz eines dramatischen Absturzes zum Jahresende. Zwar legten auch die Importe zu, aber trotz hoher Importpreise hatte der deutsche Überschuss im internationalen Handel in den letzten Jahren einen enormen Sprung nach oben gemacht. 2007 erreichte der Handelsbilanzüberschuss fast 200 Milliarden Euro, der Leistungsbilanzüberschuss, der den Saldo der Dienstleistungen und die Übertragungen an internationale Organisationen mit einrechnet, schloss mit 180 Milliarden Euro Überschuss ab, nachdem Deutschland in dieser Bilanz im Jahr 2000 noch ein Defizit aufgewiesen hatte.

Dieser unglaubliche Exporterfolg, also die Zunahme der Nachfrage (!) aus dem Ausland, schlug natürlich auch auf die Investitionen der Unternehmen in Arbeit und in Kapital durch. Die Nachfrage nach Ausrüstungsinvestitionen im Inland begann anzuziehen und die Nachfrage nach Arbeitskräften belebte sich deutlich. Die Zahl der Arbeitslosen fiel in den dreieinhalb Jahren des Aufschwungs spürbar (das gilt auch dann, wenn man einrechnet, dass viel Arbeitslosigkeit in besonderen Maßnahmen und in Ein-Euro-Jobs verschwunden ist) und sogar die Beschäftigung in sozialversicherungspflichtigen Arbeitsplätzen (auch hier viel in Teilzeit) erholte sich leicht. Ein Wunder zudem: Die Defizite in allen Sozialleistungskassen fielen, weil die Beiträge – der guten Konjunktur sei Dank – sprudelten. So weit, so gut.

Wer aber angesichts dieses schönen Ergebnisses erwartet hatte, die Wirtschaftspolitiker in Berlin würden wenigstens beginnen zu begreifen, dass man für den Abbau der Arbeitslosigkeit einen lang andauernden und noch viel kräftigeren Aufschwung braucht, täuscht sich gewaltig. Zwar träumten einige schon von Vollbeschäftigung, aber die Diagnosen über den Vater dieses Erfolges gingen weit auseinander. Das sei alles nur kurzfristig, sagten die Rechten in allen Parteien, am steigenden Trend der Arbeitslosigkeit ändere das gar nichts, solange nicht die wirklich grundlegenden Reformen, der totale Umbau des Wohlfahrtsstaates in die Wege geleitet werde. Das sei die Wirkung der schon beschlossenen Reformen, sagten die Rechten in den linken Parteien und es zeige, dass man nur mit den Reformen so weitermachen müsse, um ans Ziel zu kommen.

Beides ist, wie wir jetzt – nach dem Einsetzen der Rezession und dem neuerlichen Anstieg der Arbeitslosigkeit – wissen, gleich falsch. Natürlich war der Abbau der Arbeitslosigkeit ein kurzfristiges Phänomen. Er war genauso kurzfristig wie der Aufschwung selbst. Deswegen wäre es schon vor dem Beginn der Finanzkrise Aufgabe der Wirtschaftspolitik gewesen, dafür zu sorgen, dass der Aufschwung lange anhält und außer dem

Export auch die anderen Bereiche der Wirtschaft erfasst. Mehrwertsteuererhöhung und Zinserhöhung waren folglich genau die falschen Instrumente. Doch eigentlich hatten die meisten Politiker quer durch fast alle Parteien, nur eines im Sinn: Zu zeigen, dass sie alle große Sparer sind und es schaffen, den Bundeshaushalt bis 2011 auszugleichen.

Dass die Erholung mit den bisherigen Reformen rein gar nichts zu tun hatte, konnte man schon frühzeitig daran ablesen (wenn man das gewollt hätte, aber das wollte ja keiner), dass 1999 und 2000 in einer ähnlichen konjunkturellen Situation der deutsche Arbeitsmarkt sogar noch schneller auf die Belebung der Nachfrage reagiert hatte, und auch der Vergleich mit den europäischen Nachbarn hätte eigentlich stutzig machen müssen. In Frankreich, wo die Binnennachfrage schon seit Längerem zum Wachstum beiträgt und die gesamte Konjunktur stärker war, ist die Arbeitslosigkeit trotz geringerer Exporterfolge schon seit einigen Jahren wesentlich stärker als in Deutschland gesunken. Und das, obwohl in Frankreich die Mindestlöhne stark erhöht wurden, und – wie Hans-Werner Sinn, von *Bild* zum »klügsten Professor Deutschlands« gekürt, nicht müde wird zu betonen – wegen der daraus folgenden hohen Jugendarbeitslosigkeit dauernd Unruhen in den Vorstädten ausbrechen. Auch in Großbritannien findet man ein ähnliches Bild: weit höhere Lohnsteigerungen, nominal und real, ebenfalls verbunden mit einem Mindestlohn, und eine weit bessere Beschäftigungsentwicklung.

Mit solchen Feinheiten geben sich aber der deutsche Wirtschaftspolitiker und der ideologisch durchtrainierte Kommentator auf den Wirtschaftsseiten der großen Zeitungen nicht ab. Beide wissen ja ganz genau, was Deutschland fehlt. Fakten stören da nur. Dem verbreiteten Verdrängen der Rolle der Konjunktur für den Arbeitsmarkt kommt entgegen, dass es nach Überzeugung der Wirtschaftspolitiker aller Parteien im Zeitalter der Globalisierung und der Europäisierung sowieso keine makroökonomischen Instrumente mehr gibt. Folglich konzentriert sich die ökonomische Debatte in Deutschland auf solche Werkzeuge, die zufällig zur Verfügung stehen, ganz gleich, ob mit ihrer Hilfe dem zu lösenden Problem beizukommen ist oder nicht. So waren nach Amtsantritt der großen Koalition monatelang, jedenfalls nach dem zu schließen, was wir lesen mussten, die Wirtschaftspolitiker aller Couleur fest davon überzeugt, dass ihr hartnäckiges Schrauben an einer Gesundheitsreform oder das Fummeln am Rentensystem etwas mit dem Abbau der Arbeitslosigkeit zu tun habe. Dass es genau umgekehrt sein könnte, dass nämlich die gute wirtschaftliche Entwicklung das Hauptproblem der deutschen Sozialkassen – und das sind sinkende Beitragszahlungen – beseitigt und ganz neue Spielräume schafft, war in ihrer kleinteiligen Welt einfach nicht vorgesehen.

Wie abwegig der Glaube der Politik an die Rettung aus der Wachstums- und Arbeitslosigkeitsfalle durch Flexibilisierung der »Strukturen« ist, zeigt auch eine langfristige Betrachtung der Investitionen in Arbeit und in Kapital. Das von der herrschenden Lehre in Deuschland nicht zu erklärende Phänomen ist, dass in Deutschland, in den USA und in allen anderen vergleichbaren Ländern die Unternehmen erstaunlicherweise immer zur gleichen Zeit in Arbeit und in Kapital investieren beziehungsweise desinvestieren. Sind die Bedingungen günstig, kaufen sie nicht nur neue Maschinen und Ausrüstungen, sondern sie heuern auch neue Arbeitskräfte an, weil sie mit der alten Mannschaft die gestiegene Nachfrage nicht bewältigen können. Verschlechtert sich die Lage, wird nicht nur bei den Sachinvestitionen gespart, sondern auch die Arbeitsnachfrage sinkt genau zur gleichen Zeit. Der Vereinigungsboom in Westdeutschland Anfang der 90er Jahre, die Belebung 1999 und 2000 sowie der letzte Aufschwung von 2005 bis 2007, die jeweils einige Entlastungen am Arbeitsmarkt mit sich brachten, waren alles keine Ereignisse, die ihre Ursache in der Lösung von hartnäckigen Strukturproblemen hatten. Auch die schwere Rezession, die Ende 2008 begann und nun Anfang 2009 rasch auf den Arbeitsmarkt übergreift, hat nichts mit den von der deutschen Politik bekämpften »Inflexibilitäten« oder der »Struktur« (außer an den Finanzmärkten) zu tun, sondern mit Makroökonomie und den Fehlern beim Umgang mit derselben.

## Wie es uns geht? Danke der Nachfrage!

Deutschland stand bis zum Beginn des Jahres 2008 noch gut da. Die Politik war geradezu euphorisch. Die Wirtschaft florierte, der totgesagte Arbeitsmarkt lebte, die Mehrwertsteuererhöhung war nur ein schlechter Traum und die Gesundheitsreform ging ihrer Vollendung entgegen. Wäre Peter Hartz nicht so schmählich von der Bildfläche verschwunden, hätte auch der Altkanzler wieder in aller Öffentlichkeit sagen können, was seine Getreuen schon hinausposaunten: Seine Reformen waren es, die Deutschland wieder nach vorn gebracht haben, das jahrelange Gürtelenger-Schnallen hat sich schließlich ausgezahlt, und wenn wir jetzt nicht müde werden in unseren Reformanstrengungen, dann können wir bis zum Ende aller Tage wachsen und gedeihen. Frank-Walter Steinmeier – studierter Jurist und Außenpolitiker, nunmehr als Kanzlerkandidat die letzte Hoffnung der Sozialdemokratie, sprach im Ernst von einem neuen Wirtschaftswunder.

Hart hatte der Aufschwung mit einem Wachstum von 2,5 Prozent im Jahr 2006 die meisten Prognostiker getroffen. Nicht nur, dass wie alle Jahre die Prognose so schwierig war, weil sie die Zukunft betraf, diesmal lagen fast alle so weit daneben, dass dieses Genre der Ökonomie fundamental in Frage gestellt wurde. Immerhin wurde im Gefolge dieser Entwicklung der in einigen Zirkeln felsenfeste Glaube, Deutschland könne um gar nicht mehr als 1 bei 1,5 Prozent zulegen, und am Arbeitsmarkt sei ohnehin alles so verkrustet, dass selbst viel höhere Wachstumsraten nicht helfen, massiv erschüttert.

Aber auch ich selbst kann keineswegs behaupten, richtig gelegen zu haben. Im Dezember 2005 schrieb ich in *Wirtschaft und Markt*:

»Noch einmal auf eine weitere Steigerung des Außenhandelssaldos zu setzen, ist aber mehr als gewagt, weil das unterstellt, die Menschen und Unternehmen im Ausland seien bereit, ihre ohnehin hohe Verschuldung gegenüber Deutschland in noch schnellerem Tempo zu erhöhen. So bleibt für 2006 nur ein kurzer Scheinaufschwung. Viele Konsumenten werden im Vorgriff auf die steigende Mehrwertsteuer im zweiten Halbjahr 2006 alle dauerhaften Konsumgüter kaufen, die sie in den nächsten drei Jahren sowieso angeschafft hätten. Folglich wird der Einbruch Anfang 2007 gewaltig sein.«

Es ist aber genau das eingetreten, was ich für eine mehr als gewagte Annahme hielt, nämlich die Bereitschaft des Auslandes, seine ohnehin hohe Verschuldung gegenüber Deutschland in noch schnellerem Tempo als vorher schon zu erhöhen. Die Nachfrage aus dem Ausland hat 2006 und 2007 alle vergangenen Rekorde um Längen geschlagen. Da sich der weltweite Boom allmählich dem Ende zuneigte und üblicherweise hohe externe Ungleichgewichte, also massive Leistungsbilanzüberschüsse in einem Land und Defizite in den anderen, zu Wechselkurskorrekturen führen, war kaum zu erwarten, dass der deutsche Export sein Expansionstempo noch einmal deutlich steigern würde. Das aber ist geschehen. In realer Rechnung, was den Ölpreiseffekt relativiert, ist der Überschuss der deutschen Exporte über die Importe im Jahre 2007 noch einmal erheblich gestiegen und im zweiten Halbjahr förmlich explodiert.

Mutig geworden durch diese enormen Erfolge deutscher Exporteure und gezeichnet von ihrer eigenen Fehlprognose im Jahr zuvor, in der sie die Exporte unterschätzt hatten, gingen die professionellen Prognostiker nun reihenweise dazu über, auch für 2008 den Exportboom fortzuschreiben. Das aber war mehr als problematisch, weil es in irgendeiner Weise zu einer Korrektur des gewaltigen globalen Ungleichgewichts, also des Abbaus des amerikanischen Defizits vor allem, kommen musste, was sich mit der Dollarabwertung auch schon angedeutet hatte. Noch schlimmer jedoch war, dass alle Prognostiker davon ausgingen, dass sich die innerhalb der Eurozone dramatisch verbesserte Wettbewerbsfähigkeit der deutschen Wirtschaft einfach so fortschreiben ließe. Es war klar, dass spätestens mit Beginn einer globalen Abschwächung auch den anderen Euroländern nichts übrig bleiben würde, als der überlegenen deutschen Wettbewerbsfähigkeit durch eigenes Lohndumping oder durch protektionistische Maßnahmen im weitesten Sinne zu begegnen.

Daher stimmte meine grundlegende Einschätzung vom Januar 2006, wenngleich mit einem Jahr Zeitverzug, doch: Der einseitig von der Exportnachfrage getragene Aufschwung stand auf äußerst wackeligen Beinen. Wann er genau umfallen würde, konnte man nicht vorhersagen. Dass er umfallen würde, war so sicher wie das sprichwörtliche Amen in der Kirche. Wenn bis dahin die Inlandsnachfrage angesprungen wäre, weil sich bei steigenden Löhnen die Einkommenserwartungen stabilisiert hätten, hätte Deutschland in eine hellere Zukunft schauen können. Das war aber nicht der Fall. Die Weltfinanzkrise hat auch das bundesdeutsche Kartenhaus der Wirtschaftspolitik zum Einsturz gebracht und zudem die gesamte Ideologie, derzufolge nur der Markt es richten kann, unter sich begraben.

## Wohin mit der Knete?

Das waren Zeiten! 2007 und 2008 schwamm der deutsche Finanzminister in Geld und wusste nicht, wohin mit all der Knete, die ihm der Aufschwung in die Kasse gespült hatte. Nach Jahren des Darbens jetzt auf einmal der Überfluss. Woher kam das Geld? Ging nicht bis ein Jahr vorher jeder sich für verantwortlich haltende Politiker mit hängendem Kopf durch die Lande und verkündete dem Volk, dass vieles zu tun sei, aber sich »leider weit und breit kein Geld in den Kassen« des Staates befände? Auch musste im Bereich der Sozialausgaben und bei der Gesundheit radikal gekürzt werden, weil man ja sonst scheinbar die zukünftigen Generationen und die Leistungsträger belastet hätte. Oh Wunder, auf einmal fiel Geld vom Himmel, und jeder rätselte, was man damit tun sollte.

Was in der allgemeinen Euphorie vergessen wurde: Ein solcher Geldsegen ist in einem Aufschwung völlig normal und die Geschichte lief beim letzten Aufschwung 1999/2000 ganz genauso. Es war aber auch diesmal frühzeitig abzusehen, dass Finanzminister Peer Steinbrück die gleichen Fehler machen würde wie beim letzen Mal sein Amtsvorgänger Hans Eichel, weil die deutschen Politiker noch immer weit davon entfernt sind zu begreifen, wie eine solche Konjunktur zustandekommt, wie man sie nutzt und verlängert, und wie man sie ganz schnell wieder kaputt machen kann.

Zunächst zeigte der Geldsegen nach einem nur kurzen Aufschwung, dass es nicht so fundamental schlecht um die deutsche Wirtschaft bestellt sein konnte, wie man das den Menschen immer wieder hatte einreden wollen. Das war die erste wichtige Lehre. Wenn in dieser Situation die Zentralorgane der immerwährenden Schlechtmacherei wegen immerwährender Reformnotwendigkeit einmal für ein paar Jahre ihre Klappe gehalten hätten, wäre schon viel gewonnen gewesen. Hätte man noch die Tatsache zur Kenntnis genommen, dass selbst auf den schlimmsten Reformbaustellen, dem Arbeitsmarkt, der Sozialversicherung und dem staatlichen Sektor insgesamt, die »strukturellen« Probleme über Nacht fast verschwunden waren, oder hätte man sich in dem Silberstreif gesonnt, den selbst ältere Arbeitskräfte und Langzeitarbeitslose für sich am Horizont erblickten – es wären den Reformpriestern der Bürgerkonvente und Marktwirtschaftsinitiativen schlicht die Zuhörer ausgeblieben.

Die zweite Lehre hätte noch schlichter sein können. Da, wo

man in den Jahren zuvor nach der Maßgabe »es ist kein Geld da« mit Gewalt gespart hatte, hätte man in der guten Konjunktur wieder Geld ausgeben können und dürfen. Das galt in erster Linie für die öffentlichen Investitionen und die Bildung, wo Deutschland inzwischen den Status eines Entwicklungslandes erreicht hat. Das ist schon ein Skandal sondergleichen und belastet die zukünftigen Generationen in einer vollkommen ungerechtfertigten Art und Weise.

Man hätte aber auch denen wieder mehr geben können, die in den zehn Jahren davor massive Abstriche haben hinnehmen müssen. Das galt für Hartz-IV-Empfänger genauso wie für die Entwicklungsländer, denen Deutschland schon vor 20 Jahren eine Aufstockung der Ausgaben auf mindestens 0,7 Prozent des Bruttoinlandsprodukts versprochen hat – ein Ziel, das heute in noch weiterer Ferne als damals liegt.

Auf das Dümmste sind die deutschen Politiker natürlich gleich gekommen: allgemeine Steuersenkungen. Die aber waren angesichts der vergangenen Steuersenkungsorgien auf der einen Seite und der gerade erfolgten Erhöhung der Mehrwertsteuer auf der anderen Seite völlig unangebracht. Hinzu kommt, dass man Steuersenkungen am wenigsten wieder zurücknehmen kann, wenn es wieder schlechter läuft.

Ganz schlimm war auch, dass fast alle verantwortlichen Finanzpolitiker nichts anderes im Sinn hatten, als möglichst bald das Ende der Neuverschuldung mit der unterschwelligen Überzeugung zu verkünden, danach werde sich der Staat niemals mehr verschulden. Die Strategie, mit der schon Hans Eichel vollkommen falsch lag, feierte sofort fröhliche Urständ, sobald mehr Geld in Sicht war. Politiker bekommen regelmäßig feuchte Augen, wenn sie dieses hehre Ziel verkünden, so als wären sie kurz vor dem Gipfel des Mount Everest, dessen Erstbesteigung sie in einer Weise melden, als sei der Menschheit ein unglaublicher Durchbruch zu neuen Welten gelungen. Dabei ist bei einem normalen konjunkturellen Verlauf nichts unnormal an einer

Neuverschuldung von null oder sogar an zeitweiligen Überschüssen des Staates.

Das einzig vernünftige Ziel aber, das sich der Staat setzen kann, ist eine mittelfristige Festlegung der Zuwachsrate der öffentlichen Ausgaben auf, sagen wir: 4 Prozent – verbunden mit dem Versprechen, diese Quote durchzuhalten, was immer konjunkturell in den nächsten Jahren geschieht. Aber dieses vernünftige Ziel wurde nicht einmal in Erwägung gezogen. Es wäre wohl zu viel der Hoffnung gewesen, von Steinbrück & Co. zu erwarten, sie hätten das Haushaltsdefizit zur wichtigsten Nebensache der Welt erklärt und davon abgeschworen, eine gemäßigte Verschuldung zum Ziel der Finanzpolitik zu machen.

Fast schon erschütternd war zudem, dass fast alle Verantwortlichen in Deutschland wider besseres Wissen so taten, als sei der Aufschwung der Jahre 2003 bis 2007 ein ganz normaler Aufschwung, den man sich selbst erarbeitet habe und nun auf lange Sicht genießen könne. Nichts davon war richtig und deswegen die Politik auch so falsch. Der deutsche Aufschwung resultierte zum überwiegenden Teil aus der Tatsache, dass die deutsche Wirtschaft zu Lasten anderer Länder Marktanteile am Weltmarkt gewonnen hatte und diese Länder sich verschuldeten, um deutsche Waren zu kaufen. Der Rückgang der Staatsverschuldung in Deutschland fand also zu einem erheblichen Teil seinen Niederschlag in der Zunahme der Auslandsverschuldung anderer europäischer Länder und der USA. Das aber war das Gegenteil von nachhaltiger Politik und musste zu heftigen Gegenreaktionen dieser Länder führen, sobald die gesamte Weltkonjunktur in eine Rezession geriet. Es hätte allen klar sein müssen, dass es dann sofort vorbei sein würde mit dem schönen Aufschwung und dem schönen Schein der deutschen Knete. Daran hätte denken sollen, wer mit stolz geschwellter Brust das Ende der staatlichen Schuldenwirtschaft verkündete. Und nun haben wir den Salat.

## Koch-Logik

Wie sklavisch die deutsche Finanzpolitik unbeirrt den Empfehlungen des herrschenden Credos in den Unternehmerverbänden und in der Volkswirtschaftslehre folgt, lässt sich gerade in den letzen beiden Jahren gut verfolgen. Geleitet von der Maxime, dass die staatliche Verschuldung und die Lohnnebenkosten zu hoch sind und die Abgabenlast, insbesondere die der Unternehmen, immer noch nicht wettbewerbsfähig ist, wurde Angebotspolitik reinsten Wassers gemacht. So wurde 2007 (und Anfang 2009 noch einmal) der Beitragssatz zur Arbeitslosenversicherung gesenkt und gleichzeitig die Steuern für Unternehmen 2008 noch einmal vermindert. Zur Finanzierung dessen sowie zur Haushaltskonsolidierung wurde zunächst der Normalsatz der Mehrwertsteuer um drei Punkte erhöht. Das Ganze senkte die Arbeitskosten noch einmal und entlastete die Exportunternehmen (die zahlen nämlich keine Mehrwertsteuer). Zwar ist die Belastung der privaten Haushalte, würde jeder Mensch mit einem halbwegs gesunden Verstand leicht feststellen können, in einer Wirtschaft mit boomendem Export und daniederliegendem Konsum exakt das Gegenteil dessen, was notwendig ist, die deutschen Angebotspolitiker aller Couleur aber schert das nicht. Sie marschieren seit Jahrzehnten immer in die gleiche Richtung, mag der gesunde Menschenverstand sagen, was er will.

Eine interessante Begründung für die nochmalige Senkung der Unternehmenssteuern hat Hessens Ministerpräsident Roland Koch, auch ein großer Ökonom, 2006 geboten. Der gab in der *Wirtschaftswoche* (28/2006) zum Besten, die Logik der Reform sei es, durch eine attraktive Besteuerung mehr Kapital nach Deutschland zu holen. Diese Logik, meinte er sogar, hätten »manche Sozialdemokraten noch nicht verstanden.« Da staunt der Laie und der Fachmann wundert sich. Mehr Kapital wollen wir ins Land holen! Wie macht man das eigentlich? Wie importiert eine Volkswirtschaft netto, per Saldo des gesamten Kapitalimports und des Kapitalexports also (und nur darum kann es ja gehen), Kapital in die eigene Wirtschaft und zieht es damit aus einer anderen Volkswirtschaft ab?

Nun, offenbar genau umgekehrt, wie sie zuvor per Saldo Kapital exportiert hat. Die jetzigen Kapitalexporte der Deutschen in die USA zum Beispiel sind im Laufe der Zeit zusammen mit dem Leistungsbilanzüberschuss Deutschlands, also dem positiven Saldo der Exporterträge im weitesten Sinne über die Importerträge, gegenüber den USA entstanden. Jedem Euro, der netto in den USA angelegt wurde, entsprach immer genau 1 Euro, den Deutsche als Überschuss der Exporte über die Importe erzielt haben.

Bekanntlich kann niemand in der Welt über seine Verhältnissen leben und Schulden machen, also mehr ausgeben als einnehmen, wenn es nicht einen anderen gibt, der mehr einnimmt als er ausgibt. Wenn man diesen einfachen Zusammenhang auf die Kochsche Logik anwendet, stellt sich heraus, dass es gar nicht so einfach ist, Kapital anzuziehen, weil eine Volkswirtschaft nicht so einfach Kapital von einem Schuldner »abziehen« kann.

Der Abzug von Kapital aus den USA bedeutet nämlich, dass die Amerikaner beginnen müssten, ihre in den Jahren angehäuften Schulden zurückzuzahlen oder Eigentumstitel, etwa Aktien, die bisher Fremde halten, selbst zu übernehmen und in Form von Devisen auszuzahlen. Um per Saldo an das Ausland zurückzahlen zu können, müssten die USA aber ihre laufende Ausgaben-Einnahmen-Rechnung genau umkehren. Das heißt, die USA müssten anfangen, Leistungsbilanzüberschüsse zu erzielen, also die eigenen Exporte über das Niveau ihrer Importe aus den Gläubigerländern zu steigern. Das müssten sie so lange tun, bis alle offenen Forderungen ausgeglichen und genügend Devisen geschaffen worden wären, um die von Ausländern gehaltenen Eigentumstitel problemlos umzutauschen.

In Deutschland verhält es sich logischerweise genau umgekehrt: Die Autos und die Maschinen, die die überragend wettbewerbsfähige Exportnation Deutschland in den USA mit Erfolg verkauft hat, könnte sie in Zukunft nur dann verkaufen, wenn sie gleichzeitig dafür sorgt, dass die amerikanischen Unternehmen hierzulande sehr viel mehr als bisher absetzen können. Damit das reibungslos gelingt, muss in Deutschland entweder die Binnennachfrage angeregt werden oder die Amerikaner müssen hierzulande zu konkurrenzlos günstigen Preisen anbieten und die heimischen Produzenten verdrängen können. Ersteres ist aber über Jahre durch die famose Angebotspolitik von CDU und SPD (unabhängig voneinander und zusammen) verhindert worden und Letzteres hat die deutsche Wirtschaftspolitik unter dem Schlagwort »Standortpolitik« über die Jahrzehnte und unter eifrigem Mittun der CDU fast schon mit Gewalt verhindert.

Da fragt man sich doch, wer welche Logik nicht verstanden hat. An der Logik des geschilderten Zusammenhangs geht jedenfalls überhaupt kein Weg vorbei. Jeder Gläubiger – und Deutschland ist global gesehen ein großer Gläubiger – kann, ohne den Schuldner in den Ruin zu treiben und den Wert der Schulden drastisch zu reduzieren, nur dann Kapital abziehen, wenn der Schuldner in der Lage ist, dieses zu erwirtschaften.

Wer also die Steuern für die Unternehmen senken will, um »Kapital nach Deutschland zu holen«, muss genau das Gegenteil dessen tun, was die deutsche Politik unter dem Slogan »Verbesserung der Wettbewerbsfähigkeit« die ganze Zeit getan hat, oder er weiß nicht, wovon er redet. Deutschland exportiert in der einzig relevanten Nettobetrachtung Kapital in den Rest der Welt, weil die »Standortpolitik«, die Politik des permanenten Gürtel-enger-Schnallens, zu riesigen Überschüssen in der Leistungsbilanz und den dazugehörigen Defiziten in der Kapitalbilanz geführt hat. Fast 200 Milliarden Euro wurden auf diese Weise im Jahr 2007 ins Ausland transferiert, was heißt, dass sich das Ausland um genau diese Summe bei Deutschland neu und zusätzlich verschuldet hat.

Diesen Nettokapitalexport muss man übrigens für eine Fehlentwicklung halten, weil nichts dafür spricht, dass man dieses Geld ohne massive Verluste durch Abwertung der anderen Währungen oder vermindert durch sonstige Offenbarungseide wieder zurückbekommt. Die Finanzkrise des Jahres 2008 spricht in dieser Hinsicht Bände. Wer aber per Saldo weniger Kapital im Ausland anlegen will, muss dafür sorgen, dass die Binnenwirtschaft boomt und die ausgefallene Exportdynamik ersetzt sowie höhere Importe verkraftet. Durch Steuersenkungen ausländisches Kapital anziehen zu wollen und gleichzeitig die Binnenkonjunktur durch die Mehrwertsteuererhöhung zu erschlagen, heißt Binnenwirtschaft und Export zugleich zu zerdeppern. Na dann, auf ein gutes Gelingen, Herr Koch!

## Schulden für die anderen, Guthaben für uns

Ist das nicht eine verkehrte Welt? Wir werden gerade Zeugen der Tatsache, dass in den USA und in einigen anderen Ländern viele Millionen Menschen sich durch den Kauf eines Hauses weit höher verschuldet haben, als sie es verkraften können. Fast täglich erreichen uns neue Nachrichten, dass sich deutsche und europäische Banken an der Spekulation mit diesen Schulden – offenbar die meisten ohne zu wissen, was sie tun – in einer Weise beteiligt haben, die hiesigen Arbeitnehmern die Tränen in die Augen treiben muss, wenn sie sich vorstellen, wie unverantwortliche Bankmanager mit dem Teil ihrer Rente herumzocken, der hierzulande »Privatvorsorge« genannt wird.

Auch erfahren wir davon (was UNCTAD übrigens schon vor mehr als zwei Jahren vorhergesagt hatte), dass sich ein kleines Land im Nordatlantik namens Island um Kopf und Kragen spekuliert hat und heute so hoch verschuldet ist, dass es den Staatsbankrott ausrufen muss. Island wurde seit Jahren von ausländischem Geld überschwemmt – Geld, das unter anderem von den inzwischen berühmten japanischen Hausfrauen (also den japanischen Privatzockern) stammt –, weil der Inselstaat wegen relativ hoher Inflation auch relativ hohe Zinsen aufwies. In der Folge wertete sich der Wechselkurs der isländischen Währung fast dauernd auf, obwohl auch dort die laufende Auslandsverschuldung gewaltige Ausmaße hatte.

Eingeweihte wissen zudem, dass es die baltischen Länder geschafft haben, ihr Leistungsbilanzdefizit, also die laufende Verschuldung eines Jahres gegenüber dem Rest der Welt, auf 20 Prozent ihres Bruttoinlandsproduktes zu bringen. Das dürfte Rekord für einzelne Länder sein und ist fast so viel wie einst in Ostdeutschland – nach der Wende. Der Unterschied ist nur, dass diese kleinen Länder keinen großen Bruder haben, der hilft, wenn die Finanzmärkte merken, dass ebendiese hoffnungslos über ihre Verhältnisse leben. In der Zeitung steht auch, wenn man aufmerksam liest, dass ein großes osteuropäisches Land namens Bulgarien, dessen Währung wie in den 90er Jahren die argentinische schon seit über einem Jahrzehnt ganz fest an eine große gekoppelt ist, nun eine Inflationsrate von über 10 Prozent aufweist, obwohl auch dort das Leistungsbilanzdefizit, also wieder die Verschuldung gegenüber dem Ausland, über 20 Prozent des gesamten Einkommens ausmacht.

Zur gleichen Zeit aber, wo das alles geschah, feierten in Düsseldorf 5 000 Menschen mit Freibier, Würstchen und einem Feuerwerk die Tatsache, dass ihre Stadt schuldenfrei war. In Berlin ließ sich der Bundesfinanzminister dafür hochleben, dass er eine Projektion vorgelegt hatte, in der behauptet wurde, der Bund komme im Jahre 2011 ohne neue Schulden aus. Kaum ein Ökonom von Rang in Deutschland, der nicht in die Fanfare mit eingestimmt hätte, nun sei es endgültig aus mit der Schuldenwirtschaft des Staates, von nun an werde nur noch seriös gearbeitet und auf Schulden vollständig verzichtet.

Zuversichtlich hat Deutschland einige Zeit auch gestimmt, dass es den hohen Wechselkurs des Euro bisher so gut verkraftet.

Kein Zeitungskommentar, der nicht mit stolz geschwellter Brust verkündete hätte, ein starker Euro sei kein Grund zur Aufregung, weil die deutschen Unternehmen in den vergangenen Jahren ja so viel an Wettbewerbsfähigkeit zugelegt hätten, dass sie eine solche Kostensteigerung leicht wegsteckten. Dass die gleichen Kommentatoren bei einer 10-prozentigen Lohnerhöhung Zeter und Mordio schreien würden, muss man fast nicht mehr erwähnen. Dass sie aber so tun, als sei der hohe Wechselkurs vom Himmel gefallen, statt zu fragen, in welcher Weise Deutschland durch seine Standortpolitik dazu beigetragen hat, dass es so kommt, ist gemeingefährlich.

Besonders zynisch ist der Hinweis, die Haupthandelspartner seien weiterhin unsere europäischen »Freunde« und nicht die Amerikaner. Ob die europäischen »Freunde«, unter anderem der größte Handelspartner Frankreich, den hohen Wechselkurs verkraften können, obwohl sie durch das deutsche Lohndumping der letzten zehn Jahre ohnehin schon schwer in der Bredouille sind, fragt natürlich keiner.

Wenn aber der französische Präsident Nicolas Sarkozy den Wechselkurs des Euro problematisiert oder gar über die wirtschaftspolitische Rolle der Europäischen Zentralbank reden will, werden die deutschen Wirtschaftspolitiker gleich fuchsteufelswild und geben ihm eine Lektion in Sachen Ordnungspolitik, die sich gewaschen hat. Die anderen Europäer sollen gefälligst dasselbe machen wie Deutschland, hat die deutsche Bundesbank empfohlen: Den Gürtel enger schnallen, die Ärmel aufkrempeln – und schon können alle Überschüsse erzielen, statt sich mit Schulden und Defiziten abzuquälen.

Noch mehr solide Gläubiger also braucht die Welt und noch weniger schlechte Schuldner. Wer aber nimmt die Kredite, die die Gläubiger vergeben wollen, wenn am Ende alle von den Deutschen gelernt haben und solide Gläubiger sind? Der Mond? Der Mars? Oder doch wieder die Amerikaner?

So wenig volkswirtschaftliches Verständnis in der Welt und in

Deutschland war seit den 20er Jahren des vorigen Jahrhunderts nicht. Der neoliberale Tsunami, der in den vergangenen zwei Jahrzehnten über die globalisierte Wirtschaft hinwegging, hat die letzten Reste vernünftigen und kritischen Denkens weggespült. Er hat bei den einen die alte Krankheit des Standortwettbewerbs hervorgerufen und bei den anderen den ebenso alten Irrglauben an die notwendige Dominanz der Finanzmärkte neu belebt. Die Weltwirtschaft braucht nicht weniger als eine vollständige Revolution des ökonomischen Denkens, um die große Krise zu überstehen, die der Verteilungskampf zwischen den Schuldnern auf der einen Seite und den Gläubigern auf der anderen angerichtet hat.

»No Man is an Island« heißt es in dem Motto (im Original von John Donne), das Ernest Hemingway seinem Roman *For whom the bell tolls* voranstellt. Das gilt auch für Länder. Wenn nicht bald im Bundeswirtschafts- oder Finanzministerium ein Referat eingerichtet wird, das nichts anderes tut, als die Auswirkungen der deutschen Wirtschaftspolitik auf andere Länder abzuschätzen und den Minister vor den Rückwirkungen zu warnen, wird Deutschland noch oft in diese Falle der Globalisierung tappen. Es wird großartige Programme zu Verbesserung der deutschen Wettbewerbsfähigkeit in die Welt setzen, die nichts anderes bewirken, als die Handelspartner in die Enge zu treiben und panikartige Gegenreaktionen in Gang zu bringen, die am Ende alle ärmer als vorher machen.

# Kapitel 9
# Das Scheitern beim Arbeitslohn

## Mindestlohn: Falsche Theorie für falsche Politik

Zu den schlimmsten Debatten, die in Deutschland in den letzten zehn Jahren geführt wurden, gehört die Mindestlohndebatte. Während sich die einen (CDU und FDP) vorbehaltlos auf die neoklassische Theorie stützen, wonach ein Mindestlohn auf jeden Fall Arbeitsplätze kostet, sind SPD und Grüne zwar dafür, können sich aber nicht recht entscheiden, wie streng ein solcher Lohn durchgesetzt werden soll und wie hoch er sein soll. Nur die Linke plädiert klar für den Weg eines allgemeinen Mindestlohnes. Vielleicht hätten alle gerne einen Mindestlohn wegen der sozialen Symmetrie, da die meisten aber fest an die oben erwähnte herrschende Lehre vom Arbeitsmarkt als Kartoffelmarkt glauben, trauen sie sich nicht, mit offenem Visier und unter Einsatz hohen politischen Drucks dafür einzutreten. Das ist fatal, weil sich in dieser Frage, mehr noch als an anderen Stellen, ein Bruch in der Gesellschaft auftut, der nach einiger Zeit zu wirklich irreparablen Schäden führt.

Deutschland ist es über einige Jahrzehnte in der Nachkriegszeit gelungen, die gesellschaftlichen und sozialen Gegensätze in einem vertretbaren Rahmen zu halten, weil auch die weniger Qualifizierten und die in anderer Hinsicht weniger Begünstigten eine reelle Chance hatten, ihre Lebensumstände deutlich zu verbessern und auf der Wohlstandsleiter einige Sprossen nach oben zu steigen. Erst mit dem Beginn des Globalisierungswahns und der deutschen Vereinigung ging der Konsens darüber verloren. Wer aber geglaubt hatte, eine solche für die Gesellschaft vitale Frage würde zumindest in den Parteien, die sich selbst Volksparteien nennen, in allen Facetten diskutiert, sah sich wieder einmal getäuscht. Ohne auch nur eine Sekunde zu zögern, übernahmen beide Volksparteien prinzipiell die Unternehmerlogik. Der Streit entbrannte nur darum, ob man eine Minimalabsicherung flächendeckend oder branchenweit durchsetzen könne. Nicht ein einziges Mal wurde die Frage diskutiert, ob denn die Unternehmerlogik überhaupt richtig sei – trotz der Tatsache, dass sehr viele und wirtschaftlich erfolgreiche Länder der Welt hohe und dauernd steigende Mindestlöhne haben.

Wieder zeigt sich das alte Phänomen, dass Ökonomie scheinbar furchtbar einfach ist. Man muss sich nur in die Lage eines Unternehmers versetzen und schon versteht man, was passiert, wenn jemand einen bestimmten Mindestlohn für die von ihm angebotene Arbeit verlangt. In dieser einfachen Welt geht ein Mensch, der Arbeit sucht, auf den Arbeitsmarkt und testet seinen Marktpreis. Er bietet seine Arbeit zu einem Lohn an, den er sich als angemessen vorstellt. Die potenziellen Nachfrager nach Arbeit, die Unternehmer, sind aber auch nicht dumm und überlegen, wie viel dieser Mensch, der seine Arbeit anbietet, ihnen wohl einbringen wird. Sie vergleichen also den geforderten Lohn mit dem von ihnen erwarteten zusätzlichen Gewinn und bieten einen Lohn, der, rationales Verhalten unterstellt, maximal so groß ist wie die Leistung, die sie sich von der Arbeit des Arbeitnehmers erhoffen. Klafft zwischen beidem eine Lücke, ist also die erwartete Leistung geringer als der geforderte Lohn, kommt der Vertrag nicht zustande, die Arbeit ist dann zu teuer im Vergleich zu dem, was sie erbringt, nämlich der Produktivität der Arbeit, genauer der Grenzproduktivität wie es die Ökonomen nennen, weil es ja darum geht, wie viel der eine Arbeiter zusätzlich erbringt.

Sind in dieser wunderbaren Marktwelt Menschen arbeitslos,

dann kann das nur daran liegen, dass sie einen Lohn gefordert haben, der über dem liegt, den die Unternehmer zu zahlen bereit sind. Warum sollten die Arbeitnehmer das tun und ihre Forderung nicht nach unten korrigieren, wenn sie merken, dass sie bei der offenbar zu hohen Lohnforderung arbeitslos werden? Nun, sagt der kluge Vertreter der herrschenden Lehre in der Ökonomie, das liegt einfach daran, dass der Staat eine so hohe Absicherung für den Fall der Arbeitslosigkeit bietet, dass sich das Arbeiten schlicht nicht mehr lohnt. Wenn man bei der Arbeit nur ein paar Euro mehr verdient als in der Arbeitslosigkeit, bleiben viele lieber zu Hause auf dem warmen Sofa, als sich dem grauen und kalten Arbeitsalltag zu stellen.

Wenn man dann feststellen kann, so geht die Geschichte weiter, dass eine Gruppe der Gesellschaft besonders von Arbeitslosigkeit betroffen ist, müssen also deren Löhne einfach systematisch zu hoch sein, und die Tarifpartner oder der Staat müssen dafür sorgen, dass die Löhne soweit sinken, dass die Arbeitslosenquote dieser Gruppe mindestens auf den Durchschnitt fällt. Das gilt in Deutschland und vielen anderen Ländern besonders für die gering Qualifizierten. Herrscht Arbeitslosigkeit, sind diese immer in besonderem Maße davon betroffen.

Also gibt es für die Wirtschaftspolitik nur zwei Möglichkeiten, der Sache Herr zu werden: Erstens, man senkt die sogenannten Lohnersatzleistungen, also das Arbeitslosengeld und die Sozialhilfe, und macht deren Inanspruchnahme schwieriger. Das ist im Rahmen der Hartz-Reformen in großem Stil geschehen und hat, wie man jetzt immerhin schon weiß, nichts gebracht. Zweitens, man unterstützt die Betroffenen dadurch, dass man ihnen oder den Arbeitgebern einen so großen staatlichen Zuschuss gibt, dass entweder die gering Qualifizierten bereit sind, zu den herrschenden niedrigen Marktlöhnen zu arbeiten, oder die Unternehmen bereit sind, sie zu den eigentlich zu hohen Lohnforderungen einzustellen. Schon sind wunderbare Kombilohnmodelle geboren, von denen ihre Vertreter sich und uns noch immer wahre Wunder im Hinblick auf die positiven Arbeitsmarktwirkungen versprechen.

Auf die Idee, dass das ganze Modell mit der Wirklichkeit nichts zu tun hat, kommt kaum einer. Bei kaum einem Arbeitsprozess weiß der Unternehmer genau, wie viel der einzelne Arbeiter dazu beiträgt. Nur in der unglaublich unmodernen Klein-Fritzchen-Welt der modernen Ökonomie, in der jeder zusätzliche Arbeitnehmer an genau die gleiche Maschine gestellt wird wie alle seine Kollegen und sein Output genau registrierbar ist, kann man die Leistung eines Menschen exakt vermessen. Bei jedem Zusammenspiel aber von hoch qualifizierten und weniger qualifizierten Mitarbeitern stößt die Messung der Leistung an natürliche Grenzen oder wäre so teuer, dass sie kein vernünftiger Arbeitgeber machen würde. Denn der moderne Betrieb ist durch ein hochkomplexes Zusammenspiel von Menschen unterschiedlichster Ausbildung und Motivation gekennzeichnet, das keinerlei individuelle Zurechnung der Gesamtleistung auf den Einzelnen zulässt.

Ein ehemaliger Kollege von mir hat dieses Phänomen auf die einprägsame Frage reduziert: Wie hoch ist die Produktivität des Getriebes im Auto? Man könnte auch fragen: Wie produktiv ist der Torwart in der Fußballmannschaft? Oder: Wie hoch ist die Grenzproduktivität eines Menschen, der einmal in 45 Jahren Berufsleben eine geniale Idee hat, die seiner Firma zum Durchbruch verhilft, und den Rest seines Arbeitslebens im Büro verschläft? Das alles sind offenbar Fragen, auf die es keine vernünftige Antwort geben kann. Die Leistung des Teams ist am Ende entscheidend und nicht der individuelle Beitrag. Jeder weiß aus eigener Lebenserfahrung, dass in vielen Teams die scheinbar unwichtigen Kollegen eine entscheidende Rolle für den Gesamterfolg spielen, weil sie den anderen erst den Weg zu Höchstleistungen ebnen. Oder, um es in Fußballdeutsch umzuwandeln: Was wäre Franz Beckenbauer ohne seinen treuen Diener »Katsche« Schwarzenbeck gewesen?

Ein anders Beispiel: Für den öffentlichen Dienst und viele andere Menschen, die in Dienstleistungsberufen arbeiten, gilt das mit der Grenzproduktivität sowieso nicht. Erstens kann man ihre Produktivität nicht wie die eines Arbeiters am Fließband messen und zweitens erhöht sich ihre individuelle Produktivität oft überhaupt nicht, weil sie einer Tätigkeit nachgehen, die sich einfach nicht rationalisieren lässt. Nehmen wir einen Lehrer in der Schule oder einen Professor an der Universität. Wenn ersterer 40 Jahre lang einen ordentlichen elementaren, aber kaum veränderten Unterricht hinlegt, auf dem die Schüler oder Studenten erfolgreich aufbauen können, hat sich die Produktivität des Lehrenden scheinbar überhaupt nicht verändert: Jedes Jahr »produziert« er 30 oder 40 erfolgreiche Schul- oder Universitätsabgänger, mehr nicht. Sollte also der Lehrer oder Professor immer das Gleiche verdienen, also niemals eine Gehaltserhöhung erhalten?

In einer wachsenden Gesellschaft jedoch, in der die Produktivität insgesamt steigt, weil die späteren Absolventen dieser Pädagogen neue Techniken erfinden und neue Produkte auf den Markt bringen, die es der Wirtschaft erlauben, mit der gleichen Menge Arbeit mehr Produkte zu erzeugen, muss es einen Weg geben, auch die individuell weniger produktiven Hilfskräfte wie den Lehrer an dem gesamten Produktivitätszuwachs teilhaben zu lassen. Wäre das nicht der Fall, gäbe es in diesen für den Gesamterfolg so wichtigen elementaren Bildungsbereichen keine Arbeitskräfte mehr, weil man dort relativ verarmen und früher oder später abwandern würde.

Folglich müssen diejenigen, die mit ihrer Produktivität an der Spitze der Lohnskala stehen, denjenigen, die weniger produktiv, aber unabdingbar für den Gesamterfolg sind, am Erfolg beteiligen. Das geschieht bei erfolgreicher Arbeitsteilung dadurch, dass auch sie, also beispielsweise auch der öffentliche Dienst oder die Friseure, nicht nur einen Ausgleich für die von der Gesellschaft akzeptierte Inflationsrate erhalten, sondern sich auch den insgesamt erzielten Produktivitätsfortschritt zugutehalten können und daran partizipieren. Übrigens, nur dann, wenn das systematisch durchgesetzt wird, finden auch die Produkte, die die hochproduktiven Bereiche erzeugen, genügend zahlungskräftige Abnehmer.

Für die Beschäftigung geringer qualifizierter Personen und deren Arbeitslosigkeit kommt es folglich in erster Linie nicht auf den individuellen Lohn an, sondern darauf, dass mehr Teams von mehr *und* von weniger qualifizierten Mitarbeitern Arbeit finden. Auch empirisch lässt sich nachweisen, dass die geringer Qualifizierten zwar beim Entstehen von Arbeitslosigkeit überproportional betroffen sind, aber auch überproportional beim Abbau von Arbeitslosigkeit. Das ist einerseits eine große Chance. Das bedeutet aber andererseits, dass nur dann, wenn die Wirtschaft insgesamt läuft, sich eine reale Möglichkeit auftut, dem Phänomen der Arbeitslosigkeit geringer qualifizierter Arbeitnehmer zu Leibe zu rücken. Kombilohnmodelle führen wie alle anderen Arten der Subvention nur dazu, dass die Arbeitgeber gering Qualifizierte, die sie derzeit zu einem normalen Lohn beschäftigen, austauschen gegen solche Arbeitnehmer, bei denen sie in den Genuss der Subvention kommen.

## Der Mindestlohn – die internationale Dimension

In Deutschland wird auch immer vergessen, dass Lohnfragen eine extrem wichtige internationale Dimension haben. Wer in der internationalen Arbeitsteilung darauf angewiesen ist, dass auch die anderen Nationen auf Dauer eine Chance haben, sich zu behaupten, kann nicht ohne Rücksicht auf Verluste die eigenen Löhne senken, ohne früher oder später die internationalen Auswirkungen am eigenen Leibe wieder zu spüren.

Anders gefragt: Warum messen alle wirtschaftlich erfolgreichen Nationen dem Ziel einer Mindestausbildung ihrer Bürger so große Bedeutung bei? Warum opfern sie viele Jahre, die ja prinzipiell auch für einfachste Arbeit zur Verfügung stünden, zugunsten von Bildung und Ausbildung? Trugen dazu neben allgemeinen moralischen und sozialen Zielsetzungen nicht immer auch rein ökonomische Überlegungen bei? Produktion mit Kapital erfordert offenbar Wissen. Produktion mit mehr Kapital erfordert mehr Wissen. Das spezifische Wissen, das man in der Produktion mit Kapital braucht, verlangt eine Wissensbasis, die dem Menschen am besten – und teils sogar gegen seinen Willen – in der Jugend vermittelt wird. Ein Land, das vom Niedriglohnland zum Hochlohnland aufsteigt, muss sowohl die Wissensbasis als auch die spezifischen für den Produktionsprozess notwendigen Kenntnisse ständig ausbauen, erweitern und vertiefen. Um alle verborgenen Talente zu entdecken, hat es sich als ökonomisch effizient erwiesen, möglichst vielen Menschen die Chance auf ein hohes Bildungsniveau zu geben.

Ein relativ hohes Bildungsniveau führt aber bei relativ hoher Mobilität von Arbeit im Inland (also der Bereitschaft der Arbeitnehmer zu wandern) dazu, dass sich die Entwicklung der Entlohnung aller Arbeitnehmer schließlich am Wachstum der gesamtwirtschaftlichen Produktivität ausrichtet, einfach deswegen, weil die mobilen Arbeitskräfte eine angemessene Entlohnung erzwingen. Bestimmte Tätigkeiten verschwinden im Zuge dieser Entwicklung so vollständig wie bestimmte Produkte oder Produktionsverfahren. Der Strukturwandel, der den Produktivitätsanstieg ermöglicht, verschluckt sie gewissermaßen, weil sie weder für Unternehmen noch für die Arbeitnehmer eine ausreichende Entlohnung bieten. Das ist völlig unproblematisch, weil es zu jeder weggefallenen Tätigkeit eine höherwertige, eine produktivere Alternative gibt. Die Existenz von Arbeitslosigkeit ändert an diesen Überlegungen nichts, sofern Arbeitslosigkeit kein Dauerphänomen, sondern eine temporäre Erscheinung ist.

Und die Konkurrenz mit Niedriglohnländern? Wie oben schon

gezeigt: Es kann bei einem hohem Bildungsniveau der heimischen Arbeitnehmer bei Zuwanderung aus einem Niedriglohnland ein schwerwiegender wirtschaftspolitischer Konflikt entstehen. Um ein Beispiel zu konstruieren: Nehmen wir an, ein hiesiges Unternehmen entschließe sich bei vollkommener internationaler Mobilität von Arbeit, eine geplante Fabrik doch lieber nicht in Bangladesch, sondern hierzulande zu bauen, stattdessen aber alle benötigten Arbeiter aus diesem asiatischen Land zu »importieren« – zu einem real höheren Lohn als in ihrem Heimatland, aber einem wesentlich niedrigeren als in Deutschland. Da würde alsbald – und zwar höchst berechtigt – von moderner Sklaverei gesprochen werden, weil es nur der Herkunft der »importierten« Arbeitskräfte, nicht aber ihrer Leistung oder der Marktsituation geschuldet ist, dass sie weit weniger Lohn als deutsche Arbeitnehmer erhalten.

Andersherum verhält es sich offenbar anders. Wenn dasselbe Unternehmen statt Arbeit zu »importieren« in Bangladesch eine Fabrik baut, ist es offenbar vollkommen unproblematisch, wenn es – trotz deutscher Produktivität – permanent den dort üblichen Lohn bezahlt (der sich auch nur nach Maßgabe des durchschnittlichen Produktivitätsfortschritts in Bangladesch erhöht). Dieser landesübliche Lohn ist zwar, absolut gesehen, extrem niedrig, solange aber die souveränen Nationalstaaten dieser Welt und die von ihnen geschaffenen internationalen Institutionen bereit sind, die Einkommensabstände zwischen den Ländern zu tolerieren, ist dieser Strukturwandel zur Ausnutzung der mit den Lohndifferenzen verbundenen Gewinnchancen nicht unmoralisch, sondern für Bangladesch eine Chance zu schnellerem Aufholen.

Dagegen wird sich eine reiche Gesellschaft bei einer Einwanderung in der Tat fragen, ob sie bereit ist, durch die Hinnahme von extrem niedrigen Löhnen der Einwanderer ihre Bildungsinvestitionen entwerten zu lassen. Lässt sie zu, dass die Unternehmen den durch die Zuwanderung anschwellenden Angebotsüberschuss am Arbeitsmarkt für eine massive Lohnsenkung nutzen, muss sie den bisherigen heimischen Arbeitnehmern sagen, dass die Investition in ihre Bildung wertlos gewesen ist. Und außerdem: Soll eine Gesellschaft die Bildung einer zweiten Klasse armer Zuwanderer zulassen, die zwar im Inland arbeiten, aber dauerhaft zu Bedingungen entlohnt werden, die ihnen eine Teilhabe an dieser Gesellschaft nicht erlauben?

Die primitive »Lösung« der herrschenden Meinung, die Dinge laufen zu lassen und unter dem Druck der Umstände die aus ihrer Sicht ohnehin schädlichen heimischen sozialen Errungenschaften abzubauen, ist absurd. Denn: Wenn eine hoch entwickelte Gesellschaft in ihrer Lohnstruktur das gesamte Spektrum vom Niedriglohnland zum Hochlohnland abdecken, also auch bezahlte Tätigkeiten aufweisen würde, die direkt mit vergleichbaren Tätigkeiten in Niedriglohnländern konkurrieren, wäre das für die Niedriglohnländer der wirtschaftliche Ruin, weil es für diese (mit ihrer geringen Produktivität) eine unüberwindbare Konkurrenz schüfe, die weit schlimmer als Protektionismus wäre. Mit anderen Worten: Ohne Mindestlohn gibt es weder eine funktionierende internationale Arbeitsteilung noch eine menschenwürdige Gesellschaft.

## Der Flächentarifvertrag ist ein Muss

Deutschland erlebt in den letzten Jahren ganz neuartige Dinge: Die Lokführer oder die Ärzte streiken, weil sie 30 Prozent mehr Gehalt wollen. Deutschlands Politiker sind verwirrt. Waren wir nicht noch gerade das Land mit den geringsten Lohnsteigerungen in der ganzen Welt? Sind nicht vor ein paar Monaten die deutschen Gewerkschaften sogar von den Arbeitgebern gelobt worden für die »Vernunft der letzten Jahre«? Hat nicht Rot-Grün mit den Hartz-Gesetzen und anderen Maßnahmen dafür gesorgt, dass der Arbeitsmarkt flexibler wird?

Und jetzt das, Lohnforderungen wie einst in England. Fehlt nur noch, dass die Gewerkschaft der Lokführer durchsetzt, dass auch Heizer auf den E-Loks fahren, dann brauchen wir sofort eine Maggie Thatcher, die den deutschen Gewerkschaften zeigt, was eine konservative Harke ist.

Ja, ja, so geht das, wenn die Politik immer nur dümmlichen Parolen folgt, statt sich richtige Gedanken zu machen. Als in den 70er Jahren in England die altgedienten Heizer noch auf den E-Loks mitfuhren und eben nicht umgeschult wurden, weil die Gewerkschaft der Heizer die Zeichen der Zeit nicht wahrhaben wollte oder an ihrem Zunftdünkel festhielt, gab es in Deutschland schon eine ausgewogene und extrem effiziente Organisation der Gewerkschaften, die dafür sorgte, dass die Arbeitnehmer voll am Produktivitätsfortschritt beteiligt wurden und die Gehaltsstrukturen im Einvernehmen zwischen den Tarifparteien den technologischen Veränderungen angepasst wurden. Vor allem deswegen war Deutschland damals in der ganzen Welt hoch angesehen und wurde vor allem den Engländern ständig als Vorbild vorgehalten. Letztlich wollte England nur so erfolgreich werden wie Deutschland, als die Thatcher-Regierung die Macht der Minigewerkschaften mit politischen Mitteln brach.

Als aber die Konservativen aller Parteien in Deutschland sahen, wie man in England mit den Gewerkschaften fertig wurde, witterten sie sofort große Nachteile und kamen auf die grandiose Idee, es Maggie Thatcher nachzutun, also auch hier die Gewerkschaftsmacht zu zerschlagen, um endlich auf dem Arbeitsmarkt die richtige Marktwirtschaft einzuführen, wo jeder Einzelne mit seinem Arbeitgeber einen individuellen Vertrag aushandelt.

Gesagt, getan. Spätestens nach den strategischen Fehlern der deutschen Gewerkschaften im Zuge der deutschen Einheit war der Moment gekommen, wo die »Flexibilisierung« in die Tat umgesetzt werden konnte. Dass es ausgerechnet die Sozialdemokraten waren, die der alten deutschen Tarifpartnerschaft endgültig den Garaus machten, ist eigentlich nicht verwunderlich, hatten sie doch aus ihrem eigenen wirtschaftspolitischen Scheitern in den 70er Jahren (erst hohe Inflation, dann hohe Arbeitslosigkeit) »gelernt«, dass man in der neuen Weltwirtschaft »modern« sein müsse, anstatt den alten Hüten der Arbeiterbewegung wie »gleicher Lohn für gleiche Arbeit« nachzutrauern.

Der Flächentarifvertrag zerbrach unter massivem Druck der Politik, weil die Gewerkschaften sich in Ostdeutschland verhoben hatten und die Schleusen für Lohnsenkung im Niedriglohnbereich mit den Hartz-Gesetzen und der Agenda 2010 so weit geöffnet wurden, dass die traditionellen Branchengewerkschaften in Deutschland nicht mehr überlebensfähig waren und sich in Scharen zu großen Konglomeraten wie Ver.di zusammenrauften. Diese Konglomerate können aber in einer Zeit, in der die Löhne allgemein – natürlich wieder unter dem massiven Druck der Politik – seit Jahren real überhaupt nicht steigen, hoch spezialisierte Berufsgruppen wie Lokführer, Piloten und Ärzte nicht mehr angemessen vertreten. Diese Berufsgruppen sind homogen und klein und folglich leicht organisierbar. Sie können sich ohne Weiteres in eigenen Verbänden organisieren, um ohne Rücksicht auf den Rest der Bevölkerung mehr für sich herauszuholen.

Damit ist nichts darüber gesagt, ob die Forderungen an sich berechtigt sind. Über deren Legitimität und über die Frage der Angemessenheit eines Streiks bei hoch spezialisierten Arbeitskräften, die die halbe Volkswirtschaft lahmlegen können, lässt sich lange streiten. Darum geht es aber gar nicht in erster Linie. Viel wichtiger wäre es, darüber zu diskutieren, wie es gelingen kann, wieder zu einer Situation zurückzukehren, in der, erstens, alle Arbeitnehmer angemessen am Produktivitätsfortschritt beteiligt werden und in der, zweitens, nicht die Gewerkschaft der Heizer über die Löhne und Arbeitszeiten der Heizer verhandelt, sondern eine Gewerkschaft, die ausreichend groß ist, um die Interessen verschiedener Berufsgruppen gegeneinander abzuwägen, aber nicht so groß, dass sie den Überblick und den Vertretungsanspruch verliert.

Ersteres ist ohne Weiteres wieder zu haben, wenn der politische Druck auf niedrige Löhne aufhört, was heißt, dass die schlimmsten Sünden von Rot-Grün im Niedriglohnbereich (wie die Erlaubnis für deutlich unterbezahlte Zeitarbeit in den Zeitarbeitsfirmen, für die Herr Clement arbeitet) und Hartz IV korrigiert werden. Hier geht die aktuelle Debatte in der SPD immerhin in die richtige Richtung. Eine einmal zerstörte Gewerkschaftsorganisation wieder aufzubauen, ist aber ungeheuer schwierig, wahrscheinlich ist es sogar unmöglich. Hier ist von den »Modernisierern« so viel gutes altes Porzellan zerschlagen worden, dass auch der beste und gutwilligste Restaurateur es nicht mehr wiederherstellen kann.

Helfen würde sicherlich, wenn Deutschland über viele Jahre einen hohen Beschäftigungsstand erlebte, weil sich die Machtverhältnisse von Arbeitnehmern und Arbeitgebern wieder normalisierten. Aber auch da sind meine Hoffnungen gering. Jetzt, wo der noch immer allein vom Export getragene Aufschwung einer schweren Rezession weicht, werden die »Modernisierer« sich bald wieder lautstark zu Wort melden und voller Häme verkünden, dass sie es ja schon immer gewusst haben, dass es nicht lange gut geht, weil die bisherigen »Reformen« bei Weitem nicht ausreichend waren, sondern jetzt noch viel radikaler »reformiert« werden muss. Kündigungsschutz und Mitbestimmung werden dann sofort wieder auf die Agenda genommen.

Ich bin sicher, sogar Maggie Thatcher werden sie bemühen und beklagen, dass wir noch keine Maggie Merkel haben. Dass die Löhne in England besonders *nach* Maggie Thatcher stärker gestiegen sind als lange zuvor und England wegen pragmatischer Wirtschaftspolitik und einer starken Abwertung Anfang der 90er Jahre im letzten Jahrzehnt des alten Jahrhunderts die höchsten realen Lohnsteigerungen der industrialisierten Welt mit den höchsten Beschäftigungszuwächsen verbunden hat, werden sie geflissentlich verschweigen. Das würde die deutschen Menschen mit ihrem so schön eingehämmerten Weltbild dann doch zu sehr verwirren.

## Kapitel 10
# Das Scheitern an Nebenkriegsschauplätzen

### Grundeinkommen für Millionäre?

Es gibt Ideen, die sind uralt, unsinnig und unbezahlbar und werden doch immer wieder aus der Mottenkiste geholt, weil sie in bestimmte Formen des ideologischen Überbaus so gut hineinpassen, dass selbst intelligente Zeitgenossen nicht von ihnen lassen können. So eine Idee ist das bedingungslose Grundeinkommen, das in letzter Zeit quer durch das gesamte politische Spektrum, von Linken wie von Rechten, immer mal wieder ans Licht öffentlicher Debatten gezerrt wird.

Die scheinbar einfachste Begründung für ein Grundeinkommen ist auch schon die abstruseste. Wenn man allen Menschen in Deutschland ein Grundeinkommen von, sagen wir der Einfachheit halber: 1 000 Euro gäbe, so die Befürworter, könne man sich jede Menge Bürokratie und jede Menge soziale Kosten sparen, die dadurch entstehen, dass bedürftige Menschen in Ämtern Schlange stehen und ihre Lebensverhältnisse peinlich genau prüfen lassen müssen.

Allerdings, wenn 80 Millionen Deutsche ein Grundeinkommen von 1 000 Euro monatlich bekommen, macht das knapp 1 000 Milliarden Euro pro Jahr. Rechnet man für Kinder etwas weniger, bleiben vielleicht 800 Milliarden. Von 80 Millionen Deutschen brauchen aber mindestens 40 Millionen (das ist sehr konservativ gerechnet, um den Anhängern des Grundeinkommens entgegenzukommen) das Grundeinkommen nicht, weil sie ohnehin ausreichend verdienen oder eine ohnehin schon ähnlich hohe Rente beziehen. Diesen 40 Millionen in keiner Weise Bedürftigen würden wir aber jeden Monat 40 Milliarden Euro (40 Millionen mal 1 000 Euro) geben, also 480 Milliarden im Jahr. Das ist mehr als zwei Drittel aller heutigen Steuereinnahmen (etwa 600 Milliarden). Damit wiederum sparen wir vielleicht 20 Milliarden pro Jahr – was sicher hoch gegriffen ist – an Bürokratie ein sowie die unsichtbaren Kosten für die Überprüfung der Bedürftigkeit.

Der Punkt ist: Selbst wenn man gegen die 800 Milliarden aufrechnet, was heute an sozialen Leistungen einschließlich Renten erbracht wird (etwa 450 Milliarden), bleiben 350 Milliarden Euro, die zusätzlich aufgebracht werden müssen, um das Bürgergeld zu finanzieren. Wir müssen also die Steuern schon deshalb um mehr als 50 Prozent (!!!) erhöhen, um den wohlhabenden Teil der Bevölkerung mit einem Einkommen auszustatten, das dieser gar nicht braucht.

Nun kann man das auf die Weise tun, dass die Einkommenssteuern nur für die höheren Einkommen erhöht werden, sodass der Teil der Bevölkerung, der tatsächlich vom Grundeinkommen lebt, nicht auch noch an der Finanzierung des Grundeinkommens für den Teil beteiligt wird, der das Grundeinkommen gar nicht braucht.

In dem Fall produzierte das Grundeinkommen lediglich eine irrsinnig hohe Steuerquote und ein gewaltiges Umverteilungskuddelmuddel in der oberen Hälfte der Einkommenspyramide, produzierte also ein Ergebnis, das mit der ursprünglichen Idee dieses wunderbaren Vorschlages überhaupt nichts zu tun hat. Sicher kann man aber sein, dass sich im gleichen Augenblick eine nie zuvor gesehene Steuersenkungslobby formieren würde, die für die nächsten 20 Jahre nichts anderes im Sinn hätte, als die Steuern wieder zu senken, weil nach ihrer Auffassung zu hohe Steuern den Leistungsträgern die Leistungsbereitschaft auch dann nehmen, wenn die Steuereinnahmen sofort wieder an diese Bevölkerungsgruppe zurückgegeben werden.

Vorsorglich haben schon einmal einige Befürworter des Grundeinkommens, wie etwa Götz Werner, der Gründer und ehemalige Geschäftsführer der Drogeriekette DM, die Mehrwertsteuer ins Spiel gebracht. Man könne doch die Mehrwertsteuer so weit anheben wie notwendig, ohne die Leistungsanreize zu stören. Dumm ist auch hier die Arithmetik. Ein Punkt Mehrwertsteuer mehr, so hat die Bundesregierung Anfang 2007 ausgerechnet, bringt bei unverändertem Kaufverhalten ungefähr 8 Milliarden mehr in die Staatskasse. Um wiederum nur die 350 Milliarden, die an die zu zahlen sind, die es eigentlich nicht brauchen, aufzubringen, muss man offensichtlich die Mehrwertsteuer um 350/8, also fast 44 Punkte erhöhen, von heute 19 Prozent also auf über 60 Prozent. Folglich werden sich die Preise all der von der Mehrwertsteuer erfassten Güter entsprechend erhöhen. Das hat natürlich nicht nur eine grandiose Steuerflucht in die Schwarzarbeit zur Folge, sondern sorgt nun auch dafür, dass die Einkommen in noch nie dagewesener Weise von unten nach oben umverteilt werden. Jetzt zahlen ja diejenigen, die wirklich bedürftig sind, über die Mehrwertsteuer kräftig mit an diejenigen, die das Grundeinkommen gar nicht brauchen.

Noch absurder wird es, wenn, wie von Götz Werner wiederum allen Ernstes propagiert, die Unternehmer das Grundeinkommen nutzen, um im Ausmaß des Grundeinkommens die normalen Löhne, vor allem in Niedriglohnbereich natürlich, zu kürzen. Dann sinken die Realeinkommen aller Arbeitnehmer mit geringen Ersparnissen drastisch und entsprechend deren Nachfrage nach Konsumgütern. Da nach der Erfahrung der vergangenen Jahre niemand erwarten kann, dass mögliche Beschäftigungsgewinne den Reallohnverlust ausgleichen, wird die Konjunktur einbrechen, die Arbeitslosigkeit steigen und die Unternehmen zwingen, die Preise trotz der immensen Mehrwertsteuerbelastung zu senken – womit die Gewinne, die sie zunächst eingesteckt haben, futsch sind. Nur im Ausland wird die deutsche Wirtschaft noch mehr als ohnehin schon reüssieren, weil Exporte ja von der Mehrwertsteuer befreit sind. Das werden unsere Nachbarn in Europa und anderswo aber zum Anlass nehmen, ihre Grenzen für derart subventionierte Waren endgültig dicht zu machen oder selbst ähnlich irrsinnige Experimente in die Wege zu leiten.

Es ist schon beeindruckend, dass sich mit Dieter Althaus ein Ministerpräsident eines ostdeutschen Bundeslandes zum Anwalt des Grundeinkommens macht, ohne auch nur andeutungsweise zu sagen, wie ein solcher Vorschlag finanziert werden soll und welche Folgen das für die wirtschaftliche Entwicklung und die Verteilung der Einkommen einschließlich der Lage der viel diskutierten Unterschicht hat. Es spricht aber auch für die Einfalt vieler unserer Medien, dass sie so etwas nachplappern und weder ernsthaft nachfragen noch den Versuch eigenen Nachdenkens machen. Besonders traurig ist schließlich, dass sich sogar viele von denen, die ansonsten die Gutmenschen spielen und die Verteilungsfrage wie eine Monstranz vor sich hertragen, auf die Propaganda hereinfallen, weil sie glauben wollen, der Vorschlag sei der Weg zum Glück und das Ende der schrecklichen Erwerbsarbeit.

## Sackgasse Privatisierung

Wenn man Mitte der 80er Jahre einem der typischen, stramm marktwirtschaftlich orientierten Beobachter Deutschlands erzählt hätte, dass das scheinbar reformunfähige Land am Ende des Jahrhunderts fast alle wichtigen Bereiche der Wirtschaft liberalisiert und privatisiert hat, er wäre in lauten Jubel ausgebrochen und hätte fantastische Wachstumsraten für ein dermaßen flexibilisiertes und damit von vielen Fesseln »befreites« Deutschland vorhergesagt. Eine klassische Fehlprognose. Aber was ist schiefgelaufen? Privatisiert und liberalisiert sind so wichtige Bereiche wie die Energiewirtschaft, die Post und die Telekommunikation, die Bahn steht absehbar davor und sogar in der Rentenversicherung hat die Marktwirtschaft Einzug gehalten. Warum sind die Wachstumsraten nicht höher, warum brauchte Deutschland 2005 bis 2007 statt auf seine inneren Kräfte zu setzen ein von anderen Ländern auf Pump finanziertes riesiges Konjunkturprogramm, um wieder einmal nahezu normal wachsen zu können?

Privatisierung ist im besten Fall, den man sich denken kann, ein kurzes Strohfeuer, aber weder kurz- noch langfristig eine Lösung für die deutsche Wachstumsschwäche. Privatisierung, selbst wenn sie gut geht und die privaten Anbieter tatsächlich produktiver sind als die vorherigen staatlichen, erhöht die Produktivität genau ein Mal. Ist der anfängliche Produktivitätsschub vorüber, spricht nichts dafür, dass auch in allen Folgejahren die Produktivitätsfortschritte größer sind; das bedeutet, dass die Wirtschaft nur einmal auf ein höheres Niveau gehoben wurde, danach aber nicht dauerhaft stärker wächst. Nur Letzteres aber interessiert uns wirklich. Die großen wirtschaftlichen Probleme wie die Arbeitslosigkeit oder die Umverteilungsprobleme infolge der Alterung können wir nur abmildern, wenn die Wirtschaft Jahr für Jahr um mehr zulegt als in den letzten Jahrzehnten. Diesem Ziel kommt man mit der Privatisierung von ein paar Aktivitäten keinen Schritt näher.

Aber sogar diese Einschätzung ist viel zu optimistisch, wenn es sich bei dem Verkauf eines staatlichen Betriebes an Private etwa um ein sogenanntes natürliches Monopol handelt, also einen Fall wie den der Deutschen Bahn (annähernd trifft das auch auf die meisten Versorgungsbetriebe wie Elektrizität, Strom oder Wasser zu), wo auch nach dem Verkauf nur ein einziger Betrieb auf dem Markt ist beziehungsweise nur wenige neue Privatanbieter auftreten, die es mit einer extrem hohen Eintrittsschwelle zu tun haben. Dann wird auch nach der Privatisierung die vormals öffentliche Leistung in der Regel nicht besser oder schneller angeboten als zuvor, ja, es besteht eher die große Gefahr, dass die privaten Monopole ihre Macht ausnutzen und zu weit überhöhten Preisen oder in schlechterer Qualität anbieten.

Hinzu kommt, dass die Erfahrungen mit der massiven Privatisierung öffentlicher Leistungen in den letzten beiden Jahrzehnten, ob in Deutschland oder in anderen Ländern, durch die Bank verheerend sind (siehe die zahlreichen Dokumente unter www.nachdenkseiten.de zu diesem Stichwort). Warum ist das so? Nun, was die Anhänger der Privatisierung total unterschätzen, ist die Fähigkeit des Staates, die Regulierung für die privatisierten öffentlichen Monopole so zu fassen, dass der alte Leistungsumfang weitgehend erhalten bleibt und eben nur produktiver geschaffen wird. Daran ist etwa die Privatisierung der englischen Bahn weitgehend gescheitert. Würde man nämlich so detailliert vorschreiben, was und wie angeboten wird, wie es notwendig wäre, um die Bürger zufriedenzustellen, wäre die Privatisierung nicht mehr interessant, und man fände keinen privaten Investor. Also macht die öffentliche Hand von vornherein erhebliche Abstriche von ihren Zielen mit dem Ergebnis, dass die Dienstleistungen in der Regel weder billiger noch in dem gewohnten Umfang angeboten werden, denn die privaten Investoren wollten ja das Geld verdienen, an dem der öffentliche Betreiber zuvor nicht interessiert war. Folglich kommt ein Produktivitätsfortschritt, selbst wenn er anfällt, meist beim Bürger nicht an, und der fühlt sich verhohnepipelt, weil er das Ergebnis an den Versprechungen misst, die die Politiker vorher gemacht haben.

## Journalisten und sonstige Meinungsmacher

Ich muss gestehen, ich sehe nicht viel fern. Die einzige Sendung im deutschen Fernsehen, die ich relativ regelmäßig zur Kenntnis nehme, ist das *heute-journal* im ZDF, aber nur, weil es zeitlich gesehen wunderbar zu meinen Schlafgewohnheiten passt. Nun sollte man meinen, dass eine solche Sendung, das Nachrichten-Flagschiff eines nicht unbedeutenden öffentlich-rechtlichen Senders, vor Seriosität nur so strotzt und die sicher hoch bezahlten Damen und Herren Moderatoren dieser Sendung alles daran setzen, sich keine inhaltliche Blöße zu geben.

Doch weit gefehlt. In wirtschaftlichen Fragen sind die Vorurteile in Deutschland bei jedermann offenbar so gefestigt, dass prominente und damit große Verantwortung tragende Journalisten vor einem Millionenpublikum nicht davor zurückschrecken, diese Vorurteile in ihre Moderation einfach so einfließen zu lassen.

Vor einiger Zeit ging es beim Anchorman Claus Kleber beispielsweise in irgendeinem Zusammenhang um Lohnnebenkosten. Die vermeintliche Gefahr, dass diese steigen könnte, versah er mit dem harmlos klingenden Halbsatz: »[...] und das kostet Arbeitsplätze«. Und in gleichem Tonfall hörte ich einige Zeit später Klaus-Peter Siegloch, einen damaligen Kollegen von Klaus Kleber, im Zusammenhang mit der Unternehmenssteuerreform einen ganz ähnlich klingendem Halbsatz sagen: »[...] und dabei geht es um Millionen Arbeitsplätze«.

Da fragt man sich schon, ob es bei solchen Halbsätzen nur um den verzweifelten Versuch des jeweiligen Moderators geht, mit dem Hinweis auf Arbeitsplätze bei trockenen Wirtschaftsthemen die Zuschauer am Bildschirm zu halten, oder ob es sich hierbei um den bewussten Versuch handelt, bestimmte Vorurteile mit Medienmacht unters Volk zu bringen. Denkt man aber ein wenig darüber nach, ist es am Ende vollkommen gleichgültig, ob hier nur fahrlässig oder schon vorsätzlich dummes Zeug erzählt wird, die Wirkung ist genau die gleiche. Anders gesagt, ob ein öffentlich-rechtlicher Moderator so unter dem Druck der Zuschauerquote steht, dass er jedes primitive Vorurteil bedienen muss, um erfolgreich zu sein, oder ob ihm irgendwelche »Agenturen oder Initiativen« jeden Tag einflüstern, welche Vorurteile man zu haben hat, ist nicht mehr wichtig. Dass auf jeden Fall etwas faul ist im Staate Dänemark, darauf allein kommt es an.

Zur Sache also, wie der Herr Bundespräsident zu sagen pflegt. Die Behauptung, steigende Lohnnebenkosten würden unmittelbar oder mittelbar zu Arbeitsplatzverlusten führen, ist, wie ich in diesem Buch vielfach gezeigt habe, grober Unfug. Noch weit schlimmer ist die Aussage, bei der Unternehmenssteuerreform ginge es um »Millionen von Arbeitsplätzen«. In der letzten Dekade wurden, wie oben mehrfach gezeigt, mindestens fünf Unternehmenssteuerreformen mit großem Tamtam durchgesetzt, ohne dass es jemals eine sichtbare Wirkung bei den Investitionen, ganz zu schweigen vom Arbeitsmarkt gegeben hätte.

Kein ernsthafter und anerkannter Journalist würde leichtfertig vor sich hinsagen, dass der Konsum von genmanipuliertem Mais die Entstehung von Krebs begünstigt, bevor nicht Hunderte von Studien vorliegen, die den Zusammenhang eindeutig nachweisen. Kein vernünftiger Mensch sagt einfach, ohne eine Ahnung von den relevanten Zusammenhängen und deren Zeitdimension zu haben, dass die globale Erwärmung kein Problem ist, weil die Menschen schon immer Wege gefunden haben, sich an alle neuen Umstände anzupassen.

Nur in der Ökonomie kann auch ein Journalist, ein Verbandspräsident oder ein Ministerpräsident den Stein der Weisen entdecken und können Juristen ganze Themenbereiche besetzen. Es ist eben immer noch so, wie einer der wichtigsten Ökonomen dieses Jahrhunderts, Joseph A. Schumpeter, schon vor vielen Jahrzehnten bemerkte: »Nur in wirtschaftlichen Dingen hält sich jeder für einen berufenen Fachmann und berechtigt, arglos jahrhundertealte Holzwege zu wandeln und mit Unbefangenheit sein allerpersönlichstes – wirtschaftliches oder ideelles – Interesse für aller Weisheit höchsten Schluß zu erklären.« (Schumpeter 1918, S. 329/330)

Ein anderes Beispiel. In der großen und seriösen *Süddeutschen Zeitung* zerreißt ein Journalist unter der Überschrift »Gerechter

Lohn« den Vorsitzenden der IG-Metall, der im Sommer 2008 davon sprach, dass nach vielen Jahren der Lohnzurückhaltung auch die Arbeitnehmer ihren gerechten Anteil am Kuchen erhalten müssten. Wenn man, wie ich, von Journalisten oftmals nicht viel erwartet und sehr geringe Maßstäbe anlegt, müsste man doch bei einer solchen Sachlage davon ausgehen können, dass ein durchschnittlicher Journalist einen Hauch von Ahnung von dem hat, worüber er schreibt. Man erwartet ja schon nicht, dass er sich kundig macht und kluge Bücher liest, bevor er sich großmäulig äußert. Nicht einmal logisches Denken erwartet man. Viel erwartet man also schon von vornherein nicht. Was man aber erwarten könnte bei einem Kommentar in der größten Zeitung Deutschlands ist, dass einer der Kollegen, die eine solche Meinungsäußerung gegenlesen, merkt, wenn einer sich selbst ins Knie schießt.

Wer nämlich, wie der Kommentator Detlef Esslinger, zugibt, dass die deutschen Gewerkschaften einschließlich der IG Metall in den vergangenen Jahren auf Lohnzuwächse fast vollständig verzichtet und gewaltige Gewinnsteigerungen zugelassen haben und dies mit eindrucksvollen Zahlen belegt, müsste sich zumindest fragen, warum die Gewerkschaften das getan haben. Nach einigem Nachdenken würde er vermutlich darauf kommen, dass die Gewerkschaften damit zur Bekämpfung der Arbeitslosigkeit beitragen wollten (alle anderen Möglichkeiten sind einfach zu blöde), und dass sie in seiner eigenen Vorstellungswelt mit diesem Verzicht auch genau dazu beigetragen haben. Wenn das aber so ist, dann ist die Aussage, dass die deutschen Gewerkschaften die Interessen der Arbeitslosen nicht im Blick haben, »weil die nicht zu ihrer Klientel gehören«, einfach nur widersinnig. Auch hier ist nicht klar, ob jemand so dummes Zeug wirklich aus Überzeugung schreiben kann oder ob es auch in der *Süddeutschen* nur darum geht, dem herrschenden Gebrabbel zu folgen, weil man damit im Zweifel nichts falsch machen kann.

In einer Demokratie – so unsere Lehrbuchvorstellung – sorgt

der öffentliche Diskurs dafür, dass sich das sachlich Richtige und Beste durchsetzt, wenigstens annäherungsweise. Diese Regel ist in der Wirtschafts- und Gesellschaftspolitik weitgehend außer Kraft gesetzt. Die öffentliche Debatte verläuft flach und undifferenziert, der große Strom der Meinungen wird von Parolen und den immer gleichen Glaubenssätzen geprägt. Angesichts der heutigen Krise des Neoliberalismus bleibt die bittere Erfahrung, dass es der von Schlagworten geprägten öffentlichen Debatte einige Jahre lang gelungen ist, die wichtigsten Bereiche unserer Volkswirtschaft an den Rand des Geschehens zu drängen.

## Ökonomie und Ökologie – der Scheinkonflikt

Eines meiner ersten Schlüsselerlebnisse mit der herrschenden Ökonomie betrifft die Ökologie. Anfang der 70er Jahre entbrannte eine heftige Diskussion über den Konflikt zwischen Ökonomie und Ökologie im Gefolge einer Studie des Club of Rome (Meadows, 1973), die behauptete, die Menschheit könne nicht so weitermachen wie bisher, weil die Rohstoffe auszugehen drohten und die Umweltverschmutzung unerträglich werde. Zu diesem Thema schrieb ich 1975 bei dem damaligen Vorsitzenden des Sachverständigenrates, Olaf Sievert, meine Diplomarbeit in Saarbrücken. Meine Grundthese war sehr einfach: Die Menschen und die Politik würden genau dann mehr (und für ein Überleben der Natur in einem angemessenen Zustand vielleicht sogar genügend) Umweltschutz durchsetzen, wenn die Versorgung mit herkömmlichen Konsumgütern so weit gedeckt sei, dass gesunde Umwelt zu einem begehrenswerten Gut wird. Die Politik könne diesen Prozess jederzeit beschleunigen, wenn sie aus tieferer Einsicht in die natürlichen Zusammenhänge der Meinung ist, dass ihre Bürger mehr Umweltschutz nachfragen sollten – genauso wie sie ihnen vorschreibt, mehr Bildung zu konsumieren, als diese das sonst vielleicht tun würden.

Anfang der 80er Jahre im Bundeswirtschaftsministerium wandte ich mich zum zweiten Mal dieser Sache zu. Da hatte es die breite Mehrheit der Ökonomen in Deutschland und anderswo schon geschafft, dieses relativ einfache Problem in einen Konflikt zwischen Ökonomie und Ökologie hochzustilisieren mit der Folge, dass alle Politiker fest davon überzeugt waren, dass sie wählen müssten zwischen mehr Umweltschutz und mehr Arbeitsplätzen beziehungsweise mehr Wachstum. Dazu erschien dann im Jahre 1982 eine kleine Studie von mir und Gerhard Maier-Rigaud im Walter-Eucken-Institut unter dem Titel *Umwelt und Wirtschaft*, in der wir zeigten, dass es hier um eine Scheinkontroverse geht, weil selbstverständlich auch der Schutz der natürlichen Umwelt Arbeitsplätze schafft und es ja keine feststehende Definition der Güter gibt, deren Produktion wir zum Wachstum zählen müssten oder nicht. Wachstum ist das, was die Menschen wünschen. Wünschen sie mehr Umweltschutz, ist auch das ohne Zweifel Wachstum und schafft Arbeitsplätze.

Gleichwohl ist der Scheinkonflikt für die meisten Menschen und auch Politiker einsichtig, weil sie wiederum nur in einzelwirtschaftlichen Kategorien denken und die gesamtwirtschaftlichen Rückwirkungen nicht verstehen. Ob nun ein Naturschutzgebiet erhalten oder eine Straße gebaut werden soll, immer kommt das Argument mit den Arbeitsplätzen, dem die Verteidiger der Natur – also eines der übergeordneten Werte, deren Nutzen nicht direkt messbar ist – nichts Konkretes entgegenzusetzen haben. Das heißt nicht, dass es nie einen (kleinen) Konflikt gibt zwischen den Wünschen der Menschen und denen der »Natur«. Es heißt aber, dass es den viel größeren behaupteten Konflikt zwischen Wirtschaft und Natur, wo es um Arbeitsplätze und Wohlstand im Allgemeinen geht, nicht gibt.

Doch selbst der kleine Konflikt ist oftmals völlig lächerlich. Vor einigen Tagen hörte ich einer interessanten Sendung im

Schweizer Rundfunk zu, in der berichtet wurde, dass eine Kantonsregierung beabsichtigt, ein kleines Flussdelta und den dazugehörigen Zugang zum See jedes Frühjahr für drei Monate zu sperren, um den Vögeln und anderen Tieren in diesem Delta die Möglichkeit zu geben, in Ruhe ihre Jungen aufzuziehen. Die Flussseeschwalbe wurde als eine der Vogelarten genannt, die womöglich in ihrem Bestand gefährdet sei, wenn man diese Einschränkung nicht mache.

Wie üblich in solchen Sendungen kamen nach dem Bericht sofort die »Betroffenen« zu Wort, also die armen Bewohner der näher gelegenen Siedlungen und größeren Städte, die es liebten, schon in zeitigem Frühjahr das gute Wetter zu nutzen, um in diesem Delta zu grillen, zu wandern oder sonst wie ihre Freizeit zu verbringen. Flussseeschwalben wurden allerdings nicht befragt, vielleicht waren die alle gerade in ihren bequemen südlichen Feriendomizilen und deswegen schlecht zu erreichen.

Nach einigen durchaus differenzierten Meinungen, Bedauern zwar, aber gemischt mit Verständnis für die Maßnahme, näherte sich die Reportage unweigerlich ihrem Höhepunkt mit beständig zunehmenden Klagen, die schließlich in dem grandiosen finalen Urteil eines Bürgers endete: »Vögel können doch nicht wichtiger sein als Menschen.« Da war es wieder, da war gesagt, worum es in Wirklichkeit geht: Der Mensch muss in der Auseinandersetzung mit der ihm feindlich gesinnten Natur immer die Überhand behalten; beim Kampf Leben um Leben darf man keinen Zentimeter zurückweichen.

Was hätte bloß eine kluge Flussseeschwalbe dazu bemerkt? Vielleicht hätte sie gefragt, um wessen Leben es hier eigentlich gehe. Hätte sie nicht gesagt, dass die Maßnahme für die Menschen ja wohl nur bedeute, statt fünfmal nun nur dreimal im Jahr an genau dieser Stelle des Sees sitzen zu können? Oder statt im Frühjahr einfach im Sommer einmal mehr zu kommen und den jungen Schwalben bei ihren Flugübungen zuzusehen? Oder im Frühjahr dort zu grillen, wo keine gefährdeten Vogelarten leben, was in der Schweiz sicher an fast allen anderen Orten der Fall ist. Mit dem Leben, hätte die kluge Flussseeschwalbe gesagt, hat das bei euch jedenfalls nichts zu tun.

Der Kampf gegen den Klimawandel beginnt, wie alles, im Kopf. Wenn die Menschen sich nicht abgewöhnen, auch die kleinsten Annehmlichkeiten ihres Lebens als das Wichtigste überhaupt anzusehen, kann dieser Kampf nicht gewonnen werden. Niemandem schadet es, im Winter sich auch zu Hause etwas wärmer anzuziehen. Niemand erleidet einen dauerhaften Glücksverlust, wenn er nicht mit einem Unmengen an Sprit verschlingenden Monsterauto durch die Gegend fährt. Und kein Land vernichtet seine Automobilindustrie, wenn es strengere Emissionsregeln oder ein Tempolimit auf Autobahnen durchsetzt. Praktisch immer gibt es Alternativen zu dem, was wir gerade tun, die uns genauso glücklich machen, aber dem Globus, wenn wir ihn denn erhalten wollen, eine Chance geben.

Aber auch die Fiktion des großen Konflikts ist so schwer zu überwinden, weil er scheinbar bestätigt wird durch die alltägliche Erfahrung jedes Einzelnen. Der Bau einer Straße schafft ganz konkret Arbeitsplätze, Löhne und Gewinne, während der Erhalt der Natur nur den Status quo und damit unter Umständen den Mangel an Arbeitsplätzen zementiert. In einer gesamtwirtschaftlichen Sicht ist das allerdings ganz anders. Gibt der Staat das Geld, das er bei der Straße gespart hat, für Bildung und Wissenschaft aus, mag der positive Effekt auf Arbeitsplätze und Einkommen am Ende viel größer sein als beim Bau einer Straße. Auch die Investoren suchen ihre Chancen da, wo es sie in dem Rahmen, den die Gesellschaft setzt, konkret gibt, und nicht da, wo es sie auch geben könnte. Nach der einzelwirtschaftlichen Logik war der Entschluss der europäischen Politik, die Todesstrafe abzuschaffen, falsch, weil er den Markt für Guillotinen hat zusammenbrechen lassen und damit viele Arbeitsplätze gekostet hat. Jeder erkennt zwar sofort, wie lächerlich das Argument ist, wenn es weit zurückliegende Entwicklungen betrifft. Dennoch lassen sich allzu viele vom Arbeitsplatzargument beeindrucken, wenn es um die noch unbekannte Zukunft geht.

Eine offene, marktwirtschaftlich organisierte Gesellschaft kennt nicht nur einen Weg in die Zukunft. Sie kennt nahezu beliebig viele. Es ist ja gerade der entscheidende Vorteil der Marktwirtschaft im Gegensatz zur Planwirtschaft, dass sie die Fantasie und das Wissen vieler Menschen nutzt, um – durch Versuch und Irrtum – immer neue Wege zu entdecken, wie die Lebensumstände verbessert werden können. Erweist sich ein Weg als Sackgasse, weil der Markt anders reagiert, als der Investor erwartet hatte, oder weil die Gesellschaft seinem Projekt einen Riegel vorschiebt, werden – von ihm oder von anderen – neue Wege gesucht und auch gefunden, um Gewinn zu erzielen.

Spätestens an dieser Stelle wird von den einzelwirtschaftlich denkenden Politikern gerne der Begriff der »Schlüsseltechnologie« ins Spiel gebracht. Politiker können und wollen zwar nicht über einzelne Projekte entscheiden – was eine Schlüsseltechnologie ist, wissen sie aber ganz genau. Das ist nämlich, wie etwa die Gentechnologie, eine Technologie, deren Beherrschung die Voraussetzung für eine »zukunftsfähige« Wirtschaft ist. Hier wird der Unfug mit der Guillotine auf eine höhere Ebene gehoben. Niemand kann heute wissen, was in Zukunft eine »Schlüsseltechnologie« sein wird, die tatsächlich wirtschaftlichen Erfolg verspricht.

Wirtschaftspolitik, die sich an dem einzelwirtschaftlichen Konflikt orientiert, hat nicht verstanden, was ihre Aufgabe ist. Den einen Arbeitsplatz zu retten und den anderen zu fördern, mag medienwirksam sein. Wer dabei aber den Blick für das Ganze verliert, schadet den Arbeitsplätzen mehr, als er nutzt. Von 2005 bis 2007 hat die Zahl der Arbeitslosen in Deutschland abgenommen. Warum? Weil die Nachfrage nach deutschen Gütern wegen hoher Wettbewerbsfähigkeit und weltweitem Boom stark gestiegen ist. Nun dreht sich das gerade wieder um, weil weltweit die Nachfrage einbricht. Niemand spricht über die

Ethik der Arbeitsplatzverluste in der jetzigen Krise. Die einzig relevante Frage ist offenbar, wie man der Nachfrage im Inland aufhelfen kann, um den Rückgang der Auslandsnachfrage auszugleichen. Nur hier liegt die Aufgabe einer Politik für Arbeitsplätze. Weil sie den einzelnen Arbeitsplatz ebenso wenig wie eine Schlüsseltechnologie oder eine »falsche« Umwelttechnologie kennen kann, muss sie sich darauf konzentrieren, einen gesamtwirtschaftlichen Rahmen für Investoren zu schaffen, der auch dann zu genügend Arbeitsplätzen im Ganzen führt, wenn die Gesellschaft entscheidet, bestimmte Wege von Forschung und Technik oder bestimmte Wege der Produktion aus ethischen oder aus Umweltgründen zu untersagen.

# Schluss
# In die Zukunft oder in die Vergangenheit?

## Gerhard (und Angela) im Glück

Wie das Leben so spielt! Im Nachhinein kann man ganz genau festlegen, wann der letzte Aufschwung der deutschen Wirtschaft begann und wann er endete. Legt man nun den politischen Zyklus über den wirtschaftlichen oder umgekehrt, versteht man den politischen zwar nicht mehr, man weiß aber, dass unsere Politiker im Regelfall in wirtschaftlichen Dingen nicht wissen, was sie tun.

Also, der Aufschwung begann nach den saisonbereinigten Konjunkturzahlen der Deutschen Bundesbank im zweiten Quartal 2005; danach ging die Reihe der Auftragseingänge in der deutschen Industrie, die ich zum Maßstab nehme, fast ohne Unterbrechung nach oben bis zum vierten Quartal 2007. Der Aufschwung dauerte also ziemlich genau zweieinhalb Jahre.

Kurios ist zunächst, dass unmittelbar nach Beginn des Aufschwungs (nach der verlorenen Wahl in Nordrhein-Westfalen im Mai 2005) Gerhard Schröder das Handtuch warf. So fest glaubte er also an die segensreiche Wirkung seiner Reformen, dass er kurz vor dem Erfolg (der in der Tat heute von seinen Nachfolgern den Reformen zugeschrieben wird) aufgab. Er manövrierte unter tätiger Mithilfe des heutigen und damaligen Parteivorsitzenden seine Partei aus einer Mehrheitenrolle in eine Minderheitenrolle (von der man erwarten kann, dass sie von langer Dauer sein wird), obwohl ein Jahr später normale

Wahlen in einem wirtschaftlich weit günstigeren Umfeld hätten stattfinden können. Ein wahrlich kluger Schachzug.

Dagegen hat sich die Bundeskanzlerin den geerbten Aufschwung sofort zu eigen gemacht, obwohl es eindeutig war und ist, dass er bereits vor Beginn der großen Koalition begann. Sie hat den Aufschwung danach genossen und nichts getan, um dem großen Risiko eines Exportabsturzes zu begegnen, obwohl klar war, dass ein solcher Absturz in Deutschland wegen der in den Jahren des Aufschwungs entstandenen Exportlastigkeit (die Exportquote, also Exporte im Verhältnis zum Bruttoinlandsprodukt, ist in Deutschland allein von 2005 bis 2007 von 41 Prozent auf 47 Prozent gestiegen) fürchterlich sein würde.

Aber selbst nachdem der Abschwung eingesetzt hatte, nahm man ihn in Berlin nicht zur Kenntnis und erst nachdem man ihn nicht mehr bestreiten konnte, half man sich mit dem Argument, Deutschland sei wegen seiner überragenden Wettbewerbsfähigkeit »hervorragend aufgestellt«. Das aber ist genau das Gegenteil des Logischen, wie jetzt, Anfang 2009 und damit viel zu spät, manchen in Berlin schwant. Eine extrem exportlastige Wirtschaft ist natürlich mehr als alle anderen von einem globalen Abschwung betroffen. Hinzu kommt, dass dies kein normaler Abschwung ist, sondern ein globaler Einbruch der Investitionstätigkeit, der Deutschland wiederum besonders trifft, weil Deutschland eben nicht nur äußerst exportlastig ist, sondern auch außerordentlich viele Investitionsgüter ausführt.

So hat die deutsche Politik unheimlich viel wichtige Zeit vergeudet, weil sie sich in ihren vermeintlichen Erfolgen gesonnt hat, ohne klare Diagnose, ohne jede Idee, wie man einen tiefen Einbruch vermeiden könnte. Im November 2008, also etwa ein Jahr nach Beginn des Abschwungs, kann man zweieinhalb Jahre Aufschwung vergessen. Es ist alles wieder auf null: Die Auftragseingänge in der Industrie haben nach einem dramatischen Absturz seit Anfang 2008 schon jetzt exakt das Niveau erreicht, das sie im ersten Quartal 2005, also zu Beginn des Aufschwungs hatten! Jetzt beginnt man in Panik Konjunkturprogramme zu planen, deren Ausführung längst begonnen haben könnte, wenn man in Berlin die Spur einer Ahnung von relevanter Volkswirtschaftslehre hätte.

So war es immer in den letzten 30 Jahren. Im Februar 2000, also fast ein Jahr nach meinem Ausscheiden aus dem BMF und eineinhalb Jahre nach der Regierungsübernahme von Rot-Grün, schrieb ich einen Artikel im Berliner *Tagesspiegel* mit dem Titel dieses Abschnitts (ohne Klammer natürlich). Die Konstellation damals war exemplarisch für die Konstellation fünf Jahre später, also zu Beginn der großen Koalition, als wiederum ein Aufschwung von außen den Regierenden ein paar schöne Jahre bescherte, die dann mit den ersten Anzeichen der Finanzkrise im Sommer 2007 jäh endeten.

Meine Beschreibung der Situation damals hätte man ohne Weiteres auch unter dem Titel »Angela im Glück« Anfang 2007 schreiben können (mit »Frau« natürlich!):

»Hat der Mann ein Glück! Von der politischen Stimmung ganz zu schweigen, aber selbst in der Wirtschaft, die nach Meinung aller ›Fachleute‹ aus Unternehmen und Verbänden nicht gerade zur Domäne dieser Regierung gehört, tut sich Außerordentliches. Deutschland ist wieder auf dem Wachstumspfad, der Konjunkturmotor brummt und auch am Arbeitsmarkt gibt es schon erste Silberstreifen. Was ist geschehen? Sind endlich all die strukturellen Reformen in Gang gekommen, die nach Meinung der erwähnten Fachleute unumgänglich waren, um neue wirtschaftliche Dynamik zu entfachen? War es das 630-Mark-Gesetz oder die Neuregelung der Selbständigkeit, die den Durchbruch brachten? Oder gar die noch von Lafontaine ins Werk gesetzte ›Jahrhundert-Steuerreform‹ vom Anfang letzten Jahres, die demnächst von einer weiteren Jahrhundert-Reform ersetzt wird? Oder war es doch Eichels Sparkurs, der auf wundersame Weise der Konjunktur den entscheidenden Anstoß gab?

Fragen über Fragen, aber keine vernünftigen Antworten. Immerhin scheint klar, dass nicht jedes Gezeter von Interessenvertretern die Wirtschaft aus der Bahn wirft und dass es Kräfte in dieser Welt gibt, die stärker sind als noch so viele kleine Irrungen und Wirrungen, die eine neue Regierung mit sich bringt. Welches aber ist die Kraft, die alles antreibt und zumindest die deutschen Industrieunternehmen mit Optimismus in eine rot-grün-regierte Zukunft schauen lässt? Ein Blick in die Statistik hilft. Seit dem Frühjahr 1999 ist die Nachfrage der Industrie aus dem Inland um etwa acht Prozent gestiegen. Die Nachfrage aus dem Ausland aber hat in dieser Zeit um sage und schreibe 20 Prozent zugelegt. Dass eine solche Nachfragedynamik aus dem Ausland die inländische Industrie mitzieht, Bau und Handel aber daniederliegen, belegt die These von der einen dominierenden Kraft eindrucksvoll. Das, nach Meinung der Schröderianer am Standort schwache Land erlebt einen Exportboom, der seinesgleichen sucht.

[…] Wie aber stimuliert man rechtzeitig die Binnennachfrage? […] es (gäbe) die Möglichkeit, die Binnennachfrage, wie das dem Finanzminister offenbar vorschwebt, mittels der Finanzpolitik zu beleben. Das aber erforderte bei einer Konjunktur, die in Kürze wegen der Restriktionswirkung der Geldpolitik weltweit auf dem absteigenden Ast sein wird, eine fundamentale Richtungsänderung der Finanzpolitik. Es genügte dann nicht, die Steuern zu senken und das bei den Ausgaben weitgehend gegenzufinanzieren, sondern die Defizite selbst müssten kräftig steigen, während die Steuern gesenkt werden. Das aber kann diese Regierung nicht mehr ohne einen massiven Verlust an Glaubwürdigkeit bewerkstelligen, nachdem sie monatelang die staatlichen Schulden als das Grundübel der Wirtschaftspolitik angeprangert hat. Zudem würde das angesichts der europäischen Geldverfassung nur dazu führen, dass die Notenbank die Zügel noch schneller und fester anzieht.

Glück hat der Mann. Nur wird es nicht von Dauer sein. Den einzigen Weg, den es gäbe, um einer baldigen weltwirtschaftlichen Abschwächung und einem erneuten Anstieg der Arbeitslosigkeit zu entgehen, nämlich die Belebung der Binnennachfrage, kann er nicht gehen, weil er entweder die nötigen Instrumente nicht in der Hand oder selbst aus der Hand gegeben hat. Eine echte Chance hat er also nicht, aber die wird er sicher ergreifen.«

Das ist das deutsche Problem. Vollkommen hilflos agiert die Wirtschafts- und Finanzpolitik und ist auf reines Glück angewiesen, um einmal für kurze Zeit erfolgreich zu sein. Die deutschen Spitzenpolitiker überbieten sich zwar darin, mit den größten Mikroskopen die kleinsten Probleme zu finden, um sie dann mit größter Heftigkeit zu diskutieren. Die Verlängerung des Arbeitslosengeldes für Ältere oder der Mindestlohn für Postbedienstete sind sicher für die Betroffenen wichtige Fragen, mit dem deutschen Wachstum des nächsten Jahres oder mit den Beschäftigungsaussichten der nächsten Jahre haben sie aber rein nichts zu tun.

Witzig ist auch, dass die professionellen Prognostiker, die immerhin – anders als die sogenannten Wirtschaftspolitiker – eine Tabelle mit gesamtwirtschaftlichen Daten ausfüllen müssen, unisono herausgefunden haben, dass 2009 der private Verbrauch der wichtigste Stabilisator der deutschen Wirtschaft sein wird. Das sind in ihrer Mehrheit die Leute, die über Jahre hinweg gepredigt haben, dass die deutschen Löhne zu hoch sind und wir weit über unsere Verhältnisse leben. Sie entdecken jetzt den privaten Verbrauch. Das zeigt immerhin ihre Verzweiflung bei der Beantwortung der Frage, woher der Aufschwung in den nächsten Jahren kommen soll.

Doch, liebe Leute, ihr habt zu lange gepredigt. Die Geister des Kürzens und des Gürtel-enger-Schnallens, die ihr gerufen habt, sind noch immer unter uns und sie werden so schnell nicht verschwinden. Das Einkommen der Massen oder die Masseneinkommen (so heißt tatsächlich die wichtigste Bestimmungsgröße des privaten Verbrauchs in der amtlichen Statistik, also die Nettolöhne und -gehälter zuzüglich der monetären Sozialleistungen), werden auch in den kommenden Jahren nicht in einem Tempo steigen, dass der private Verbrauch zum Träger des Wachstums werden könnte.

Ein paar einfache Zahlen machen das Drama deutlich. Im starken Aufschwung der zweiten Hälfte der 60er Jahre, bekanntlich Wirtschaftswunderzeit, stiegen die Masseneinkommen in der Größenordnung (genaue vergleichbare Zahlen hat das Statistische Bundesamt leider nicht mehr) von etwa 7 Prozent pro Jahr und der private Verbrauch auch um denselben Prozentsatz. In der zweiten Hälfte der 70er Jahre lag der Konsumzuwachs noch bei 3,5 Prozent und die Einkommen wuchsen um etwa 4 Prozent. In den 80er Jahren, für die es offenbar verlässliche Zahlen gibt, waren wir zwischen 1984 und 1988 runter auf knapp 3 Prozent bei den Einkommen und auf 2,5 Prozent beim Konsum (alle Angaben preisbereinigt, also real).

Zwischen 1994 und 2000 hat sich Deutschland aber nur noch einen Zuwachs der Masseneinkommen von 1,4 Prozent jährlich genehmigt und der private Verbrauch stieg dennoch um 1,9 Prozent in realer Rechnung. Der Hammer aber sind die letzten Jahre. Von 2002 bis 2007, also in den Jahren, die man grob als Aufschwungjahre bezeichnen kann, sanken dic Masseneinkommen absolut um 0,7 Prozent und der private Verbrauch stieg, sage und schreibe, um 0,2 Prozent pro Jahr. Auch 2009 wird sich an der miesen Einkommenslage der großen Mehrheit der Haushalte nichts ändern. Steigt der private Verbrauch in den nächsten Jahren aber so wenig wie in den letzten Jahren, ist jede Art von Konjunkturoptimismus (also nach dem alten dummen Motto der Prognostiker, wonach es am Ende des Prognosezeitraums immer nach oben geht) verfehlt und gefährlich. Er wiegt die Politik in einer Sicherheit, die es nicht gibt, und er verleitet die Politik dazu, sich noch stärker als ohnehin auf Klein-Klein zu konzentrieren, in einer Zeit, wo eine große Perspektive und eine gesamtwirtschaftliche Strategie gefragt wären. Wenn das Kind

Konjunktur dann endgültig im Brunnen liegt, werden sie alle wieder sagen, dass man daran sieht, wie wenig ein Konjunkturaufschwung für Wachstum und Beschäftigung bringt und dass uns nur »Reformen« weiterbringen. Und wenn sie nicht gestorben sind, sagen sie es noch in 100 Jahren.

Was notwendig ist, um in Deutschland wieder dauerhaft erfolgreich zu sein, ist ganz einfach: Man braucht in einer modernen Geldwirtschaft eine aktive Geldpolitik, die sich kurz- und mittelfristig um eine Stabilisierung der Wirtschaft kümmert; eine Finanzpolitik, die für ausreichend große öffentliche Investitionen sorgt und konjunkturell zu reagieren bereit und in der Lage ist, wenn die Geldpolitik versagt. Schließlich braucht Deutschland die Rückkehr zu einer Lohnpolitik, bei der alle Bürger, auch Rentner und solche, die unverschuldet nicht arbeiten können, vollständig am Produktivitätsfortschritt beteiligt werden. Kurzfristig braucht Deutschland ein gewaltiges Konjunkturprogramm in der Größenordnung von 2 Prozent des Bruttoinlandsproduktes pro Jahr und Deutschland muss sich viel stärker international engagieren, um eine sinnvolle Reregulierung der Finanzwirtschaft in die Wege zu leiten.

## Wirtschaftsfreundliche Politik ist das Ende der Marktwirtschaft

Als ich mit Peter Bofinger, der heute Professor in Würzburg und Mitglied im Sachverständigenrat zur Begutachtung der gesamtwirtschaftlichen Entwicklung ist, in der zweiten Hälfte der 70er Jahre zusammen im Stab des Sachverständigenrates in Wiesbaden arbeitete, suchten wir in den Stunden der größten intellektuellen Frustration immer nach Wegen, unseren Optimismus wiederzubeleben. Meistens gelang das dadurch, dass wir uns gegenseitig versicherten, wie stabil die soziale Marktwirtschaft doch sein müsse, angesichts der Tatsache, dass sie eine unglaublich schlechte Wirtschaftspolitik ebenso verkrafte wie all den

Lobbyismus, all das Geschwätz der Interessenvertreter über Scheinprobleme, all die Ideologen auf beiden Seiten und all die medialen und wissenschaftlichen Attacken auf den gesunden Menschenverstand.

Nach 30 Jahren »freundlichen« Trommelfeuers ist jedoch auch das stabile System kurz vor dem Kollaps. Die »Freunde« der Marktwirtschaft, die Ende der 70er Jahre fast überall auf der Welt die Macht übernahmen und als erstes den Keynesianismus hinwegfegten, haben ganze Arbeit geleistet. Aus einem System, in dem der Staat es als seine vornehmste Aufgabe ansah, nicht den von Keynes beschworenen *animal spirits* einiger weniger das Feld zu überlassen, sondern den vielen eine Teilhabe an Einkommen und Nachfrage zu ermöglichen, haben sie ein System gemacht, in dem der Tanz um das goldene Kalb zu einer produktiven und ertragreichen Betätigung erklärt wurde.

Das Ende des Keynesianismus war makroökonomisch und mikroökonomisch eine Katastrophe. Für die mikroökonomische Seite stehen vor allem die USA. Dort wurde zwar auf der makroökonomischen Seite der Keynesianismus nach einem kurzen Zwischenspiel des Monetarismus schon Mitte der 80er Jahre wieder eingeführt. Mikroökonomisch aber begannen die USA (siehe das ausgezeichnete Papier von Robert Kuttner für eine *chronique scandaleuse* dieser Deregulierung) in einer seit der Weltwirtschaftskrise nicht dagewesenen Weise, die Kapitalmärkte zu liberalisieren. Seit 2004 Investmentbanken ohne jede Eigenkapitalvorschrift das Wetten auf bestimmte Ereignisse zum Prinzip der globalen Finanzwirtschaft erhoben, war ein moderner Alchimismus geboren, der früher oder später das Wirtschaftssystem zur Implosion bringen musste.

Europa (allen voran Deutschland, sowohl bei Kohl als auch bei Rot-Grün), und erstaunlicherweise zeitgleich Japan, verlegten sich dagegen mit dem Ende eines ernsthaften wirtschaftspolitischen Konzepts Ende der 70er Jahre auf *beggar-thy-neighbour* und damit auf die makroökonomische Katastrophe. *Beggar-thy-*

*neighbour* ist der englische Ausdruck für den Versuch, die Nachfrageimpulse, die jede Wirtschaft laufend braucht, systematisch aus dem Ausland zu holen. Das geeignete Mittel dazu ist eigenes Gürtel-enger-Schnallen und die Verbesserung der eigenen Wettbewerbsfähigkeit, wenn, wie oben gezeigt, das Währungssystem nicht vernünftig funktioniert und solche Ungleichgewichte zwischen Volkswirtschaften eine Zeit lang zulässt. Da auch solche Nachfrageimpulse nur wirken, wenn das Ausland seine zusätzliche Nachfrage über neue Schulden finanziert, ist das Ende einer solchen Politik nach einiger Zeit absehbar: Die steigenden Defizite in der Leistungsbilanz der anderen Länder und die Überschüsse in der eigenen werden früher oder später zu einer Währungskrise führen, die sozusagen die Unterschiede in der Wettbewerbsfähigkeit zwischen den beiden Wirtschaften wieder auf null stellt. Gewonnen ist damit auf Dauer nichts, die Verwerfungen in den Abwertungsländern können allerdings ungeheuer groß sein.

Mit diesem genialen Ansatz hat Rot-Grün nach dem Abgang von Lafontaine die Geschichte einfach wiederholt. Ende der 80er Jahre gab es nämlich schon einmal eine Konstellation, in der Deutschland – damals wie heute zusammen mit Japan – so unglaublich wettbewerbsfähig und gleichzeitig im internationalen Vergleich so wachstumsschwach war, dass es von Jahr zu Jahr steigende Überschüsse im Außenhandel erzielte. Damals gab es eine heftige globale Diskussion über die beiden Störenfriede, die sich anmaßten, die ganze Welt zu ihren Schuldnern zu machen, weil ihren Überschüssen natürlich eine stetig wachsende Gläubigerposition gegenüberstand. Die Lösung des Problems in dem einen Fall war der Zufall der deutschen Vereinigung, bei der sich das unglaublich wettbewerbsfähige Westdeutschland um eine Region erweiterte, die in keiner Weise wettbewerbsfähig war und mit einem riesigen Defizit im Außenhandel die deutsche Gesamtbilanz zum Ausgleich brachte. Der andere Fall endete tragisch: Japan erlebte in der ersten Hälfte der 90er Jahre die größte reale Aufwertung einer Währung, die jemals einem Land zugemutet wurde, und es zerbrach schier unter dieser Last, weil ein Großteil seiner Unternehmen in die Verlustzone geriet und drohte, den gesamten Bankensektor mit in den Abgrund zu ziehen. Diesmal ist auch Deutschland mit dran, weil der Hauptschuldner in der Welt, die USA, so schludrig gewirtschaftet hat, dass von unseren schönen Forderungen nicht mehr viel übrig bleiben wird und unsere Banken fast kollektiv vor der Pleite stehen.

Im Lichte dessen weiß man nicht, ob man lachen oder weinen soll, wenn Uwe-Karsten Heye, Schröders ehemaliger Regierungssprecher, jüngst noch einmal bestätigt (*SZ* vom 3.11.2008), dass Schröder Lafontaine gegenüber im Jahre 1999 gesagt hat, dass mit ihm keine »Politik gegen die Wirtschaft« zu machen sei (ähnlich äußerte sich übrigens im November 2008 auch jener Jürgen Walter von der SPD, der in Hessen verhindert hat, dass Andrea Ypsilanti Ministerpräsidentin wurde). Klar, Politik gegen die Wirtschaft machen wir nicht. Auch wenn im Gefolge unserer Politik die größte Krise des Jahrhunderts ausbricht, Hunderte von Banken über die Wupper gehen, Tausende von Unternehmen Pleite machen und Millionen Arbeitsplätze verschwinden, haben wir doch ein gutes Gewissen, weil wir ja keine Politik gegen die Wirtschaft gemacht haben. Jeder verständige Beobachter, dem man im Jahr 1999 (Oskar Lafontaine trat am 11.3.99 zurück) gesagt hätte, dass zehn Jahre später Oskar Lafontaine wieder Vorsitzender einer im Bundestag vertretenen Partei ist, die größten Banken in halb Europa einschließlich Deutschlands vor der Verstaatlichung stehen und die Regierungen riesige Konjunkturprogramme planen, hätte die Hände über dem Kopf zusammengeschlagen und gesagt, dass sich der Sozialismus so schnell erholen und die Macht in Europa übernehmen würde, hätte er sich nicht vorstellen können.

Das ist der Knackpunkt: Juristen, Lehrer, Verwaltungsbeamte und sonstige gesamtwirtschaftliche Analphabeten machen keine

Politik gegen die Wirtschaft. Wie könnten sie auch! Da sie nicht wissen, was sie machen sollen, machen sie »Politik für die Unternehmer«, oder besser noch: Wirtschaftspolitik nach Art der Unternehmer. Woher aber wissen die Laienspieler, dass das die einzige richtige Wirtschaftspolitik ist? Woher wissen sie, dass die Verbesserung der nationalen Wettbewerbsfähigkeit über sinkende Löhne den Unternehmen insgesamt nutzt? Woher wissen sie, dass ein Konjunkturprogramm des Teufels ist oder eine Zinssenkung durch die Geldpolitik zur Inflation führt? Sie wissen das alles natürlich nicht, weil man eine Menge ziemlich komplexer Zusammenhänge durchschauen muss, um in solchen Fragen zu einem fundierten Urteil zu kommen. Das Schlimme ist jedoch, dass sie es aber auch gar nicht wissen wollen. Es genügt ihnen, wenn sie von den Unternehmern auf dem nächsten Cocktailempfang für ihre wirtschaftsfreundliche Politik gelobt werden und eine gute Presse haben.

So kommt es, dass eine gesamtwirtschaftlich fundierte Politik als Politik gegen die Wirtschaft verunglimpft wird. Das ist der Höhepunkt des einzelwirtschaftlichen Unfugs, aber in Deutschland dennoch gang und gäbe. Gesamtwirtschaftlich fundierte Politik mag geeignet sein, Unternehmen und Ideen zu fördern, die es heute noch gar nicht gibt, sie mag dauerhaft und nachhaltig sein, sie mag international verträglich und der Demokratie förderlich sein, das alles interessiert die Interessenvertreter der einzelwirtschaftlichen Sichtweise nicht die Bohne. Das hat in Deutschland zu Auswüchsen geführt, die selbst extrem Konservative in anderen Ländern zum Heulen bringen würden.

Deutschland ist mit ziemlicher Sicherheit das einzige Land in der Welt, wo Unternehmer und ihre Verbände regelmäßig restriktive Geldpolitik via steigende Zinsen und restriktive Finanzpolitik via Defizitabbau begrüßen. Das muss man sich mal vorstellen: Wenn die Notenbank die Zinsen erhöht und damit das Investieren der Unternehmen teurer macht, jubeln die deutschen Unternehmensverbände und die modernen Wirtschaftspolitiker, weil sie zu wissen glauben, dass damit auf lange Sicht die Inflation in Schach gehalten wird, was sich natürlich auf ebenso lange Sicht in einer höheren Wachstumsrate niederschlagen würde.

Wenn der Staat die öffentlichen Defizite zurückführt und damit unmittelbar die Gewinne der Unternehmen vermindert, jubeln die Unternehmer ebenfalls, weil sie ja vermeintlich wissen, dass damit langfristig der Staat in die Schranken gewiesen wird und die zukünftigen Generationen nicht belastet werden. Selbst in der größten Not der heutigen Finanzkrise, wo in fast allen anderen Ländern die Unternehmen laut nach stimulierenden Maßnahmen des Staates und expansiver Geldpolitik schreien, tun sich die deutschen Unternehmerverbände schwer. Steuersenkung für Unternehmen würden sie noch akzeptieren, aber natürlich solide »gegenfinanziert«, also am besten durch Ausgabensenkung des Staates, was wie immer heißt, durch Kürzung der Sozialleistungen. Dass dann die Empfänger solcher Leistungen bei den Unternehmen weniger einkaufen als zuvor und die Gewinne der Unternehmen sinken, interessiert keinen – so weit wollen wir ja nicht denken.

Gesamtwirtschaftlich durchdachte Politik ist Teufelszeug, das wir nicht wollen. Wir schießen uns lieber selbst in den Fuß, wenn nur die schrecklich sichtbare Hand des Staates der unsichtbaren Hand des Marktes nicht ins Handwerk pfuscht. Da war man vor über 200 Jahren schon schlauer. Ja, man lese und staune, Adam Smith, der »Erfinder« der unsichtbaren Hand, war sich der Gefahren bewusst, die eine zu große Macht der Unternehmer in der Politik mit sich bringt. Er schrieb in seinem großen Werk *Über den Wohlstand der Nationen* im Jahre 1789:

»Kaufleute sind immer daran interessiert, den Markt zu erweitern und den Wettbewerb einzuschränken. Eine Erweiterung des Marktes mag häufig genug auch im öffentlichen Interesse liegen, doch muss die Beschränkung der Konkurrenz ihm stets schaden […], da […] die Geschäftsleute ihren eigenen Gewinn über die natürliche Spanne hinaus erhöhen und gleichsam ihren Mitbürgern eine absurde Steuer zu ihrem eigenen Vorteil auferlegen. Jedem Vorschlag zu einem neuen Gesetz, [...] der von ihnen kommt, sollte man immer mit großer Vorsicht begegnen. Man sollte ihn auch niemals übernehmen, ohne ihn vorher gründlich und sorgfältig, ja sogar misstrauisch und argwöhnisch geprüft zu haben, denn er stammt von einer Gruppe von Menschen, deren Interesse niemals dem öffentlichen Wohl genau entspricht und die in der Regel vielmehr daran interessiert sind, die Allgemeinheit zu täuschen, ja, sogar zu missbrauchen. Beides hat sie auch tatsächlich bei vielen Gelegenheiten erfahren müssen.« (aus der Recktenwald-Übersetzung, Seite 213, Smith 1789, zitiert nach der deutschen Ausgabe 1974, S. 213)

Die Krise von 2008/2009 sollte auch dem Letzten klargemacht haben, wie richtig schon Adam Smith mit seiner Einschätzung des wirtschaftspolitischen Sachverstandes der Unternehmer lag. Es gab in dieser großen Finanz- und Wirtschaftskrise nichts, was das marktwirtschaftliche System hätte retten können – außer dem massiven Zugriff der öffentlichen Hand. Das gesamte marktwirtschaftliche System wäre abgestürzt, wenn nicht in fast allen Ländern der Welt Regierungen und Zentralbanken eine rettende Hand geboten hätten. Die sich selbst überlassene Marktwirtschaft ist nicht stabil, im Gegenteil, sie ist extrem instabil. Sie braucht ständige Beobachtung und aktives Gegensteuern durch einen Staat, der in kritischen Momenten die Lage einschätzen kann und bewusst gegen den Strom schwimmt.

Das zentrale Missverständnis des Neoliberalismus und der ihn stützenden neoklassischen Volkswirtschaftlers von Marktwirtschaft ist die Vorstellung, dass zuerst gespart werden müsse, um zu investieren. Zusätzliche Sparanstrengungen der privaten Haushalte oder des Staates reduzieren aber automatisch die Gewinne der Unternehmen. Das ist dann nicht nur ein negatives Signal für die Investitionsbereitschaft der Unternehmer, es vermindert auch im gleichen Augenblick die Eigenkapitalbasis der

Unternehmen, aus der heraus neue Investitionsprojekte finanziert werden können. Mit anderen Worten, das Kapitalangebot, das für Investitionen unternehmensintern bereitsteht, schrumpft im gleichen Ausmaß, wie die Ersparnisse der privaten Haushalte und/oder des Staates zunehmen. In der Summe verändert sich deswegen das Kapitalangebot nicht, die Zinsen können folglich auch nicht sinken und die gesamte neoklassische Theorie bricht in sich zusammen.[13]

Der Kern der Sache ist folglich, dass die Gewinne der Unternehmen das flexibelste Element in einer Marktwirtschaft sind und sofort sinken, wenn irgendwo Nachfrage ausfällt. Nur in solchen ökonomischen Theorien, in denen es gar keine echten Gewinne gibt oder wo konstante Gewinne unter allen Umständen einfach als Annahme des Modells gesetzt werden, kann Sparen über eine Art Zinsmechanismus für einen Ausfall von sinkender Nachfrage sorgen. Das ist aber nicht die Welt, in der wir leben, sondern eine Scheinwelt. In der richtigen Welt bestimmt die Zentralbank allein den kurzfristigen Zins und wenn sie den Zins nicht angemessen schnell und tief in einer Rezessionsphase senkt, dann gibt es nichts, was die Marktwirtschaft von einem Kollaps abhält. Und wenn der Staat sich weigert, die Nachfrage in einer Situation zu stabilisieren, wo die Geldpolitik nicht mehr wirkt, weil die Gewinnerwartungen der Unternehmen schon zu schlecht sind, ist der Kollaps ebenfalls das natürliche Ergebnis.

Von solchen Überlegungen ist unsere Politik aber meilenweit entfernt und die meisten modernen Ökonomen sind zu Märchenonkeln geworden, die das hohe Lied der Unternehmer und der freien und allezeit stabilen Marktwirtschaft singen, ohne sich der Verantwortung für die Gesamtwirtschaft auch nur im Entferntesten bewusst zu sein. Selbst die Krise wird daran kaum etwas ändern.

Im Jahr 1981, nachdem ich auf Einladung des Walter Eucken Instituts[14] am Ammersee fast eine ganze Nacht mit dem zweitwichtigsten Monetaristen der damaligen Welt, dem in New York lehrenden Schweizer Wirtschaftswissenschaftler Karl Brunner, diskutiert und nach meinem festen Eindruck auch gewonnen hatte, schrieb ich fast ein Vierteljahr lang Abend für Abend nach meinem Dienst im Bundeswirtschaftsministerium einen entsetzlich langen Aufsatz mit dem Titel »Was ist Angebotspolitik?« Es war die Abrechnung mit dem Versagen der herrschenden Ökonomie, das sich in dem eilfertigen Überbordwerfen des Keynesianismus und der blinden Übernahme uralter Thesen wie dem (auch noch falsch verstandenen) »Gesetz«, wonach sich das Angebot seine Nachfrage schafft, niederschlug. Der damalige Vorsitzende des Wissenschaftlichen Beirats beim Bundeswirtschaftsministerium, Helmut Hesse, schrieb mir nach der Veröffentlichung dieses Artikels einen Brief, in dem er die Arroganz des jungen Mannes beklagte. Er hatte sicher Recht, es war arrogant, vielleicht sogar anmaßend. Was aber soll ein junger Mensch mit wissenschaftlichen Ambitionen tun, wenn die sogenannte Wissenschaft die Schotten dicht macht, offene Diskussion auf den Index setzt und eine neue und absolut revolutionäre Theorie einfach ignoriert, weil sie nicht in ihren »ideologischen Überbau« passt?

In diesem Aufsatz, der von nichts mehr inspiriert war als von der Schumpeterschen Analyse der Rolle des Unternehmers in einer funktionierenden Marktwirtschaft, kam ich zu einem einfachen Ergebnis:

»So tritt unser Schumpeterscher Unternehmer hinaus in eine (theoretische neoklassische) Welt, in der alles darauf ausgerichtet ist, ihm und den ihm Folgenden die Erfüllung ihrer Funktion, nämlich einen Aufschwung in Gang zu setzen und die wirtschaftliche Entwicklung voranzutreiben, unmöglich zu machen. Zwar wäre die Entwicklung ohnehin über ihn hinweggegangen, doch das ist es jetzt nicht. Nicht die Konkurrenz vieler anderer, das allmähliche Ansteigen der Löhne und Zinsen im Aufschwungprozess und die Reifung seiner Idee bis zur Selbstverständlichkeit sind es, die ihn schließlich überflüssig machen. In der neoklassischen Welt sind es künstlich konstruierte Mechanismen makroökonomischer Art, die ihm den Garaus machen, bevor er überhaupt zu existieren begonnen hat.«[15]

Daran hat sich bis heute in Deutschland und Europa nichts geändert. Da der Staat und die Zentralbanken ihre Rolle in der Marktwirtschaft nicht angemessen spielen, leben wir in einer Schein-Marktwirtschaft. Der größte Wirtschaftsraum der Erde versucht seit 30 Jahren mit lächerlicher »unternehmerfreundlicher« Politik den Kopf gerade so über Wasser zu halten. Wenn auch die große Krise von 2008/2009 nicht zu einer vollständigen Umkehr in der Wirtschaftspolitik führt, ist dieser Kontinent endgültig gescheitert. Er wird dann für immer weit hinter die neuen aufstrebenden Wirtschaftsnationen zurückfallen, die ohne dogmatische Bürden und geleitet von moderner Wirtschaftstheorie rasch ihren eigenen Weg in die Zukunft gehen.

# Anmerkungen

1 Das DIW war damals für seinen alternativen keynesianischen Ansatz berühmt. Das Institut gibt es heute noch, wurde aber nach Vorarbeit durch den Wissenschaftsrat von einem gewissen Klaus Zimmermann so auf Mainstream gehobelt, dass es dabei ist, in der Versenkung zu verschwinden.

2 Die herrschende Lehre in der Volkswirtschaftslehre beruft sich auf die sogenannte neoklassische Theorie. In dieser Theorie, die von Adam Smiths »unsichtbarer Hand« geprägt ist, kann man das Verhalten der gesamten Volkswirtschaft auf das Verhalten eines einzelnen repräsentativenWirtschaftssubjekteszurückführen.Gesamtwirtschaftliche Einsichten und Paradoxien, wie sie im Laufe dieses Buches immer wieder behandelt werden, bleiben dabei von vornherein ausgeblendet.

3 Das Wort »vermeintlich« an dieser Stelle wird manchen Leser erstaunen. Haben Ackermann, Wiedeking, Pierer, Obermann und andere nicht tatsächliche Partikularinteressen, die sie als Allgemeininteressen der Gesellschaft ausgeben, wird man fragen? Nun, sie haben natürlich Interessen, die sie mit allen Mitteln durchzusetzen versuchen, der Punkt ist aber, dass sie nicht wissen, dass es auch ihnen besser gehen könnte, wenn sie einer gesamtwirtschaftlichen Logik folgen und die Durchsetzung ihrer Partikularinteressen hintanstellen würden.

4 siehe Heiner Flassbeck, *Frankfurter Rundschau*, 31.10.1997

5 (das ist übrigens ein Modell, das schon Ende der 80er Jahre von Reinhard Pohl und mir im DIW in allen Konsequenzen entwickelt worden war, später aber als »Taylor-Regel« – gut ist nur, was aus den USA kommt! – den wissenschaftliche Durchbruch erlebte)

6 Vgl. die empirischen Belege in: *Das Ende der Massenarbeitslosigkeit*, S. 177 ff.)

7 Vgl. Sinn, 2003, S. 91 ff. und seine darin vertretene These von geradezu historischer Absurdität

8 Vgl. UNCTAD, TDR 2008

9 Siehe Flassbeck, 1988

10 Das IMK ist das ökonomische Forschungsinstitut bei der Hans-Böckler-Stiftung, das von den Gewerkschaften für meinen Nachfolger beim DIW, Gustav Horn, gegründet wurde, der wiederum im Jahr 2004, also noch in Zeiten der rot-grünen Koalition, von Klaus F. Zimmermann aus dem DIW vertrieben wurde, jenem Professor Zimmermann, der wie kein anderer bei der Diagnose und Therapie der großen Krise versagte.

11 Die Gründe für das Scheitern sind im Einzelnen dargelegt in Flassbeck/Spiecker, 2007, S. 77 ff.

12 Vgl. dazu ausführlicher Flassbeck/Spiecker, 2007, S. 233 ff.

13 Das Walter Eucken Institut wurde damals von Alfred Bosch und Reinhold Veit geführt, zwei hervorragende Makroökonomen, die in den 60er Jahren eine Schrift unter dem Titel *Theorie der Geldpolitik* verfasst hatten, in der sie zeigten, dass die deutsche Geldpolitik der ersten Jahrzehnte nach dem Krieg weitgehend von der amerikanischen Geldpolitik bestimmt war. Leider hat sich das Institut später nur noch auf die Verbreitung liberaler Mikroökonomie à la Hayek konzentriert und damit die einmalige Chance vertan, dem Liberalismus eine makroökonomische Fundierung zu geben.

14 Flassbeck, 1982, S. 114

# Literaturverzeichnis


Beck, Ulrich (1999): Macht und Gerechtigkeit, in: *Süddeutsche Zeitung*, 02.08.1999, S.11.

Bosch Alfred / Veit Reinhold (1966): *Theorie der Geldpolitik*. Verlag J.C.B. Mohr (Paul Siebeck), Tübingen.

Bundesregierung (1999): *Jahreswirtschaftsbericht 1999: Neue Wege zu mehr Beschäftigung* (BT-Drucksache 14/334), Deutscher Bundestag, Bonn.

Eppler, Erhard (2006): Die Abrechnung eines Mitarbeiters von Helmut Schmidt, in: *Süddeutsche Zeitung*, 19.06.2006, S. 61.

Filc, Wolfgang (1999): *Mitgegangen – mitgehangen. Mit Lafontaine im Finanzministerium*, Eichborn, Frankfurt/Main.

Flassbeck, Heiner (1982): Was ist Angebotspolitik?, in: *Konjunkturpolitik* 28. Jg., Heft 2/3, Duncker & Humblot, Berlin.

Flassbeck, Heiner (1988): *Preise, Zins und Wechselkurs – Zur Theorie der offenen Volkswirtschaft bei flexiblen Wechselkursen, Wirtschaftswissenschaftliche und wirtschaftsrechtliche Untersuchungen des Walter Eucken Instituts (23),* J.C.B. Mohr (Paul Siebeck), Tübingen.

Flassbeck, Heiner (1993): Die Alternativen zu Maastricht: EWS, flexible Wechselkurse oder eine andere Währung, in: Bofinger P., Collignon S., Lipp E.-M. (Hrsg.): *Währungsunion oder Währungschaos?*, Gabler, Wiesbaden, S. 81-93.

Flassbeck, Heiner (1995): Die deutsche Vereinigung – ein Transferproblem, in: *Vierteljahreshefte des Deutschen Instituts für Wirtschaftsforschung*, Nr. 3.

Flassbeck, Heiner (1997): Und die Spielregeln für die Lohnpolitik? Über Arbeitnehmereinkommen und Wettbewerbsvorsprünge einer Volkswirtschaft in der Europäischen Union, in: *Frankfurter Rundschau*, 31.10.1997.

Flassbeck, Heiner (2000): Subventioniertes Sparen – In der Rentenpolitik werden die eherne Grundsätze solider Haushaltspolitik über Bord geworfen, in: *Financial Times Deutschland*, 09.12.2000.

Flassbeck, Heiner (2006): Das Jahr vor dem Fall, Kolumne, in: *Wirtschaft und Markt*, 12/2005.

Flassbeck, Heiner (2008): Weiß-Blaue Pensionsphantasien, in: *Süddeutsche Zeitung*, 04.03.2008.

Flassbeck, Heiner/Maier-Rigaud, Gerhard (1982): *Umwelt und Wirtschaft. Zur Diskriminierung des Umweltschutzes in der ökonomischen Analyse. Walter Eucken Institut, Vorträge und Aufsätze (88),* J.C.B. Mohr (Paul Siebeck), Tübingen.

Flassbeck, Heiner/Spiecker, Friederike (2007): *Das Ende der Massenarbeitslosigkeit*, Westend Verlag, Frankfurt/Main.

Hayek, Friedrich August von (1994): *Freiburger Studien*, 2. Aufl., J.C.B. Mohr (Paul Siebeck), Tübingen.

Heye, Uwe-Karsten (2008): Lafontaine wollte nicht Kanzler werden, Interview, in: *Süddeutsche Zeitung*, 03.11.2008.

Häring, Norbert (2008): Fine-Tuning der Geldpolitik hat sich überholt, in: *Handelsblatt*, 04.12.2008.

Institut für Makroökonomie und Konjunkturforschung (2008): *Frankreich – ein Vorbild für Deutschland? IMK Report Nr. 31*, September 2008.

Kalecki, Michal (1944): Three Ways to Full Employment, in: M. Kalecki: *The Economics of Full Employment: Six Studies on Applied Economics*, Blackwell, Oxford.

Keynes, John Maynard (1936): *The General Theory of Employment, Interest and Money. The collected writings of John Maynard Keynes, vol. VII*, Macmillan St. Martin's Press for the Royal Economic Society, 1973.

Kuttner, Robert (2007): *Testimony of Robert Kuttner Before the Committee on Financial Services*, U.S. House of Representatives, Washington D.C.

Lautenbach, Wilhelm (1952): *Zins/Kredit und Produktion, hrsg. von Wolfgang Stützel*, J.C.B. Mohr (Paul Siebeck), Tübingen.

Meadows, Dennis/ Meadows, Donella/ Zahn, Erich/ Milling, Peter (1973): *Die Grenzen des Wachstums. Bericht des Club of Rome zur Lage der Menschheit*, Rowohlt Taschenbuchverlag, Hamburg.

Merkel, Angela (2008): Vertrauen schaffen in Zeiten der Krise, in: *Handelsblatt*, 30.12.2008.

Müller, Albrecht (2006): *Machtwahn*, Droemer/Knaur, München.

Noé, Claus/Flassbeck, Heiner (2001): Vom Umgang der Politik mit der Globalisierung, in: *Blätter für deutsche und internationale Politik*, Heft 10/2001, S.1200-1207.

Schumpeter, Joseph Alois (1918): Die Krise des Steuerstaates, wiederab-

gedruckt in: *Beiträge zur politischen Ökonomie der Staatsfinanzen von R. Hickel*, Frankfurt, 1976.
Schumpeter, Joseph Alois (1934): *Theorie der wirtschaftlichen Entwicklung*, unveränderter Nachdruck, 9. Auflage, Duncker&Humblot, Berlin 1997.
Schumpeter, Joseph Alois (1954): *History of Economic Analysis*, (published posthumously, ed. Elisabeth Boody Schumpeter), Oxford.
Sachverständigenrat (2008/2009): *Die Finanzkrise meistern – Wachstumskräfte stärken*, Jahresgutachten des Sachverständigenrats zur Begutachtung der gesamtwirtschaftlichen Entwicklung 2008/2009.
Sinn, Hans-Werner (2003): *Ist Deutschland noch zu retten?*, Econ Verlag, München.
Smith, Adam (1789): *Der Wohlstand der Nationen: Eine Untersuchung seiner Natur und seiner Ursachen*, vollständige Ausgabe nach der 5. Auflage (letzter Hand), DTV, München 1974.
Stark, Jürgen (2008): Für nachhaltiges Krisenmanagement, in: *Handelsblatt*, 27.11.08, S. 1.
UNCTAD (2007): *Trade and Development Report*.
UNCTAD (2008): *Trade and Development Report*.
Wicksell, Knut (1922): *Vorlesungen über Nationalökonomie*, Bd. II, Geld und Kredit, Jena.

WESTEND

## Peter Zudeick

## *Tschüss, ihr da oben*

Vom baldigen Ende des Kapitalismus. 240 Seiten. Klappenbroschur

Auf dem Höhepunkt der Debatte über unverschämte Managergehälter und die Gier der Reichen zeigt sich: Der jahrtausendealte Disput über Gerechtigkeit und Ungerechtigkeit in dieser Menschenwelt ist wieder aktuell. Die schnelle Abfolge von Immobilienkrise, Finanzmarktkrise, Automarktkrise, Weltwirtschaftskrise hat nicht nur dafür gesorgt, dass Karl Marx wieder senkrecht im Grabe steht, sondern auch dafür, dass wir wieder über die Wirtschaft als solche, den Menschen als solchen und die Gesellschaft als solche nachdenken müssen. Reicht es denn nicht allmählich mit dem systematischen Gemurkse, das uns schon so lange Zeit »die da oben« – die Wirtschaftsbosse, die Politiker, »der Staat« – als Normalität verkaufen? Ist jetzt nicht, wie so häufig in den vergangenen Jahrhunderten, die Zeit gekommen, »Tschüss, ihr da oben« zu rufen und die Sache wieder selbst in die Hand zu nehmen?

11/1003/01/R

WESTEND

Heiner Flassbeck und Friederike Spiecker

***Das Ende der Massen-arbeitslosigkeit***

Mit richtiger Wirtschaftspolitik die Zukunft gewinnen.
304 Seiten. Gebunden

Acht zentrale Fragen.
Glauben Sie, dass

- der technische Fortschritt Arbeitsplätze vernichtet?
- die Höhe der Löhne die Beschäftigung bestimmt?
- die Struktur der Löhne den Abbau der Arbeitslosigkeit behindert?
- die Globalisierung per saldo deutsche Arbeitsplätze kostet?
- Ludwig Erhard für das deutsche Wirtschaftswunder verantwortlich war?
- die wichtigste Aufgabe der Geldpolitik der Schutz der Sparer vor Inflation ist?
- das Sparen entscheidend ist für das Investieren?
- eine Volkswirtschaft sparen muss, um für die Zukunft vorzusorgen?

Falls Sie auch nur eine dieser Fragen mit Ja beantworten, müssen Sie dieses Buch lesen. Die Autoren bieten Analysen und Therapien, welche die herrschende Sichtweise erschüttern und die aktuelle Wirtschaftspolitik fundamental in Frage stellen.

11/1002/01/R

**Heiner Flassbeck**

***50 einfache Dinge, die Sie über unsere Wirtschaft wissen sollten***

176 Seiten. Piper Taschenbuch

Heiner Flassbeck, ehemaliger Staatssekretär im Finanzministerium, erklärt 50 einfache Dinge, die man über unsere Wirtschaft wissen muss. Er beleuchtet kritisch, was uns die Politiker an Halbwahrheiten über die wirtschaftliche Lage der Nation aufzutischen pflegen. Egal ob Weltwirtschaft, Rente, Gesundheit, Binnenmarkt, Arbeitsmarkt, Finanz- oder Steuerpolitik – wer wissen möchte, wie dem Patienten Deutschland geholfen werden kann, wer populistischen Parolen der Politiker nicht mehr auf den Leim gehen oder wer einfach bei wirtschaftlichen Dingen mitreden möchte, der ist bei Heiner Flassbeck gut aufgehoben.

»Heiner Flassbeck bringt die Dinge auf den Punkt. Eine exzellente und zugleich spannend zu lesende Analyse der aktuellen Wirtschaftspolitik.«
*Peter Bofinger, Mitglied des Sachverständigenrats*

01/1791/01/R

# DIE AVANTGARDE ERKENNT MAN AN SPOTT, VER-WEIGERUNG UND FINANZIELLER NOT.

SELBST THEMEN SETZEN.
www.30jahre.taz.de

30 Jahre taz – das Jubiläumsabo.

5 Wochen taz lesen für 10 Euro. T (030) 25 90 25 90 | abo@taz.de | www.taz.de

**THEMA, NICHT TREND.** die tageszeitung